Russlands Angriff auf die Ukraine ist ein Vernichtungskrieg, der vor allem die Zivilbevölkerung trifft, ein Zivilisationsbruch mitten in Europa. Vor allem deswegen ist es Katrin Eigendorf besonders wichtig, als Augenzeugin festzuhalten, was in Kyjiw, Charkiw, Odesa, Butscha und Mariupol geschieht.

Mit Empathie beschreibt sie ihre Begegnungen mit Familien, die auseinandergerissen wurden, mit Mädchen und Jungen, deren Kindheit abrupt endete. Und sie schildert den erfolgreichen Widerstand der Ukrainer, ihre militärischen Erfolge gegen die russische Armee und Söldnertruppen, die niemand so erwartet hat.

Putins aggressive Politik beginnt lange vor dem 24. Februar 2022. Katrin Eigendorf hat bereits 2008 aus Georgien berichtet, als Russland sein Nachbarland angriff. Sie war 2014 in Donezk und Luhansk, als der Kreml nach der Invasion auf der Krym den Osten der Ukraine ins Visier nahm.

Putins Krieg, so zeigt Katrin Eigendorf, offenbart die ganze Schwäche seines autoritären Regimes, eines Systems, das nicht davor zurückschreckt, Kinder zu entführen, Krankenhäuser zu bombardieren und Menschen auszuhungern. Es ist ein System, das die Wahrheit nicht dulden darf, weil sie zu verhängnisvoll wäre.

*Katrin Eigendorf* gehört zu den renommiertesten deutschen TV-Reporter:innen. Seit den 1990er Jahren ist sie Auslandskorrespondentin und berichtet für ZDF heute, heute journal und auslandsjournal aus Krisenregionen. Seit 2018 ist sie Internationale Reporterin des ZDF. Seit dem Beginn des Krieges am 24. Februar 2022 berichtet sie regelmäßig über die Situation der Menschen in der Ukraine.
2021 wurde sie mit dem renommierten Hanns-Joachim-Friedrichs-Preis für Fernsehjournalismus ausgezeichnet. 2022 erhielt sie den Grimme-Preis für ihre Afghanistan-Berichterstattung sowie den Deutschen Fernsehpreis für ihre Berichterstattung aus der Ukraine und wurde vom Medium Magazin zur Journalistin des Jahres gewählt.

*Weitere Informationen finden Sie auf www.fischerverlage.de*

Katrin Eigendorf

# Putins Krieg

Wie die Menschen in der Ukraine für unsere Freiheit kämpfen

FISCHER Taschenbuch

Für Jörg, Philip und Alexandra

MIX
Papier | Fördert gute Waldnutzung
FSC® C014496

2. Auflage, 2026

Erschienen bei FISCHER Taschenbuch
Frankfurt am Main, August 2023


Satz: Dörlemann Satz, Lemförde
Druck und Bindung: GGP Media GmbH, Pößneck
ISBN 978-3-596-70944-1

Kontaktadresse nach EU-Produktsicherheitsverordnung:
produktsicherheit@fischerverlage.de

# Inhalt

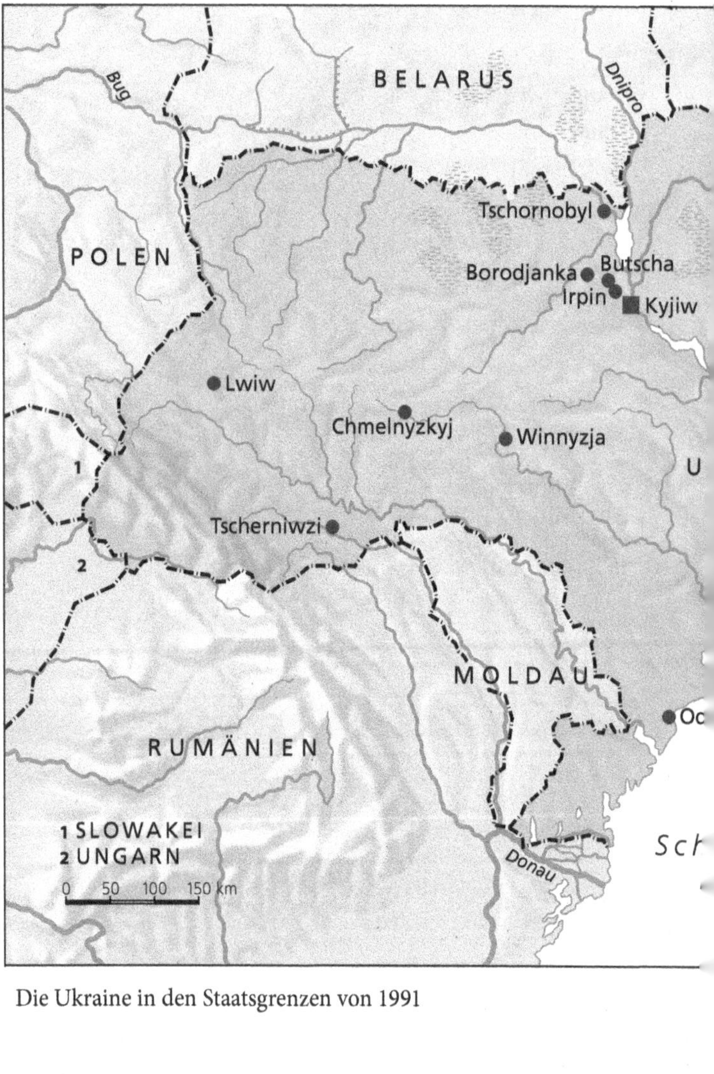


Die Ukraine in den Staatsgrenzen von 1991

Staatsgrenzen 1991
RUSSLAND
Don
Charkiw
Donez
Luhansk
NE
Dnipro
Dnipro
Krasnyj Lutsch
Donezk
Don
sensk
Mariupol
RUSSLAND
erson
Asowsches
Meer
Kuban
Krym
es
Sewastopol

# Vorwort

Krieg ist immer ein Bruch mit der modernen Zivilisation, so jedenfalls habe ich es in meiner Arbeit in den Kriegs- und Krisengebieten dieser Welt stets erlebt. Sei es das brutale Vorgehen der russischen Armee in Tschetschenien oder der andauernde Konflikt zwischen Israelis und Palästinensern, die immer wiederkehrende Gewalt und der fortwährende Terror im Nahen Osten, die Vertreibung der Taliban von der Macht und ihre Rückkehr 20 Jahre später oder Russlands Einmarsch in Georgien 2008. So unterschiedlich diese Konflikte sind und waren – immer hatte ich als Reporterin das Gefühl, dass die Brutalität und das damit verbundene Leid eine schmerzhafte Renaissance eines Zeitalters sind, das wir allmählich überwinden würden.

In all diesen Jahren habe ich es immer als großes Privileg empfunden, in eine sichere Welt zurückkehren zu können, in ein Land, das für immer aus seiner Geschichte gelernt hat – das den Hass zwischen den Nationen in die Geschichtsbücher verbannt hat. Der Krieg in der Ukraine hat alles verändert. Kein Ereignis habe ich in den fast 30 Jahren, die ich als Reporterin arbeite, als so bedrohlich und einschneidend auch für unser Leben und unsere Zukunft empfunden, wie Russlands Angriffskrieg gegen die Ukraine.

Es ist ein Krieg, in dem es um fundamentale Fragen geht: In welcher Welt werden wir künftig leben? Welche Werte und Grundsätze sehen wir als unverrückbar und damit auch als global gültig an? Sind Demokratie, Menschenrechte, Freiheit und Frieden die Resultate eines Fortschritts, den zu verteidigen wir bereit und im Stande sind?

Oder werden sich totalitäre Regime wieder auf brutale Art und Weise über alles hinwegsetzen können, was wir als Fundament unserer europäischen Friedensordnung betrachten?

Es sind Fragen, die wir uns lange nicht gestellt haben, weil wir glaubten, dass es dafür keinen Anlass gebe. Weil uns das Vorstellungsvermögen fehlte, dass ein solcher Zivilisationsbruch wie Russlands Überfall auf die Ukraine im 21. Jahrhundert in Europa noch möglich ist.

Mit dem Fall der Mauer 1989 und dem Zusammenbruch der Sowjetunion 1991 kam Hoffnung auf, dass die Welt ein Stück friedlicher und sicherer werden könnte. Wladimir Putins Auftritt vor dem Deutschen Bundestag im September 2001, in dem der russische Präsident in deutscher Sprache von gemeinsamen Aufgaben und Herausforderungen für die Zukunft sprach, schien eine neue Ära der Annäherung und Zusammenarbeit einzuläuten. Doch zu dieser Zeit hatte der russische Präsident bereits mit dem Umbau seines Landes begonnen, mit dem er eine Konzentration von politischer Macht auf die Kreml-Elite bewirken wollte, um eine zügellose Kleptokratie abzusichern. Lange, viel zu lange hat die Welt und haben auch wir in Deutschland darüber hinweggesehen, was da in Russland gärte. Weil das, was geschah, so ganz und gar nicht mehr in die Zeit zu passen schien.

Das liegt wohl auch daran, dass uns der Osten Europas immer fern und fremd war und ein Stück weit auch unergründlich. Es ist eine Mischung aus mangelndem Interesse und Vorstellungsvermögen, Ignoranz und Wunschdenken, die zu den vielen Fehleinschätzungen in der deutschen Russlandpolitik geführt hat. Die Konsequenzen werden künftig bitter spürbar sein.

Dabei war vieles erkennbar, hätten wir es nur sehen wollen. Dass Wladimir Putins politisches Denken nicht in die Zukunft, sondern rückwärtsgewandt ist, wurde deutlich, als er den Zusammenbruch der Sowjetunion als »die größte geopolitische Katastrophe des 20. Jahrhunderts« bezeichnete. Das war 2005. Dass sich der russische Präsident im Krieg mit dem Westen, allen voran den USA, sieht, ist spätestens seit seinem legendären Auftritt auf der Münchner Sicherheitskonferenz im Februar 2007 klar. Damals machte Putin unmissverständlich deutlich, dass sein Land die vermeintliche Dominanz Amerikas und auch der NATO als Bedrohung wahrnimmt.

Doch die wirkliche Gefahr sieht Putin nicht für sein Land, sondern für sein Regime. Vor diesem Hintergrund lässt sich verstehen, wie sehr die Kreml-Elite den Arabischen Frühling und den damit verbundenen Sturz von Diktaturen anders als der Westen als Bedrohung wahrgenommen hat. Was, wenn Aufstände wie in Tunis, Kairo und Tripolis auch auf Moskau überschwappen?

Tatsächlich begannen in Russland 2011 die größten Massenproteste seit dem Ende der Sowjetunion. Die Demonstranten gingen nicht nur wegen Wahlfälschungen auf die Straße, sondern vor allem wegen Putins Anspruch, dauerhaft an der Macht zu bleiben. Das Regime schlug zurück: Festnahmen und drakonische Gefängnisstrafen für seine Gegner und Kritiker, die weitere Einschränkung der Pressefreiheit und nicht zuletzt das Verbot von ausländischen Organisationen sicherten Putins Macht im Inneren. Fortan kam aus Sicht des Kreml die Bedrohung zunehmend auch von außen. Von der NATO und Europa, vor allem aber vom Erzrivalen des Kalten Krieges, den USA.

Geprägt von den Ereignissen des Arabischen Frühlings, setzte Putin im Konflikt mit dem Westen auf eine Strategie, die nicht neu ist, aber von Moskau zum ersten Mal mit weitreichenden Konsequenzen eingesetzt wird: hybride Kriegsführung. Die 2010 formulierte Militärdoktrin setzte auf die Effektivität von nichtmilitärischen Mitteln: Information als Waffe, Nutzung des Protestpotenzials einer Bevölkerung. In dieser Militärdoktrin wurde erstmals auch die Bedeutung von Söldnertruppen genannt. Es waren Männer aus dem engsten Netzwerk Putins, die beauftragt wurden, neue Strukturen zu schaffen. Einer der bekanntesten, Jewgenij Prigoschin, trägt den Spitznamen »Putins Koch«. Russische Journalist:innen haben detaillierte Beweise dafür zusammengetragen, dass Prigoschin der Drahtzieher hinter dem Aufbau einer sogenannten Trollfabrik mit Sitz in Sankt Petersburg war, die seither vor allem in sozialen Medien mit einer Flut von Posts und Kommentaren zur virtuellen Kriegsführung beiträgt. Die amerikanische Justiz hat 2018 Anklage gegen Prigoschin erhoben, weil er 2016 die Wahl in den USA durch den Einsatz seiner Trollfabrik massiv zu Gunsten von Donald Trump beeinflusst haben soll.

In der Ukraine erleben wir seit 2014 gar den ersten Informationskrieg der modernen Geschichte – eine Entwicklung, die den Westen leider weitgehend unvorbereitet traf und auch uns Reporter:innen vor eine neue Herausforderung stellte. Als ich im November 2013 über die Protestbewegung des Majdan berichtete, wurde mir das schnell klar. Wir sahen uns plötzlich mit den Narrativen von professionellen Propagandist:innen und Propagandaplattformen konfrontiert – nicht selten als Journalist:innen und Medien getarnt.

Putin bezeichnete die Ereignisse in Kyjiw 2014 als faschistischen Umsturz und sprach von der Machtergreifung einer »Junta«. Ein Narrativ, das mit der Realität wenig gemein hatte, genauso wenig wie die vermeintliche Bedrohung Russlands durch die NATO, die auch in unserer öffentlichen Debatte verfing. Zweifel kamen auf: Hatten die Reporter:innen westlicher Medien die Majdan-Proteste verklärt und dabei die Rolle der rechtsradikalen Gruppen für den Sturz der Regierung verschwiegen? Musste man nicht verstehen, dass sich die überwiegend russisch-sprachigen Bürger:innen im Osten des Landes von Kyjiw abspalten wollten, weil sie sich Russland näher fühlten als Europa? Waren die Ukrainer wirklich ein eigenständiges Volk?

Es war dieser erfolgreiche Informationskrieg, der es Putin ermöglichte, 2014 zunächst die Krym zu annektieren und dann Teile der ostukrainischen Regionen Donezk und Luhansk zu sogenannten »Volksrepubliken« zu machen.

Dabei nutzte der Kreml sehr gezielt das Grundprinzip von Medien in einer Demokratie, stets auch die andere Seite zu Wort kommen zu lassen. So wurde die Lüge zum Teil der Wahrheit. Oder anders gesagt: Wenn die Wahrheit wie beim Abschuss des Malaysia-Airlines-Fluges MH17 zu grausam war, dann wurden wir mit so vielen Versionen und Lügen konfrontiert, dass am Ende auch die Wahrheit als Lüge erschien. Immer wieder musste auch ich mich für meine Berichterstattung rechtfertigen, auch wenn das, was ich berichtete, längst bewiesen war. Mit seiner Desinformationsstrategie erreichte der Kreml in den deutschen Reaktionen genau das, was er erreichen wollte: Zweifel, Verunsicherung, Ungewissheit. Die russische Desinformationspolitik traf auch die großen deutschen Medienhäuser unvorbereitet.

Die Zeitenwende, von der Bundeskanzler Olaf Scholz in

seiner Regierungserklärung am 27. Februar 2022 sprach, hätte früher kommen müssen. Erst mit der für alle Menschen offensichtlichen und nicht mehr abstreitbaren militärischen Invasion Russlands in der Ukraine sind die Zweifel und die Verunsicherung weitgehend verschwunden. Putin und der Kreml haben ihr wahres Gesicht gezeigt. Und sie haben unterschätzt, wie stark die Kraft der wahren Geschichten vor Ort die Dynamik verändern würde – und wie wenig ihre Trollfabriken authentischen und echten Bildern entgegensetzen können, wenn Aufnahmen von Smartphones mit einem Klick in alle Welt geschickt werden können. Wohl nie war es deshalb für uns Journalist:innen so wichtig, vor Ort professionelle Zeitzeug:innen zu sein, um von der Brutalität, dem Leid und den Konsequenzen des Krieges zu berichten und dies alles einzuordnen.

In diesem Buch, das am Tag vor den ersten russischen Angriffen beginnt, schildere ich meine persönlichen Erlebnisse und Erfahrungen, die ich in der Ukraine gemacht habe. Es sind Begegnungen mit Menschen auf der Flucht, an den Bahnhöfen des Landes, mit Familien, die monatelang in einer Metrostation Schutz vor Bomben und Raketen suchten, mit Soldaten und Soldatinnen in den Schützengräben des Ostens. Meine Reisen haben mich an Orte geführt, deren Namen heute weltbekannt sind, weil sie für die grauenvollen Verbrechen stehen, die russische Soldaten und Söldner in der Ukraine begangen haben. Butscha, Irpin und die vielen anderen Städte rund um Kyjiw. Kramatorsk, Bachmut, Charkiw im Osten, Dörfer und Landschaften, durch die sich die Spuren der Zerstörung und Vernichtung ziehen. Es geht aber auch um positive Ereignisse, die von der Solidarität der Menschen, von ihrem Mut und ihrer Widerstandskraft zeugen. Im Krieg zeigen Menschen nicht nur ihre hässlichsten, sondern auch ihre schönsten Seiten.

Oft frage ich mich, was aus jenen geworden ist, denen ich begegnete. Mit einigen Menschen habe ich bis heute Kontakt gehalten, mit manchen habe ich mich noch einmal persönlich getroffen. Ihre Geschichten habe ich in einem Epilog fortgeschrieben.

Der Krieg in der Ukraine hat die Welt verändert. Russlands Angriff ist ein Zivilisationsbruch, den kaum jemand mitten in Europa für möglich gehalten hatte. Doch gleichzeitig ist es auch eine Erfolgsgeschichte. Ein kleines Land, das bis vor einigen Jahren noch weitgehend unbekannt und unbeachtet war, ist zu einem Symbol für den Kampf um Freiheit, Demokratie und Unabhängigkeit geworden. Die ukrainische Armee hat mit westlicher Unterstützung militärische Erfolge erzielt, die niemand für möglich gehalten hätte. Und ein Präsident, der als ehemaliger Comedian belächelt wurde, zählt inzwischen zu den wichtigsten Führungspersönlichkeiten der westlichen Welt. In diesem Buch schildere ich meine persönliche Begegnung mit Wolodymyr Selenskyj. Dass wir auf Russisch und ohne Dolmetscher miteinander sprechen konnten, hat diese Begegnung entscheidend geprägt. Für mich war es eines der spannendsten und intensivsten Gespräche, die ich je mit einem Staatsmann führen durfte.

»Wie neutral und objektiv sind Ihre Berichte aus der Ukraine?«, werde ich immer wieder gefragt. Mir fällt auf, dass diese Fragen niemand gestellt hat, als ich über das Unrecht in Afghanistan berichtet habe, wo die Taliban Mädchen und Frauen jeglicher Rechte berauben. Russlands Krieg gegen die Ukraine dagegen hat heftige Debatten darüber ausgelöst, wie objektiv Journalisten berichten. Dabei gibt es keine objektive Darstellung der Realität. Wir Journalist:innen sehen die Welt, wie alle Menschen, mit unserem subjektiven Blick, der geprägt ist vom eigenen Hintergrund. Das menschliche Gehirn ist darauf angelegt, unsere Wahrnehmungen einzuordnen. Aus diesem Grund müssen wir Journalist:innen immer wieder deutlich machen, wie wir zu unseren Einschätzungen kommen. Und wir müssen uns an Fakten halten. Das ist die wichtigste Waffe gegen Lügen, Propaganda und gezielte Desinformation.

Ich versuche, meine Erlebnisse einzuordnen, indem ich auf meine Erfahrungen zurückgreife: aus fast einem Jahrzehnt, das ich in Russland gearbeitet habe, aus vielen Reisen, die ich seit 2013 in die Ukraine unternommen habe, aus Erlebnissen in anderen Kriegen und Konflikten. Dieses Buch habe ich mit dem Ziel geschrieben, dass wir mit einem anderen, realistischeren Blick auf das schauen, was in der Ukraine und in Russland geschieht – und was es für uns bedeutet. Es ist ein Krieg, in dem ein autokratisches Regime seine Soldaten, Söldner und Waffen dazu einsetzt, um ein Volk brutal zu unterjochen und seine Identität zu vernichten – ganz gleich, was es kostet. Viele Tausende Menschen haben ihr Leben verloren, viele weitere werden noch folgen. In der Ukraine entscheidet sich, in welcher Welt wir leben werden. Deshalb ist es so wichtig, diesen Krieg und seine Ursachen genau zu dokumentieren und zu verstehen. Nur auf dieser Grundlage können wir künftig über unser eigenes Handeln in Deutschland, aber auch als Europäer entscheiden.

Berlin, April 2023

Kapitel 1

# Winnyzja

## Erwachen und Entschlossenheit

2022: Eine Soldatin der ukrainischen Territorialverteidigung spricht mit einer Einwohnerin, die im Dorf direkt an der Frontlinie zurückgeblieben ist.

»Was, wenn wir nicht merken, dass nichts vorbei ist und sie gerade wieder dabei sind, den nächsten Krieg vorzubereiten, wenn unter der Asche noch immer Glut glimmt, in die sie jetzt hineinblasen, als müsse man sich nicht fürchten vor dem Feuer.«
Christiane Hoffmann, »Alles, was wir nicht erinnern«

»Ich kann Ihr Gepäck nicht bis Kyjiw schicken, ich kriege hier nur Warschau angezeigt.« Der Mitarbeiter am Schalter der polnischen Fluggesellschaft LOT schaut ratlos auf seinen Computerbildschirm, als handele es sich um einen Systemfehler. Es ist Mittwoch, 23. Februar 2022, ich stehe am Terminal 1 des Frankfurter Flughafens, um 19.50 Uhr soll meine Maschine nach Warschau starten, von dort soll es dann weitergehen in die ukrainische Hauptstadt, Ankunft am Flughafen Kyjiw Sikorskyj um 1.20 Uhr, so steht es auf meinem Reiseplan. Doch kurze Zeit später wird klar: Über den Luftweg ist die ukrainische Hauptstadt nicht mehr zu erreichen, seit dem frühen Abend haben alle Fluggesellschaften ihre Flüge in die Ukraine aus Sicherheitsgründen eingestellt. Auch über Lwiw in der Westukraine zu fliegen, ist nun nicht mehr möglich. Mist, denke ich mir. Damit hätte ich eigentlich rechnen können. Vier Tage zuvor hatte das Auswärtige Amt bereits alle Deutschen dringend dazu aufgefordert, die Ukraine sofort zu verlassen. Eine militärische Auseinandersetzung sei jederzeit möglich, hieß es.

Die Situation hatte sich immer weiter zugespitzt, mit jedem Tag. Im Westen hofften dennoch die meisten politischen Beobachter, dass Wladimir Putin nicht in die Ukraine einmarschieren würde. Ein Angriff auf die Hauptstadt Kyjiw – das schien undenkbar. Warum sollte der Kreml-Herrscher dieses Risiko wagen? Pokerte er nicht nur, um möglichst große Zugeständnisse vom Westen zu bekommen? Um klarzumachen, dass eine Grenze erreicht sei und niemand wagen sollte, ihn, den Präsidenten jenes Landes, das der frühere amerikanische Präsident Barack Obama einmal »Regionalmacht« nannte, zu provozieren?

Am 21. Februar 2022 aber fallen alle Masken und Mauern. Wladimir Putin zeigt sein wahres Gesicht, das viele westliche Staatsführer, allen voran deutsche Politiker:innen, lange nicht hatten sehen wollen: In einer Rede, live übertragen im russischen Staatsfernsehen, macht der russische Präsident unmissverständlich klar, dass alle Bemühungen um Verhandlungen, aber auch alle Warnungen, die der Westen in den vergangenen Wochen ausgesendet hat, für ihn bedeutungslos sind. In einer grotesk anmutenden Inszenierung bitten die beiden Separatistenführer aus dem Donbas, Leonid Pasetschnik und Denis Puschilin, den russischen Präsidenten im Kreml um Hilfe, um einen angeblichen Genozid in der Ostukraine zu beenden. Wer da wen umbringt, bleibt offen, jegliche Beweise fehlen. Aber es ist in diesem Moment unmissverständlich klar: Hier wird Geschichte geschrieben. Es ist eine Zeitenwende – eine Zeitenwende nach Machart des Wladimir Putin.

Alles, was einen brüchigen Frieden oder einen vergessenen Krieg in Schach halten sollte, ist nunmehr Geschichte. Russland verabschiedet sich von den Minsker Abkommen, die es selbst unter Vermittlung von Deutschland und Frankreich mit der Ukraine in der belarusischen Hauptstadt 2015 vereinbart hatte, damals mit dem Ziel, einen Waffenstillstand und Frieden herzustellen.

Der russische Präsident macht in dieser Fernsehansprache am 21. Februar 2022 auch klar, dass das Völkerrecht für ihn keine Geltung hat. Der Kreml erkennt nun die abtrünnigen ostukrainischen Separatistengebiete, die sogenannten Volksrepubliken Donezk und Luhansk, als unabhängige Staaten an. Und spricht zugleich der Ukraine ihre staatliche Souveränität ab. Putin erklärt, die moderne Ukraine sei von Russland erschaffen und nie ein eigenständiger Staat gewesen. »Die Ukraine ist nicht einfach ein Nachbarland. Sie ist integraler Bestandteil unserer Geschichte, Kultur und unseres spirituellen Kontinuums.« Wie die Separatistenführer wirft auch er der ukrainischen Regierung vor, einen »Genozid« an der russischsprachigen Bevölkerung zu begehen. Und damit nicht genug: Am nächsten Tag lässt Putin sich vom russischen Parlament autorisieren, die Armee auch außerhalb Russlands einzusetzen.

Die Überraschung, das Entsetzen im Westen sind groß. Dabei ist es längst nicht das erste Mal, dass Wladimir Putin die staatliche Souveränität des Nachbarlandes in Frage stellt. Seine Überzeugung, die Ukraine sei ein Teil Russlands, ist fester Bestandteil seiner Vision eines »russkij mir«, einer russischen Welt, deren Machtzentrum Moskau ist, in der Ukrainer und Russen eine Einheit bilden, ein Volk sind. Es hatte viele Anzeichen für dieses geradezu faschistoide Denken eines Staatsführers gegeben, der in Formen der staatlichen Expansion denkt, die Europa überwunden zu haben glaubte. Nur die amerikanischen Geheimdienste schienen verstanden zu haben, worauf das hinauslief, und scheuten sich nicht, es zu kommunizieren. Die US-Regierung hatte Wochen vorher gewarnt und noch am 11. Februar erklärt, militärisch habe Russland alle Vorbereitungen für einen Angriff auf die Ukraine getroffen. Eine Woche später, am 18. Februar, ging der amerikanische Präsident Joe Biden noch einen Schritt weiter und erklärte: »Wir glauben, dass sie auf die ukrainische Hauptstadt Kyjiw zielen. Eine Stadt mit 2,8 Millionen unschuldigen Menschen.«

An diesem 18. Februar 2022 war ich in Kabul, um über die Konsequenzen des Truppenabzugs zu berichten, mit dem die USA und ihre Verbündeten im Sommer 2021 den Weg frei gemacht hatten für eine Rückkehr der radikalislamischen Taliban an die Macht. Mit der bislang wohl gravierendsten außenpolitischen Fehlentscheidung seiner Amtszeit hatte der amerikanische Präsident Joe Biden Amerikas Anspruch, die Führungsmacht der westlichen Welt zu sein, enorm geschwächt. Die Bilder von verzweifelten Afghanen, die sich im August 2021 an eine abhebende Maschine der US-Airforce klammerten, gingen um die Welt und sind zum Symbol für ein tragisches historisches Versagen der westlichen Staatengemeinschaft geworden. Viele Afghanen, die ihre Hoffnungen auf Demokratie und Freiheit gesetzt hatten, sahen alle Pläne und Träume wie Luftblasen zerplatzen. Die Menschen am Hindukusch – vor allem die Frauen – zahlen nun einen bitteren Preis für eine fehlgeschlagene Politik des Westens in ihrem Land.

So wie sich nur wenige hatten vorstellen können, dass Putin seine Armee auf Kyjiw losschicken würde, hatten sich viele Menschen in Afghanistan nicht vorstellen können, dass die Alliierten quasi über Nacht das Land den Taliban ausliefern würden. Mit dem Ziel, diese Geschichte zu erzählen, aufzuzeigen, warum die USA und ihre Verbündeten in Afghanistan gescheitert waren, war ich mit meinem Team Anfang Februar 2022 nach Kabul gereist. Und dann erhielt ich am 21. Februar den Auftrag, umgehend in die Ukraine zu reisen – um über einen möglichen Krieg zu berichten.

Auch ich war mir bis wenige Wochen zuvor ziemlich sicher gewesen, dass Putin einen Krieg gewinnen wollte, ohne ihn wirklich zu führen. Auch nach der Unterzeichnung der Minsker Abkommen 2015 hatte er die Separatisten immer wieder so weit gestärkt, dass es nie wirklich Frieden gab. Wie bei einem Bunsenbrenner hatte der Kreml seit dem Frühjahr 2014 den Konflikt in der Ostukraine nach Belieben rauf- und runtergedreht. Jetzt, so schien es mir, würde er eben weiter aufdrehen, als er das zuvor getan hatte – indem er nun die Grenzen im Osten des Landes verschieben würde.

Bereits im Frühjahr 2021 hatte Russland seine Truppen an der Grenze zur Ukraine massiv verstärkt, zeitweise auf bis zu 100 000 Soldaten. Im April 2021 war ich selbst mit ukrainischen Militärs in Awdijiwka unterwegs gewesen, einem Stützpunkt nahe Donezk, im Osten der Ukraine. Die Soldaten, die ich damals in ihren Schützengräben direkt an der sogenannten Kontaktlinie interviewt hatte, zeigten sich entspannter, als wir es in Deutschland angenommen hatten. Ja, es werde immer mal wieder geschossen, seit acht Jahren herrsche eben Krieg im Osten des Landes, hatte mir ein Offizier erklärt. Aber für eine Eskalation hatte er keine Anzeichen gesehen.

Russlands Truppenaufzug, so schien es mir zu diesem Zeitpunkt, war der Aufbau einer Drohkulisse, die sich auch an den Westen richtete. Das Ziel: die Ukraine weiter zu destabilisieren und klarzumachen, dass niemand im Westen auf die Idee kommen sollte, die Ukraine könne Mitglied der Europäischen Union oder gar der NATO werden. Für ihn, so hatte der russische Präsident immer wieder unmissverständlich klargemacht, würde damit eine rote Linie überschritten.

Aber einen flächendeckenden Krieg zu führen, so weit würde Russland nicht gehen. Das Risiko, einerseits den erbitterten Widerstand der Ukrainer:innen zu provozieren, die die russischen Truppen letztendlich in einen langwierigen und grausamen Häuserkampf verwickeln würden, und andererseits wichtige wirtschaftliche Beziehungen zu Europa zu zerstören, würde Wladimir Putin nicht eingehen – darüber waren sich die meisten Expert:innen, auch diejenigen, die das Land kennen, einig. Doch wir alle sollten nicht recht behalten.

Und deswegen bin ich nun, am 23. Februar 2022, auf dem Weg in die Ukraine. Mein Ziel ist, so schnell wie möglich nach Kyjiw zu gelangen. Als ich am Schalter im Frankfurter Flughafen stehe, erreiche ich zum Glück noch meine Kollegin Susanne Landeck in der Produktion in Mainz. Obwohl es schon spät am Abend ist, setzt sie sich noch einmal an den Schreibtisch und findet kurze Zeit später eine Lösung. Wir beschließen, dass ich noch am selben Abend um 22.15 Uhr nach Krakau fliege, dort soll mich ein polnischer Fahrer um Mitternacht am Flughafen abholen und zur ukrainischen Grenze bringen. Ein Mitarbeiter der Sicherheitsfirma, die unsere ZDF-Teams bei gefährlichen

Einsätzen immer begleitet, wird dort auf mich warten, wir werden mit dem Auto nach Kyjiw fahren und dort in den frühen Morgenstunden ankommen. Etwas mühsam, aber ein guter Plan. Wie schnell ich auf meinem Weg vom Lauf der Ereignisse eingeholt werden sollte, ahne ich noch nicht, als ich wenig später mein Gepäck erneut auf das Band am Schalter der LOT lege.

Seit fast 30 Jahren begleitet mich die Ukraine in meinem Journalistenleben. Als ich 1993 mit meinem Mann Jörg den Entschluss fasste, gemeinsam als Reporter nach Moskau zu gehen, um von dort über die spannenden Umbrüche in der ehemaligen Sowjetunion zu berichten, stand für uns zunächst Russland im Vordergrund. Nach dem Zusammenbruch der Sowjetunion waren insgesamt 15 neue Staaten entstanden, wobei die drei baltischen Staaten schnell aus dieser Gruppe ausbrachen. Die Komplexität dieser Gemeinschaft unabhängiger Staaten, wie sie sich damals nannte, erschloss sich erst allmählich, wobei die Ukraine kaum im Fokus stand. Wir bereisten Aserbaidschan, Armenien, Kirgisistan und den Kaukasus. Die Ukraine hingegen stand im Schatten Russlands. Es gab in diesen Jahren selten Anlässe, nach Kyjiw oder Lwiw zu reisen. Das änderte sich mit dem Streit, den Russland und die Ukraine um ein wichtiges militärisches Erbe der Sowjetunion führten: die Schwarzmeerflotte. Über Jahre währte der Konflikt um die Marineeinheiten, deren Heimathafen in Sewastopol auf der Halbinsel Krym liegt. Er endete mit einem Freundschaftsabkommen, das der russische Präsident Boris Jelzin und sein ukrainischer Amtskollege Leonid Kutschma am 31. Mai 1997 in Kyjiw unterzeichneten: Zuvor hatte die ukrainische Regierung Russland zugesichert, die Militäranlagen in Sewastopol für die nächsten 20 Jahre pachten zu können. Das Abkommen sollte sich viele Jahre später als verhängnisvoll für die Ukraine erweisen.

Alles änderte sich am 21. November 2013. In Kyjiw postete der Journalist Mustafa Najem, Kind afghanischer Flüchtlinge in der Ukraine, auf Facebook: »Also lasst es uns heute auf die ernste Art versuchen. Wer hier ist bereit, heute bis Mitternacht auf den Majdan zu kommen?« Zunächst waren es nur 500 Menschen, die sich auf dem zentralen Platz in der Hauptstadt der Ukraine versammelten, um gegen die Entscheidung der Regierung von Mykola Asarow zu demonstrieren. An diesem Tag wurde das lange verhandelte Assoziierungsabkommen mit der Europäischen Union gestoppt. Präsident Wiktor Janukowytsch, der jahrelang selbst die Weichen für eine Annäherung seines Landes an Europa gestellt hatte, unterzeichnete das Assoziierungsabkommen nicht, womit er sich offensichtlich dem Druck des Kreml fügte.

Es sollte eine der größten Protestbewegungen in der Geschichte des modernen Europa werden, und sie festigte den Zusammenhalt im Land gegen den übermächtigen russischen Nachbarn in einer Art und Weise, die die Vorstellungskraft Putins und seiner Kreml-Elite übersteigen sollte.

Schon einmal, im November 2004, hatten sich Ukrainer:innen zu Massenprotesten in Kyjiw versammelt, um gegen Wahlfälschungen während der zweiten Runde der Präsidentschaftswahlen zu demonstrieren. Und auch damals schon stand Russlands treuer Verbündeter Wiktor Janukowytsch im Mittelpunkt der Ereignisse. Während des Wahlkampfes wurde auf seinen wichtigsten Herausforderer, den Oppositionspolitiker Wiktor Juschtschenko, ein

Giftanschlag mit Dioxin verübt, den er nur knapp überlebte, sein Gesicht war danach entstellt. Die Hintergründe wurden nie aufgeklärt, doch einige Spuren wiesen nach Russland. Juschtschenko setzte den Wahlkampf mit seiner Partei »Unsere Ukraine« dennoch nach einer Unterbrechung fort und trat schließlich in einer Stichwahl gegen Janukowytsch an. Aus der Stichwahl ging Wiktor Janukowytsch knapp als Sieger hervor. Doch sowohl die Anhänger Juschtschenkos als auch die OSZE-Beobachter sprachen von Wahlbetrug.

Am 22. November 2004 versammelten sich die ersten Demonstrierenden mit Tüchern und Flaggen in Orange, der Farbe des Juschtschenko-Lagers, auf dem Majdan in Kyjiw. Einen Tag später bereits wurden daraus landesweite Proteste. Die Orangene Revolution zog weltweit Aufmerksamkeit auf sich – friedliche Proteste, die erreichten, dass die Stichwahl wiederholt wurde. Am 26. Dezember 2004 wurde Wiktor Juschtschenko zum Präsidenten der Ukraine gewählt.

Wie in Georgien, wo die Rosenrevolution ein Jahr zuvor ebenfalls zu Neuwahlen geführt hatte, wurde auch die Orangene Revolution zum Symbol für ein neues Selbstbewusstsein der Bürgerinnen und Bürger, sie war ein Aufstand gegen die alten Eliten. Ein Aufstand, der in Moskau mit großem Missfallen beobachtet und kritisiert wurde.

Neun Jahre später folgte der »Euromajdan«, wie die Ukrainer:innen heute sagen, wenn sie sich auf die Monate von November 2013 bis ins Frühjahr 2014 beziehen. Die Protestbewegung sollte die Ukraine von Grund auf verändern – und die Basis für die Widerstandsbewegung gegen Russlands Einfluss bilden. Menschen aus dem ganzen Land kamen in diesen Monaten nach Kyjiw und schlugen im Herzen der Hauptstadt ihre Zelte auf.

Im Januar 2014 reise ich das erste Mal wieder nach Kyjiw, um für das ZDF zu berichten. Mit Alexander Alfes, der mich als Kameramann begleitet, verbringe ich Tage zwischen den Barrikaden, die die Protestierenden überall in der Innenstadt errichtet haben. Im Herzen der Hauptstadt ist eine eigene kleine Stadt entstanden, die sich weit über den Majdan und den Chreschtschatyk bis zum Europaplatz erstreckt, über die Instytuzkastraße zum Hotel Ukraina, das inzwischen zu einem Medienzentrum geworden ist, wo Journalist:innen aus aller Welt zusammenkommen. Auch wir haben Zimmer in dem stalinistischen Prachtbau gemietet und unseren Schnitt dort aufgebaut.

Es sind schwierige Dreharbeiten, denn es ist so kalt, dass die Kamera immer wieder ausfällt. Wir können uns nicht zu lange auf der Straße aufhalten, kehren immer wieder ins Hotel zurück, um uns aufzuwärmen. Auch die Demonstrierenden frieren, deshalb haben sie zwischen Barrikaden aus Sandsäcken und alten Autoreifen beheizte Zelte aufgestellt und Tonnen, in denen Feuer brennen, an denen man sich aufwärmen kann. Es gibt überall Suppenküchen, die kostenlos eine warme Mahlzeit ausgeben, Krankenstationen, Technikzentren und sogar eine offene Universität. Hotelbesitzer haben ihre Lobbys bereitgestellt, wo sich Menschen aufhalten und arbeiten können, sogar McDonalds hat seine Filiale zur Verfügung gestellt, in der nun eine psychologische Notbetreuung eingerichtet wurde.

Ich habe viele Aufstände und Bürgerproteste auf vielen Plätzen der Welt miterlebt: den arabischen Frühling 2011 auf dem Tahrir in Kairo, die Demonstrationen gegen Putin auf dem Bolotnaja-Platz in Moskau, die Gezi-Park-Proteste 2013 auf dem Istanbuler Taksim, die Aktivistencamps auf dem Rothschild-Boulevard in Tel Aviv 2011. Doch keiner dieser Proteste war so gut und solidarisch organisiert wie der auf dem Kyjiwer Majdan. Wer etwas braucht, bekommt es – zahlen muss man nicht, wer Hilfe benötigt, findet jemanden, der organisiert, vermittelt, gibt. Es sind vor allem Bürger:innen aus Kyjiw und viele, die aus dem Westen der Ukraine angereist sind, die den Majdan prägen. Aber auch Bergarbeiter:innen aus Donezk, Student:innen aus Odesa und Lehrer:innen aus Chmelnyzkyj sind in die Hauptstadt gekommen. Es ist ein buntes Sammelsurium von ganz unterschiedlichen Gruppen.

Die große Mehrheit der Aktivist:innen möchte Gerechtigkeit und Würde, europäische Werte wie Rechtssicherheit, Pressefreiheit und Wohlstand. Die alten politischen Eliten, die die Ressourcen des Landes bislang unter sich aufgeteilt haben, sollen entmachtet werden. Dafür treten sie friedlich ein.

Aber es mischen sich auch nationalistische Aktivist:innen vom »Rechten Sektor« unter die Demonstrierenden, treten mit Baseballschlägern auf. Es sind Gruppen, die dem Ansehen der Bewegung schnell schaden werden. Die Gewalt geht maßgeblich von der Regierung aus, die sich jedoch nicht zu erkennen gibt: Janukowytsch lässt nachweislich maskierte Schlägertruppen, sogenannte Tituschky, als Provokateure durch Kyjiw ziehen, sie sollen Angst und Chaos stiften, immer wieder werden Aktivist:innen entführt und verprügelt.

Dann, am 20. Februar 2014, kommt es zu einem traumatischen Ereignis: Plötzlich fallen unbewaffnete Demonstrierende auf dem Majdan und der dahinter liegenden Instytuzkastraße zu Boden. Sie werden mit gezielten Schüssen in den Kopf oder ins Herz, den Hals und die Brust getötet. Bis heute ist nicht aufgeklärt, wer die Scharfschützen waren, die auf die Menschen gezielt und so über 100 Aktivist:innen und 18 Polizisten hingerichtet haben. Die plausibelste Version ist, dass militärisch ausgebildete Auftragskiller am Morgen eingeflogen und sofort wieder ausgeflogen wurden. Ihr Ziel: maximale Angst und Verunsicherung zu schaffen, die Menschen zu terrorisieren und somit den Protest zu schwächen.

Trotz der eskalierenden Gewalt in Kyjiw versucht Bundesaußenminister Frank-Walter Steinmeier gemeinsam mit seinen polnischen und französischen Amtskollegen noch am 21. Februar 2014 zu vermitteln. Sie treffen sich mit Präsident Wiktor Janukowytsch, und der erklärt sich zunächst zu Kompromissen mit der Protestbewegung bereit. Doch kaum haben Steinmeier und seine Kollegen die Ukraine verlassen, flieht Janukowytsch außer Landes.

Für Wladimir Putin, der selbst seit 2011 die Protestbewegung im eigenen Land brutal niedergeschlagen hat, sind die Ereignisse im Nachbarland eine Entwicklung, die er fürchten muss. Russland droht ohne seinen langjährigen und engsten Verbündeten Wiktor Janukowytsch nicht nur den Einfluss auf die Ukraine zu verlieren. Von den Protesten könnten auch Impulse an die russische Bevölkerung ausgehen. Eine demokratische und liberale, möglicherweise sogar erfolgreiche Ukraine – nichts muss der russische Präsident mehr fürchten als eine ähnliche Erfolgsgeschichte wie im Baltikum oder in Polen. Zu eng sind die Verbindungen zwischen der russischen und der ukrainischen Bevölkerung, zu stark die Vernetzung, als dass er tatenlos zusehen könnte, wie sich die Ukraine auf den Weg zu mehr Demokratie und Freiheit macht.

Fortan läuft die russische Propagandamaschine auf Hochtouren. Eine »Machtübernahme von Faschisten« – so bezeichnet der Kreml-Herrscher das, was in der Ukraine passiert. Das Narrativ vom Faschismus ist auf der Seite der Separatisten in der Ostukraine in aller Munde. Die Logik ist einfach: Wer sich gegen das Land stellt, das Hitler-Deutschland besiegt hat, muss ein Faschist sein. Das gilt auch für Journalist:innen, die den Kreml zu kritisieren wagen. Mich persönlich trifft es auch: Wer in der Google-Suche meinen Namen eingibt, findet mich als »Nazi-Braut« oder »einschlägig bekannte Berufslügnerin«.

Da Russland mit Wiktor Janukowytsch seinen wichtigsten Verbündeten in Kyjiw verloren hat, setzt Wladimir Putin fortan darauf, das Land zu destabilisieren. Was anfangs wie ein Putschversuch einiger Radikaler in Donezk beginnt, wird schnell zu einer kriegerischen Auseinandersetzung. Der Kreml tut alles, um den Anschein zu erwecken, er habe nichts damit zu tun. Es soll aussehen wie ein Bürgerkrieg. Tatsächlich aber ist es der Beginn des Krieges gegen die Ukraine – denn immer wieder, auch bei meinen eigenen Recherchen, finden sich Beweise dafür, dass die russische Armee involviert ist.

So beginnt Russland, im Osten der Ukraine seine Macht zu etablieren. Erst fällt die Administration in Donezk, dann in Luhansk. Es ist immer das gleiche Schema: Polizeistationen, Militärkomplexe, die Rundfunkstation und dann das Administrationsgebäude werden in den traditionell russlandnahen Industrieregionen des Donbas übernommen.

Russland gelingt der Aufbau einer Separatistenbewegung mit dem Ziel, die Ukraine zu spalten. An ihrer Spitze steht Denis Puschilin, Putins wichtigster Verbündeter in Donezk – jener Mann, der acht Jahre später in der Kreml-Inszenierung Wladimir Putin um Hilfe bitten sollte.

Ich habe zu dieser Zeit immer wieder über die Ereignisse im Osten der Ukraine berichtet. Wochenlang war ich im Frühjahr 2014 mit meinem Team in Donezk. In diesen Tagen begann ich, meine Erlebnisse in der Ostukraine in einem Tagebuch festzuhalten.

*Donezk, 11. März 2014*

*Kommt nach der Krym jetzt die Ostukraine? Die Regierung in Kyjiw ist besorgt, der Gouverneur in Donezk tut alles, um die Lage zu beruhigen, um Russland keinen Vorwand für ein Eingreifen zu liefern. Im Osten wird jetzt die Zukunft der Ukraine entschieden.*

*Es sind ein paar hundert Aktivisten, die sich immer wieder zusammenfinden, um am Lenin-Platz in Donezk zu protestieren. Es ist nicht einfach, mit ihnen ins Gespräch zu kommen. Für sie sind wir, das deutsche Fernsehen, Feinde. Misstrauisch reagieren die meisten, aggressiv eine kleine Minderheit. Mir scheint, Putins Propaganda zeigt erste Früchte. Sie beschimpfen die Regierung in Kyjiw als Terroristen und Banditen, die Stimmung ist so aufgeheizt, dass wir uns kaum mit der Kamera dazwischen trauen. »Eure Merkel unterstützt die Terroristen, ihr bewaffnet sie doch, und eure Medien machen Propaganda für den Majdan«, schreit eine rundliche Frau mit kurzen, struppigen schwarzen Haaren, sie ist ganz außer sich. Ein anderer macht sich lustig über die Demonstranten. »Ihr könnt nichts alleine, da müsst ihr wieder den großen Bruder in Moskau rufen: ›Hilf uns, bitte rette uns.‹« Sofort stellt sich eine Gruppe Polizisten vor den Mann, um ihn vor möglichen Schlägen und Angriffen zu schützen. Nur eine Handvoll Anhänger Kyjiws haben sich auf den Platz getraut. Immer wieder gibt es wütende Debatten, Ukrainer stehen gegen Ukrainer und dazwischen die Polizei, die versucht, Gewalt zu verhindern. Dass diese gezielt von russischen Provokateuren angeheizt wird, daran habe ich keine Zweifel. »Ich bin gegen Europa, für Russland, da bin ich geboren, da gehören wir hin«, höre ich noch.*

»Katrin?« Der junge Mann, der am Ausgang des Flughafens nach der Landung in Krakau um 1 Uhr früh am 24. Februar 2022 auf mich wartet, hat ein Schild mit der Aufschrift ZDF in der Hand, aber er hat mich eher erkannt als ich ihn. Zum Glück spricht Mateusz Englisch, und der Wagen, in den er wenig später mein Gepäck lädt, ist so komfortabel, dass ich auf der Rücksitzbank sofort einschlafe. Zwei Stunden später weckt mich Mateusz. Vor uns steht eine lange Schlange von Lastern. Eigentlich soll ich hier abgeholt werden. Doch da ist niemand, der britische Sicherheitsmann, mit dem ich mich hier treffen wollte, hat es nicht auf die polnische Seite geschafft. »Ich kann mit meinem Auto nicht in die Ukraine fahren«, sagt mir Mateusz. Ich werde also zu Fuß gehen müssen. Doch wo ist der Übergang? Wir suchen eine ganze Weile, bis irgendwann vor uns in der Dunkelheit ein Weg auftaucht, umgeben von hohen Stahlzäunen und Stacheldraht. Das sei wohl der Weg, sagt mir Mateusz. Es ist inzwischen 3 Uhr morgens, und niemand ist auf der Straße, den ich fragen könnte. Also bleibt nichts anderes, als einfach loszugehen.

In diesem Moment bedauere ich, dass ich nicht am Vortag mit unserem Kameramann Michael Pohl gemeinsam von Frankfurt nach Kyjiw fliegen konnte. Es kommt selten vor, dass ich ganz alleine reise. Kurz muss ich überlegen, wie ich die vielen Gepäckstücke, die ich dabeihabe, am geschicktesten trage. Den schweren Rucksack mit der schusssicheren Weste und Helm auf dem Rücken, einen weiteren Rucksack über der rechten Schulter; der kleine und der große Koffer lassen sich zum Glück rollen, aber auch das wird schwierig auf dem Weg, der überwiegend mit Kopfsteinpflaster belegt ist. Nach ein paar hundert Metern erreiche ich endlich die Grenze, die wie ausgestorben daliegt. Doch dann taucht ein kleines Häuschen auf, hinter der Glasscheibe sitzt eine junge Frau. Die ukrainische Grenzbeamtin nimmt keine Notiz von meinem Gepäck, möchte aber den Nachweis einer Krankenversicherung sehen, den ich brauche, um ins Land einzureisen. Ich wusste davon, lege alles vor.

Und dann habe ich es endlich geschafft, am Ausgang warten Oleg und Oleksandr auf mich, der britische Sicherheitsmann, unverkennbar ein gebürtiger Russe, und der ukrainische Fahrer. Als sei es der Überraschungen nicht genug für eine Nacht, erfahre ich, dass Oleg mich nicht nach Kyjiw begleiten wird, ich muss die Strecke mit Oleksandr, dem Fahrer, alleine zurücklegen. Er stammt, wie sich kurz darauf herausstellt, aus der Ostukraine und kennt sich leider im Westen des Landes nicht aus.

Zwei Stunden später klingelt mein Handy, es ist Iryna, eine ukrainische Kollegin, mit der ich mich für den Abend in Kyjiw verabredet habe. »Die Russen greifen Kyjiw an. Ich kann es nicht fassen, aber sie tun es wirklich!« Verzweiflung und Fassungslosigkeit liegen in ihrer Stimme, doch als ich nachfragen möchte, was genau passiert, bricht die Verbindung ab. Es ist 5 Uhr morgens, es ist eingetreten, worüber die Welt seit Wochen spekuliert, und ich höre davon mitten auf einer dunklen Landstraße, wo immer wieder die Handyverbindung abbricht. Aber so viel erfahre ich doch: Am frühen Morgen hat der russische Präsident Wladimir Putin die Ukraine angreifen lassen und damit auch der westlichen Welt sein wahres Gesicht gezeigt. Jeder, der sich einmische und versuche, Russland aufzuhalten, erhalte eine »unverzügliche Antwort« – mit Folgen, die man nie zuvor in der Geschichte gesehen habe. So droht er in seiner fast halbstündigen Rede.

Wenig später halten wir an einer der typischen ukrainischen Tankstellen, die selbst in den abgelegensten Provinzen ein umfangreiches Sortiment an Alkohol und Süßigkeiten verkaufen, so dass ich mich jedes Mal frage, wer diese Produkte alle konsumieren soll. Es gibt – und das ist für uns das Wichtigste – starken Kaffee, dazu findet sich zwischen Dutzenden von Würstchensorten auch ein Sandwich ohne Fleisch. Oleksandr, der nicht sicher ist, ob er den richtigen Weg genommen hat, lässt sich von der noch müden Verkäuferin an der Kasse erklären, wie er am besten fährt. Das scheint ihn momentan mehr zu sorgen als der Angriff auf sein Land. »Krieg«, so erzählt er mir, während wir neben einigen ukrainischen LKW-Fahrern unseren Kaffee trinken, »ist seit vielen Jahren.« Seine erwachsene Tochter sei mit dem Enkelsohn schon 2019 aus Kramatorsk weggezogen, sie lebe jetzt in einem Vorort von

Kyjiw. Für die Menschen dort sei alles weit weg gewesen, was in Donezk und Luhansk passierte. Doch das sei jetzt vorbei. »Putin will die ganze Ukraine.«

Oleksandr schaut nicht auf, scheint in Gedanken vertieft. In ein paar Stunden sind wir in Kyjiw, sage ich, als sei das eine aufmunternde Vorstellung. Dann checke ich mein Handy, endlich bekomme ich eine Verbindung. Auf Twitter schreibt der ukrainische Außenminister Dmytro Kuleba gerade: »Putin hat den totalen Krieg gegen die Ukraine begonnen. Die Angriffe auf die friedlichen ukrainischen Städte gehen weiter. Das ist ein Angriffskrieg. Die Ukraine wird sich verteidigen – und gewinnen. Die Welt kann und muss Putin aufhalten. Es ist Zeit zu handeln – sofort!« Kurz darauf verhängt die Ukraine das Kriegsrecht.

In Deutschland ist es erst 5 Uhr morgens. Ich denke an meinen Mann Jörg, unsere Tochter Alexandra, meine Freunde. Sie werden in einer anderen Welt aufwachen. Es ist Krieg in Europa. Ich zögere kurz, doch dann rufe ich Jörg in Frankfurt an. Er hat bereits gesehen, wie dramatisch sich die Lage entwickelt hat. Wir sind uns schnell einig, ich werde weiterfahren, nach Kyjiw. Auch wenn es in den nächsten Tagen gefährlicher wird, mein Platz sei jetzt in der Ukraine, bestärkt Jörg mich. »Wann, wenn nicht jetzt, macht deine Arbeit Sinn«, sagt er. Das Gefühl, dass es nie so wichtig war wie jetzt, vor Ort zu sein, teilen wir. Nach sechs gemeinsamen Jahren in Moskau, nach der gemeinsamen Zeit in der Ostukraine 2014 wissen wir beide, was jetzt kommen wird. Wie Russland mit gezielter Desinformation in entscheidenden Momenten versuchen wird, das Narrativ des Krieges zu bestimmen und damit auch das Klima in Europa und vor allem in Deutschland zu beeinflussen. Den Lügen und Desinformationskampagnen des Kreml Informationen aus erster Hand entgegenzusetzen, mit Bildern zu dokumentieren, einzuordnen, was wirklich geschieht – das würde in den kommenden Wochen die wohl wichtigste Herausforderung werden, die ich bislang als Journalistin erlebt habe.

Ähnlich hatte ich meine Rolle auch 2014 gesehen, als Russland seinen Krieg begann.

*Kyjiw, 10. April 2014*

*Selten hat ein außenpolitischer Konflikt uns Deutsche so sehr bewegt wie der in der Ukraine. Vielleicht weil es in Kyjiw, Odesa und Donezk auch um Europas und unsere Zukunft geht.*

*Es gibt für mich in diesem Konflikt keine Guten und Bösen, auch wenn meine Kritiker mir das immer wieder unterstellen. Es ist nicht meine Aufgabe als Reporterin, die Beweggründe eines russischen Präsidenten darzustellen, der internationales Recht bricht und demokratische Grundprinzipien. Ich sehe es aber als meine Aufgabe an, die Beweggründe der Menschen, der Ukrainer in Kyjiw, Odesa und Donezk zu zeigen und sie alle zu Wort kommen zu lassen, auch die Separatisten.*

*Seit Monaten führt Russland einen Propagandakrieg. Die Reporter des russischen Staatsfernsehens sind Putins erfolgreichste Söldner. Ja, die Menschen im Osten der Ukraine sind wütend und enttäuscht von ihrem Staat. Ja, sie zweifeln die Legitimität der Regierung an. Der Hass aber, die scheinbar unüberbrückbare Verbitterung, die zur Zeit herrschen, sind auch Resultate der Hetze, die russische Medien jeden Tag betreiben. Es handelt sich hier um eine Dämonisierung des politischen Gegners – in diesem Fall der Kyjiwer Regierung und Europas –, die blind ist für Zwischentöne und Fakten.*

*West- und Ostukrainer haben Gemeinsamkeiten. Beide leben seit Jahrzehnten in einem Staat, der von einer politischen Elite geführt wird, die nicht im Interesse des Gemeinwohls, sondern im Interesse einer kleinen Machtclique handelt. Klientelwirtschaft – Justiz, Verwaltung, Polizei und Armee wurden in ihrer Funktion und Besetzung diesen Interessen untergeordnet und angepasst. Das erklärt auch ihr Scheitern in dieser Krise. Seit dem Zusammenbruch der Sowjetunion und der daraus folgenden Unabhängigkeit der Ukraine 1991 stehen grundlegende Reformen aus. Der Aufstand des Majdan war auch ein Aufstand gegen diese Form der Regierungsführung.*

*Doch während die einen Unzufriedenen in Kyjiw den Präsidenten zum Rücktritt auffordern – ins Ausland ist er aus eigener Entscheidung geflohen –, wollen die anderen Unzufriedenen in Donezk den Anschluss an Russland oder einen eigenen Staat. Welchen Weg die Ukraine gehen soll, darüber müssten ihre Bürger demokratisch abstimmen, das wäre die beste Lösung. Doch für gute Lösungen scheinen die Ukrainer zur Zeit nicht offen zu sein.*

Kurz nach dem Telefonat mit meinem Mann spreche ich am Morgen des 24. Februar 2022 mit meinen Kolleg:innen in Mainz und erfahre, dass unser ZDF-Team Kyjiw aus Sicherheitsgründen verlassen wird und zunächst plant, nach Winnyzja zu fahren, einer Stadt 250 Kilometer südwestlich der Hauptstadt. Ich verstehe die Entscheidung nicht, kann sie aber auch nicht mehr ändern.

In meiner WhatsApp-Gruppe, in der ich mich mit meinen fünf engsten journalistischen Freundinnen aus Moskauer Zeiten immer wieder austausche, ploppen die Meldungen auf. »Wo bist Du, alles ok?«, schreibt mir Christiane aus Berlin. Gestern Abend noch hatte sie uns ein Foto vom Brandenburger Tor geschickt, erleuchtet in Blau-Gelb, den Farben der Ukraine. Ein Bild der Hoffnung, der Solidarität. Doch jetzt fühlt sich das alles wie aus einer fernen Vergangenheit an. »Ich fahre gerade durch die Ukraine, ich bin auf dem Weg nach Winnyzja«, schreibe ich. Meine Freundin Ina meldet sich aus Kyjiw, zum Glück geht es ihr gut. Um Worte ringend, formuliere ich knapp: »Es ist unfassbar. Die Welt nimmt einen erschreckenden Weg.«

Es ist Krieg in Europa, es ist so unglaublich, so unwirklich. Ich muss an eine Passage im Buch meiner Freundin Christiane Hoffmann denken, die im Andenken an ihren Vater die Fluchtroute der Familie zu Fuß gelaufen ist. 558 Kilometer durch Polen und Tschechien, von Różyna nach Křižovatka. In »Alles, was wir nicht erinnern« schreibt sie von den Geschichtskriegen des Ostens, die wir Deutschen viel zu sehr unterschätzen, verdrängen. Von der Tatsache, wie Russland die Geschichte des Zweiten Weltkrieges für sich umgedeutet hat, wie es nun wieder imperialistisches Gedankengut hegt – basierend auf historischen Ansprüchen. »Wir Deutschen glauben, dass uns der Geschichtskrieg nichts angeht, den sie im Osten entfesseln. (…) Was, wenn wir uns irren. Was, wenn wir nicht merken, dass nichts vorbei ist und sie gerade wieder dabei sind, den nächsten Krieg vorzubereiten, wenn unter der Asche immer noch Glut glimmt, in die sie jetzt hineinblasen, als müsse man sich nicht fürchten vor dem Feuer.« Welch weitsichtige Worte hat Christiane da geschrieben – damals noch Reporterin beim *Spiegel*, inzwischen Erste stellvertretende Regierungssprecherin.

All die diplomatischen Bemühungen, Appelle, Drohungen, Angebote – nichts hat Wladimir Putin aufhalten können. Stattdessen Propagandasprache von Orwell'scher Dimension: Mit einer »Sondermilitäroperation« wolle er, so der russische Präsident, die Ukraine »entnazifizieren und demilitarisieren«. Seit den frühen Morgenstunden greift die russische Luftwaffe überall in der Ukraine Militär- und wichtige Infrastruktureinrichtungen an. Alles, was in den vergangenen Wochen passiert ist, fügt sich jetzt zu einem klaren Bild zusammen. Der russische Präsident hat nicht nur gedroht; er will die Ukraine. Die ganze Ukraine.

Auf der E 40, der wichtigsten West-Ost-Route, die von der polnischen Grenze über Lwiw, Kyjiw und Charkiw bis an die russische Grenze führt, kommen uns immer mehr Autos entgegen, vor den Tankstellen haben sich bereits jetzt lange Schlangen gebildet, Menschen – vor allem Familien mit kleinen Kindern – auf der Flucht, unterwegs in Richtung Grenze. Auf unserer Seite geht es schneller, aber auch hier wird es schwierig sein, Benzin zu bekommen. »Reicht der Tank bis Winnyzja? Was machen wir sonst?«, frage ich Oleksandr. »Muss«, antwortet er einsilbig, mehr gibt es wohl nicht zu sagen.

Tatsächlich erreichen wir vier Stunden später das Hotel Datscha, in dem bereits Zimmer für uns gebucht sind. Das weitläufige Haus am Rande von Winnyzja hat nichts von seinem romantischen Namen, es wirkt von außen wenig einladend mit seiner dunklen Holzfassade und den hohen Steinmauern, die das Gebäude von der Straße abschirmen. Immerhin gibt es direkt im ersten Stock ein Restaurant mit gemütlichen Plüschsofas, auf den Bildschirmen an den Wänden laufen ohne Unterbrechung die Nachrichten. Auf dem Parkplatz vor dem Hotel debattiert Anatolij, der Besitzer des Hotels, mit zwei Gästen darüber, welchen Parkplatz sie nehmen sollen. Er ermahnt sie auch, nicht die Ausfahrt zu verstellen. Alle sind nervös, gereizt. Im zweiten Stock, an der Rezeption, telefoniert eine rundliche Frau. Olena ist ganz in Schwarz gekleidet, sie ist erregt, spricht mit lauter Stimme. Mit einem kurzen Blick gibt sie mir zu verstehen, dass ich warten soll. Nach mehreren Minuten legt sie endlich auf, kramt ein Papier hervor, das ich ausfüllen soll. Ungeduldig kritzele ich Namen, Telefonnummer und E-Mail-Adresse auf das Blatt und unterschreibe. Dann halte ich endlich den Schlüssel zu Zimmer 9 in der Hand.

Glücklicherweise gibt es im Hotel eine gute Internetverbindung. Ich nutze die Zeit, in der ich auf meine Kollegen warte, die noch auf dem Weg von Kyjiw nach Winnyzja sind, um die letzten Meldungen zu lesen. Das ukrainische Verteidigungsministerium meldet Angriffe im ganzen Land, vor allem auf strategisch wichtige Ziele wie Flughäfen und Militärstandorte.

Die russische Armee greift von drei Seiten aus an: von der Halbinsel Krym, aus Russland und Belarus. Es soll offenbar ein Blitzkrieg werden, die Einnahme Kyjiws innerhalb weniger Tage. Es gibt die ersten Toten – auf beiden Seiten. In Kyjiw ruft die Stadtverwaltung die Bürger:innen dazu auf, bei Luftalarm in die Schutzkeller zu gehen, eine Liste mit Bunkern wird veröffentlicht.

Mit einem Selfie-Video, das er auf Facebook und Telegram postet, bittet der ukrainische Präsident Wolodymyr

Selenskyj die Ukrainer:innen, Ruhe zu bewahren. Es ist eine erstaunliche Form der Kommunikation für ein Staatsoberhaupt, denke ich zunächst – doch wie sich zeigen soll, schafft genau dieses Auftreten Vertrauen, nicht nur bei den eigenen Bürger:innen, sondern weltweit. Es ist das diametrale Kontrastprogramm zum russischen Präsidenten, der seine Gäste im Kreml nur noch an einem irrwitzig anmutenden, langen Tisch empfängt.

Wolodymyr Selenskyj, der oft nicht so recht ernst genommen wurde – war er doch vor seiner Wahl zum Präsidenten der Ukraine ein bekannter Schauspieler und Comedian –, kommuniziert hingegen mit Selfies: ungeschnittenen Kurzvideos, in denen er mit Rändern unter den Augen, unrasiert, im grünen T-Shirt die Menschen direkt anspricht, Staatsmänner genauso wie die Menschen in der Ukraine und auch die russische Bevölkerung. Es wird das kommunikative Markenzeichen eines Präsidenten, der nicht nur für sein eigenes Land, sondern auch international zu einer Führungsfigur wird. Manche nennen ihn bereits den Winston Churchill des 21. Jahrhunderts.

Legendär wurde die Antwort an die amerikanische Regierung, die ihm die Flucht aus Kyjiw anbietet. Am 25. Februar 2022 zitierte eine amerikanische Nachrichtenagentur den ukrainischen Präsidenten mit den Worten: »The fight is here. I need ammunition, not a ride.« – »Der Kampf ist hier. Ich brauche Munition, keine Mitfahrgelegenheit.« Auch wenn die berühmte Aussage von seinem Sprecher Serhij Nykyforow nie bestätigt wurde – sie prägte das Image des ukrainischen Präsidenten weltweit. Und als sich Selenskyj am selben Tag nach einer Telefonkonferenz mit Europäischen Staats- und Regierungschefs mit den Worten verabschiedet, es sei vielleicht das letzte Mal, dass sie ihn sehen würden, realisiert Europa endgültig, welches Ausmaß dieser Krieg haben könnte.

Völlig übermüdet falle ich am Abend des ersten Kriegstages im Hotel Datscha ins Bett, nachdem ich die letzte Live-Schalte mit dem *heute journal* gemacht habe. In der Nacht heulen die Sirenen – auch in Winnyzja. Doch ich höre sie nicht. Bis Olena von der Rezeption an meine Zimmertür hämmert. »Runter in den Keller, folge den anderen«, ruft sie mir zu und eilt weiter zu den nächsten Zimmern. Eine Familie mit zwei kleinen Mädchen, die irritiert auf den Tumult im Flur schauen, macht sich auf den Weg, die Treppe zum ersten Stock hinunter. Dort weist der Hotelmanager den Gästen den Weg zum Keller. Er sieht aus wie ein überdimensionaler Partykeller mit Bar, Sofas und vielen Tischen mit Stühlen rundherum.

Meine Kollegen Axel Storm und Georg Nasser sitzen bereits zusammen, kurze Zeit später kommt auch unser Sicherheitsmann Simon zu uns. »Habt ihr eure Westen dabei?«, möchte er wissen. Pflichtbewusst haben wir alle, wie vorher vereinbart, unsere schusssicheren Westen und Helme mitgeschleppt. Ich schaue mich um, wir sind rund 30 Menschen, die inzwischen im Keller sitzen, einige Familien haben ihre Kinder dabei. Während die Erwachsenen alle auf ihre Handys starren, sitzen die Kinder still dabei – verschlafen oder geschockt, ich vermag es nicht zu sagen. Es ist erstaunlich still im Keller, fast unheimlich, dass niemand redet, sogar der riesige Fernseher, auf dessen Bildschirm gerade der ukrainische Präsident erscheint, ist auf stumm geschaltet.

Ich ziehe meine schusssichere Weste über meinen Pullover, den Helm lasse ich liegen, ich möchte die Kinder nicht erschrecken. »Was passiert?«, frage ich den Hotelmanager, einen untersetzten kahlköpfigen Mann, der mir sein Handy zeigt, auf dem er ein Video hochgeladen hat. Es zeigt Rauchwolken und ein brennendes Gebäude in Charkiw, im Osten der Ukraine. Putins Militärs führen massive Luftangriffe auf Flughäfen, Radarstationen und Flugabwehrsysteme aus, während russische Bodentruppen Grenzen überqueren, auch in der Nähe von Kyjiw.

Ich frage den Hotelmanager, ob wir aus der Bar ein paar Getränke haben könnten. Er verneint und weist auf einen Behälter mit Wasser, vor dem Plastikbecher stehen. Klare Ansage: Es gibt nur Wasser, sonst wird nichts ausgeschenkt. Plötzlich muss ich an meine Eltern denken, ihre Kindheit im Krieg. Weder mein Vater noch meine Mutter haben je viel darüber geredet. Aber eines ist mir sehr klar in Erinnerung von den Schilderungen meiner Mutter: der Bombenalarm, der sie immer wieder in die Schutzkeller trieb. Meine Mutter, Jahrgang 1935, erzählte meinen Geschwistern und mir manchmal, wie sie oft stundenlang ausharren mussten im Dunkeln, hungrig, durstig, voller Angst. Ich hatte mir nie vorzustellen vermocht, wie es sein muss, wenn plötzlich die Sirenen schrillen. Jetzt sitze ich selbst in einem Keller, ich sehe sie vor mir, wie sie, vielleicht ähnlich still und voller Angst wie die Kinder um mich herum, auf dem Boden kauern.

»Wir hatten keine Kindheit«, erinnere ich meinen Vater sagen, der acht Jahre alt war, als Deutschland Polen überfiel. »Wir mussten von einem Tag auf den anderen erwachsen werden.« Wie bitter und zerstörerisch solche Erfahrungen sind, habe ich an meinen Eltern, aber auch an Tanten und Onkeln erlebt, die immer Kriegskinder geblieben sind, bis ins hohe Alter, bis in den Tod. Und die diese traumatischen Erlebnisse weitergegeben haben, an uns, an ihre Kinder. Das Trauma ist über die Jahre allmählich gewichen, aber ganz weg war es wohl nie. Erstmals in meinem Leben spüre ich, dass auch ich noch einen Teil davon in mir trage – in diesem Keller in Winnyzja. Vielleicht ist das der Grund, warum mich die Begegnungen mit ukrainischen Kindern in den ersten Tagen des Krieges – wie in diesem Moment – so traurig machen.

## Kapitel 2

# Chmelnyzkyj

## Flucht und Abschied

2014: Reporterin Katrin Eigendorf am Stadtrand von Mariupol. Die Kämpfer des Asow-Bataillons haben hier Stellung bezogen, um die Stadt gegen russische Angriffe zu verteidigen.

> »In unserem Land ist die Lüge nicht nur zu einer moralischen Kategorie geworden, sondern zu einem Grundpfeiler des Staates.«
> ALEXANDER SOLSCHENIZYN

Die Arbeit vor Ort ist mühsam und erfordert Geduld, vor allem wenn man durch das Land reist. Schon eine kurze Fahrt von Winnyzja nach Chmelnyzkyj – es sind nur 120 Kilometer – dauert einen halben Tag. Es ist der 1. März 2022. Überall auf den Straßen haben die Ukrainer:innen sogenannte Checkpoints aufgebaut, dort staut sich immer mal wieder der Verkehr, weil jedes einzelne Auto kontrolliert wird. Immer wieder müssen auch wir unsere Papiere herausreichen, unsere Pässe, unsere Akkreditierungen. Wir haben Glück, ein Hotel zu finden, das genug Zimmer frei hat und auch über einen Schutzkeller verfügt. Fast alle Unterkünfte in Chmelnyzkyj sind ausgebucht. Im Hotel Yanisol hatten wir reserviert, doch auch hier müssen wir einige Zeit warten, bis wir die Schlüssel für unsere Zimmer haben. Es geht ziemlich hektisch zu.

»Nein, wir haben nichts frei, alles belegt. Auch morgen nicht, nein, tut mir leid.« Die Frau an der Rezeption atmet tief durch, dann blickt sie resigniert von ihrem Tisch auf, doch schon klingelt das Telefon erneut. »Hotel Yanisol«, meldet sie sich – und erklärt freundlich, was sie schon so vielen Anrufern heute gesagt hat.

Als sie auflegt, nutze ich die Gelegenheit, mich vorzustellen und nach ihrem Namen zu fragen. »Switlana«, antwortet sie und lächelt mich an. »Sind das alles Menschen auf der Flucht, die hier unterkommen wollen?« – »Ja, die meisten wollen nur ein Zimmer für die Durchreise, es sind vor allem Familien mit Kindern, und sie bleiben meistens nicht länger als ein, zwei Nächte.« Jedes Mal müssten dann die Betten neu bezogen und alles sauber gemacht werden, dafür hätten sie gar nicht genug Personal, sagt mir Switlana, und ich habe den Eindruck, sie freut sich, dass einmal jemand ihren Sorgen zuhört. Sie wirkt erschöpft, ihre blonden Haare liegen strubbelig um ihren Kopf, Zeit für eine Frisur scheint nicht zu sein. Und von ihren Fingernägeln bröckelt der Nagellack ab. »Ich schaffe es gar nicht mehr, mich um meine eigene Familie zu kümmern.« Ihre zehnjährige Tochter und ihren dreizehnjährigen Sohn muss sie in dieser Lage den ganzen Tag zu Hause alleine lassen. Switlanas Mann hat sich als Freiwilliger bei der Territorialverteidigung gemeldet, jetzt muss sie irgendwie zurechtkommen.

Das Hotel Yanisol in Chmelnyzkyj, 350 Kilometer von Kyjiw entfernt, ist Anfang März 2022 zum Etappenziel für die Flucht in den sicheren Westen geworden. Anatolij, der Direktor, hat sich darauf eingestellt. Es gibt Wasser und Kaffee umsonst, die Maschine neben der Rezeption läuft den ganzen Tag. Und gerade hat er Äpfel geholt von einem Bekannten, der welche übrig hatte, die sind für die Gäste. Der ältere, etwas untersetzte Mann wirkt gestresst, so als sei er selbst gerade auf der Flucht. Er kommt schnell aus der Puste, aber trotzdem hilft er, Kinderwagen und schwere Koffer die Treppe hinauf- und herunterzutragen. Immer wieder berührt es mich, wie die Ukrainer:innen in dieser schrecklichen Situation zusammenhalten, sich gegenseitig helfen und unterstützen. Es ist dieser Zusammenhalt, den ich schon vor acht Jahren auf dem Majdan erlebt habe.

Wie fast in jeder Stadt im Westen der Ukraine haben freiwillige Helfer:innen auch in Chmelnyzkyj bereits in den ersten Tagen des Krieges Hilfszentren eingerichtet. Obwohl es eisig kalt ist und immer wieder schneit, tragen die Bürger:innen Taschen voller Kleider oder Lebensmittel zum Kulturzentrum in der Proskuriwskastraße. Wasserflaschen, Kisten mit Äpfeln, sogar Gläser mit eingemachten Gurken werden am Eingang abgegeben – häufig von Menschen, die selbst nicht viel haben. So oft habe ich erlebt, wie die Menschen in der Ukraine, aber auch in Russland ihre letzten Reste teilen. Die Gastfreundschaft, die Hilfsbereitschaft scheint Teil der Kultur, eine Art Überlebensgarantie zu sein.

Vor dem wunderschönen klassizistischen Gebäude haben Freiwillige massenweise Sandsäcke am Eingang aufgetürmt, sie sollen bei Angriffen Schutz bieten. Ich spreche einen der Männer an, die am Eingang Wache halten. »Für wen ist das alles bestimmt?« »Wir sammeln hier für die Jungs an der Front, Lebensmittel, warme Kleidung, wir bringen ihnen auch Tarnnetze.« Das Kulturzentrum ist gleichzeitig auch eine erste Anlaufstelle für Flüchtlinge, die in Chmelnyzkyj ankommen. Jeden Tag werden es mehr. »Über 20000 Flüchtlinge haben sich bei uns registriert«, sagt mir ein zweiter Mann, der sich als Witalij vorstellt und eigentlich ein Café in der Innenstadt betreibt, das er jetzt geschlossen hat. »Es wird immer schwieriger, ausreichend Unterkünfte zu organisieren, auch fehlen uns Medikamente, denn einige werden nicht mehr geliefert, weil die Transportwege blockiert sind.«

Ich möchte mir das Kulturzentrum anschauen. Kein Problem, sagt Witalij und weist mir den Weg. Wir müssen uns durch enge Reihen von Tischen schieben, vor denen Menschen Schlange stehen, viele von ihnen Mütter mit kleinen Kindern. Die Ukrainer:innen, den Eindruck habe ich in vielen Jahren immer wieder gewonnen, können in der Not sehr gut organisieren und improvisieren. Schon in Winnyzja haben wir das Ende Februar 2022 erlebt, und so ist es auch hier. Die Flüchtlinge können sich an einem der Tische registrieren. Zunächst melden sie sich für eine Unterkunft an. Danach gibt es die Möglichkeit, eine Liste der Dinge zu erstellen, die sie benötigen. Zettel und Stifte liegen in einem kleinen improvisierten Café bereit, das mehrere Frauen in einem Nebenraum aufgebaut haben, hier kann jede:r in Ruhe bei Tee, Kaffee und Keksen alles aufschreiben.

Aus dem großen Theatersaal im hinteren Teil des Gebäudes kommt mir eine schlanke ältere Frau mit kurzgeschnittenen Haaren entgegen, ihr Gesicht ist voller sympathischer Lachfältchen. Ljubow Franziwna ist, wie sich herausstellt, zuständig für die Verteilung von Spenden. Auf dem Boden des Saales stapeln sich Lebensmittel, Kleidung, Decken, Handtücher, Babynahrung und sogar Spielzeug im Halbdunkel, alles, was die Menschen entbehren können, haben sie hierhin gebracht. Frauen sortieren die Sachen in einer bewundernswerten Geschwindigkeit, immer wieder werden wir zur Seite geschoben, weil wir mit unserer Kamera irgendjemandem im Weg stehen.

Mit einem Lächeln auf dem Gesicht entschuldigt sich Ljubow Franziwna bei uns für die Hektik, sie scheint in diesem Moment die Einzige zu sein, die ein bisschen Ruhe und Zeit hat, mit uns zu reden. »Ich bin 69 Jahre alt – und das hier ist jetzt mein Vollzeitjob.« Sie hält mir einen Schuhkarton voller Zettel hin, ich wundere mich, wie sie das Gekrakel auf manchen davon entziffern kann, aber vielleicht kommt ihr dabei ihre Erfahrung als Lehrerin zugute. »Hier haben die Leute aufgeschrieben, was sie brauchen, wir versuchen, es zusammenzustellen.«

Wenn Ljubow Franziwna redet, dann wirkt sie viel jünger, als sie ist, sie sprüht vor Energie, ihre Augen sind voller Tiefe und Leben. Ich möchte von ihr wissen, wie sie über die Situation denkt. »Wir müssen jetzt anpacken«, sagt die Rentnerin, »alles tun, um unsere Soldaten zu unterstützen, es geht um unser Land, unser Leben und unsere Freiheit.« 2014 sei sie bereits mit dem Zug nach Kyjiw gefahren, um auf dem Majdan zu demonstrieren, sie sei, so sagt sie, eine »Majdan-Kämpferin der ersten Stunde«.

Eine faszinierende Frau, denke ich und bedauere, dass wir nicht länger miteinander sprechen können, wir haben eine Live-Schalte nach Mainz vereinbart und müssen aufbrechen. Ich gebe mir einen Ruck und frage frei heraus: »Wie wäre es, wenn wir uns bei Ihnen zu Hause treffen, später, am Nachmittag?« Sie schüttelt den Kopf, erzählt mir, dass sie stets bis zum Abend im Kulturzentrum arbeite, vor 19 Uhr sei sie nie zu Hause, und dann beginne auch schon die Sperrstunde, zu der auch wir nicht mehr unterwegs sein dürften. Ich gebe nicht auf. »Morgens früh?« »Nun gut«, lenkt Ljubow Franziwna ein, »aber ich habe eigentlich gar keinen Platz, in meiner Wohnung gibt es nur drei Zimmer, und da schlafen zurzeit zwei Familien, die auf der Flucht sind.« Sie selbst übernachte bei ihrer Nachbarin, sagt sie, aber wenn wir möchten, könnten wir kurz vorbeikommen, bevor sie um 8 Uhr das Haus verlasse. Wir vereinbaren, am nächsten Tag pünktlich um 7 Uhr da zu sein.

Als wir das Kulturzentrum verlassen, schneit es schon wieder. Keiner von uns hat passende Kleidung dabei. Vor allem meine Kollegin Aleksandra hatte nicht einmal Zeit, um für sich und ihre zehnjährige Tochter Marija genug einzupacken, als das Team am 24. Februar Kyjiw verließ. Wir beschließen, dass wir am Nachmittag versuchen werden, ein paar warme Sachen einzukaufen. Angeblich, so haben wir gehört, gibt es noch ein Einkaufszentrum am Rande der Stadt, das geöffnet ist. Nicht nur wegen des schlechten Wetters sind nur wenige Menschen unterwegs. Die Geschäfte haben fast alle geschlossen, auch die meisten Restaurants haben die Läden heruntergelassen.

Mitten in der Fußgängerzone haben die Einheimischen eine Heldengalerie errichtet, zur Erinnerung an die Kämpfer, die im Osten des Landes gefallen sind – in einem Krieg, der schon acht Jahre dauert. Ein Krieg, der in den vergangenen Jahren in Deutschland nicht mehr wahrgenommen wurde. Die Gedenktafeln mit Fotos und einer kurzen Lebensgeschichte der Toten ziehen sich in einer Reihe über die gesamte Fußgängerzone, auf jeder ist eine ukrainische Flagge angebracht. Sie sind Anklage und Trauer, Gedenken und Mahnung zugleich, Geschichten von Familienvätern, die Kinder hinterlassen haben, und von jungen Männern, die gerade erst ins Leben gestartet waren. Wie einst 2014, als der Erschossenen auf dem Majdan mit Bildern gedacht wurde, geht auch an dieser Galerie niemand achtlos vorbei. »Slawa Ukraini«, sagen sich die Ukrainer:innen zur Begrüßung. »Herojam slawa«, heißt die Antwort – Ruhm den Helden.

Weil das Hotel Yanisol kein Frühstück anbietet, gehen wir frühmorgens in die Innenstadt, wo glücklicherweise noch vereinzelte Cafés geöffnet haben, später entdecken wir sogar ein georgisches Restaurant. Im Café »Lviv Croissant« drängen sich vor allem junge Leute vor der Theke, es gibt immer noch guten Cappuccino, Latte Macchiato und Croissants und sogar einige kleine Tische, an denen man gemütlich sitzt. Es sind diese kleinen Momente, die so wichtig sind und in denen wir alle Kraft tanken.

Auf der Straße vor dem Café bildet sich jeden Morgen eine Schlange. Männer aller Altersgruppen stehen trotz der Kälte geduldig vor dem benachbarten Laden an, der mit weißen Sandsäcken und selbstgeknüpften Tarnnetzen gesichert ist. Zwei Soldaten in Uniform und mit Waffe stehen davor. Als ich mein Handy heraushole, um ein paar Aufnahmen vom Zentrum der Stadt zu machen, rufen sie mir ärgerlich zu: »Was soll das, was machst du da?« Ich sage ihnen, dass ich Journalistin aus Deutschland sei, doch das versöhnt sie nicht. »Es ist verboten, Soldaten zu filmen, klar?«

Wie sich herausstellt, ist der Laden neben unserem Frühstückscafé eine Anlaufstelle, bei der sich Freiwillige für den Einsatz an der Front registrieren lassen können. Verständlich, dass sie so ärgerlich reagieren. Ich entschuldige mich und versichere, ich würde keine Aufnahmen von Soldaten veröffentlichen. Ich will nicht weiteres Misstrauen wecken, denn in einer halben Stunde beginnt unsere Live-Schalte im *ZDF-Morgenmagazin* über die aktuelle Lage in der Ukraine, die wir vor dem Kulturzentrum drehen. Aber ich spüre, wie angespannt die Menschen sind, wie schnell ich hier einen Fehler machen kann.

Wie immer schaue ich noch mal kurz auf die letzten Meldungen auf meinem Handy, während Kameramann Michael Pohl und Timo Bruhns, unser Cutter, die Technik aufbauen. Ein kleiner rucksackförmiger Live-Sender ermöglicht uns, von überall, wo es eine gute Handyverbindung gibt, live ins Programm zu schalten. Das ist ein großer Fortschritt. Früher brauchte man Satellitenschüsseln, die von Agenturen bereitgestellt wurden, Leitungen für Überspielungen und Live-Schalten kosteten viel Geld und mussten gebucht werden. Jetzt können wir von überall senden. Das ermöglicht es, den Zuschauer direkt an ganz unterschiedliche Orte in einem Kriegsgebiet mitzunehmen.

Ich setze mir das kleine In-Ear ein, über das ich den Sendeton bereits mithören kann. Dann erzähle ich von meiner Begegnung mit den Soldaten und erkläre, wie angespannt viele Menschen sind, wie Angst und Misstrauen auch in Chmelnyzkyj zunehmen.

Nach einer Woche Krieg sehe ich wenig Anzeichen dafür, dass Wladimir Putin zu ernsthaften Verhandlungen bereit ist, ganz im Gegenteil. In Charkiw, der zweitgrößten Stadt der Ukraine, nehmen die Angriffe zu, immer häufiger werden Wohngebäude, Krankenhäuser und auch Kindergärten getroffen. Und im Norden von Kyjiw, das zeigen Satellitenaufnahmen, rückt ein 64 Kilometer langer russischer Militärkonvoi weiter auf die Hauptstadt zu. Sollte es Russland tatsächlich gelingen, die Metropole mit ihren 2,9 Millionen Einwohner:innen einzukesseln, wäre das eine Katastrophe.

Viele Menschen haben das verstanden. Jeden Tag erreichen neue Flüchtlinge Chmelnyzkyj, in vollgepackten Autos, aber vor allem mit dem Zug fliehen die Menschen. Die meisten kommen aus dem Osten der Ukraine, aus Charkiw, Dnipro, Mariupol. Ein Treck auf dem Weg in den sicheren Westen, der zur größten Fluchtbewegung in Europa nach dem Zweiten Weltkrieg anwachsen wird.

Als wir zurück ins Hotel kommen, treffe ich in der Lobby am Kaffeeautomaten Julija, eine junge Mutter aus Dnipro. Seit zwei Tagen sei sie mit ihrer Freundin und den Kindern unterwegs, erzählt sie, sie wollten gleich weiter nach Polen. »Wegen der Kinder haben wir uns entschieden zu gehen«, sagt sie mit Tränen in den Augen. Ich möchte wissen, wie sie die letzten Tage erlebt hat, doch unser Gespräch wird plötzlich durch Sirenenheulen unterbrochen. Julija reagiert nicht auf den Alarm, sie erzählt von ihrer Angst, auch um ihren Mann, den sie zurücklassen musste. Doch dann mischt sich ihr kleiner Sohn Mischa, der bis dahin friedlich neben uns saß, lautstark ein. »Mama, die Sirene, hör mal. Die Sirene, da müssen wir in den Keller. Wir müssen uns verstecken, bis die Sirene nicht mehr heult!« Furcht und Sorge liegt in den kindlich formulierten Worten.

Es ist für mich einer der Momente, die haften bleiben. Dieser kleine Junge, gerade mal zweieinhalb Jahre alt, weiß, warum die Sirenen heulen. Es versetzt mir einen Stich. Dass dieser Krieg den Kindern alles nimmt, was für eine Kindheit so wichtig ist: Vertrauen, Sicherheit, Unbeschwertheit. Wie kann Wladimir Putin dieses Elend über die Menschen bringen? Wie zynisch muss die Kreml-Elite sein, diesen Krieg zu führen, wie irre das Kalkül, das hinter diesem Überfall auf die Ukraine steht?

Es trifft ein Volk, das wie kaum ein anderes in Europa von Krieg und Unterdrückung betroffen war. Der ukrainische Außenminister Dmytro Kuleba bringt es in diesen Tagen auf den Punkt: Die Ukrainer hätten fast alle grausamen Ereignisse des 20. Jahrhunderts durchmachen müssen. In seinem Vorwort zum Buch »Ukraine verstehen«, das von Marieluise Beck 2021 herausgegeben wurde, schreibt Kuleba: »Eine nationale Tragödie ist nicht abstrakt. Sie ist ein Mosaik sich verdichtender menschlicher Existenzen. Sie ist das Leid, von dem jede Familie heimgesucht wurde. Das 20. Jahrhundert wurde für das ukrainische Volk zum Jahrhundert einer nationalen und privaten Tragödie.«

Es ist eine grausame Geschichte. Der US-amerikanische Historiker Timothy Snyder beschreibt in seinem Buch »Bloodlands«, wie der Osten Europas im 20. Jahrhundert die Vernichtungspolitik zweier totalitärer Regime erlebte: durch Stalins Sowjetunion und Hitlers Nazideutschland. Nirgendwo in Europa habe es so viele Tote gegeben wie in dem weiten Gebiet zwischen Deutschland und Russland. Es ist die gemeinsame Tragödie der polnischen, ukrainischen, belarusischen und baltischen Bevölkerungen, die zu Opfern der nationalsozialistischen und stalinistischen Verbrechen wurden.

Es begann lange vor dem Zweiten Weltkrieg. Josef Stalin gab den Befehl, alle Bauern zu enteignen, sie wurden zur Arbeit in Kolchosen gezwungen. Äcker wurden nicht mehr bestellt, Ernten nicht mehr eingefahren. Die Folge: eine dramatische Hungerkatastrophe. Die Politik des Hungers zielte besonders auf die Ukraine. Zwischen 1932 und 1933 verhungerten dort mindestens 3,9 Millionen Menschen, die Ukrainer:innen sprechen sogar von 10 Millionen Toten, ein genauer Nachweis ist heute schwierig zu erbringen. Am Ende mussten die Menschen, um zu überleben, ihre eigenen Toten essen. Der »Holodomor« – eine Zusammensetzung der ukrainischen Wörter »holod«, Hunger, und »mor«, Tötung, gilt als traumatische Epoche in der Geschichte der Ukraine.

Dem Holodomor folgte 1939 der Überfall durch Nazideutschland und schließlich der von Deutschen begangene Massenmord an den Juden Osteuropas: Snyder spricht in seinem 2010 erschienenen Buch von 14 Millionen Toten. Mit seiner eigenen Bewertung der Geschichte des 20. Jahrhunderts rückt der Autor von einem lange geltenden Verständnis ab, das die Sowjetunion und hier vor allem Russland alleine in der Rolle des Opfers und Siegers des Zweiten Weltkrieges sieht. Doch Stalins Sowjetunion war auch Täter. Mit dem Hitler-Stalin-Pakt wurde im August 1939 die Aufteilung Osteuropas unter zwei totalitären Regimen beschlossen. Dabei sei, so Snyder, kein Land so stark betroffen gewesen wie die Ukraine. Während »Bloodlands« in den USA gefeiert wurde, gab es vor allem auch in Deutschland sehr viele kritische Stimmen. Es passte nicht ins Nachkriegsnarrativ von Stalingrad.

Der Historiker Snyder hat dieses Phänomen erkannt und hält Deutschland seit Jahren den Spiegel vor. Auf Einladung der Fraktion der Grünen hatte er schon 2017 Deutschlands historische Verantwortung für die Ukraine angemahnt. Die Eroberung des Landes als Kornkammer und Lebensraum habe eine zentrale Rolle in Hitlers Vernichtungsfeldzug gespielt, und auch der Holocaust sei direkt verbunden mit dem Plan, die Ukraine zu erobern.

Mit vielen seiner Einschätzungen, so erleben wir es aktuell, hat Timothy Snyder richtiggelegen. Und er meldet sich auch jetzt immer wieder zu Wort, für mich ist er eine der wichtigen Stimmen der westlichen Welt, wenn es um die Deutung der Entwicklungen geht. Zuletzt hat der Autor im April in einem Interview mit dem ZDF Deutschland hart kritisiert. »Deutsche Politiker waren führend bei der Normalisierung Russlands, haben Russland in einer Weise beschrieben, die völlig falsch ist.« Im Interview mit der *Frankfurter Allgemeinen Sonntagszeitung* Anfang Juni 2022 wird er noch schärfer: »Hitlers koloniale Haltung zur Ukraine war nie Gegenstand der deutschen Erinnerungspolitik«, sagt er im Gespräch mit Konrad Schuller. »Deshalb fühlen die Deutschen heute so wenig Verantwortung für die Ukraine … Es gibt also eine mentale Bereitschaft in Moskau und vielleicht auch noch in Berlin, über die Völker zwischen Deutschland und Russland hinwegzusehen.«

Dass vor allem Deutschland, das so viel Mitschuld trägt, die leidvolle Geschichte ihres Landes noch immer nicht wirklich versteht, verletzt und ärgert viele Ukrainer:innen. Diese Enttäuschung macht sich jetzt, im Ringen um internationalen Beistand, wieder Luft. Und auch ich bekomme das immer wieder zu spüren. Manche Menschen sehen in mir eine Vertreterin meines Landes, nicht eine unabhängige Journalistin. Mitten in der Fußgängerzone in Chmelnyzkyj wendet sich ein Mann an mich und erklärt sehr laut und emotional: »Wir verteidigen jetzt ganz Europa gegen diesen Putin, gegen die Unterjochung, gegen diese Mörder. Und damit schützen wir auch Sie. Und da sollten Sie alle mögliche Hilfe leisten, militärische, materielle, alles nur Erdenkliche sollten Sie tun, um die Ukraine zu verteidigen.«

In den ersten zwei Wochen des Krieges verlassen eine Million ukrainischer Kinder das Land, so wie der zweieinhalbjährige Mischa, der in der Lobby des Hotels voller Furcht die Sirenen gehört hat. Nun ertönt die Sirene erneut, doch diesmal ist es ein langgezogener Ton – das bedeutet Entwarnung, Ende der Gefahr. Mischas Mutter, die so sehr unter Druck steht, dass sie ihren kleinen Sohn kaum zu beruhigen vermag, ist erleichtert. Sie will jetzt nicht in den Keller des Hotels, sie wollen gleich aufbrechen, das Auto steht schon gepackt vor der Tür.

Julija und Mischa sind nicht die Einzigen, die sich an diesem kalten Wintertag, an dem immer noch Schnee fällt, auf den Weg machen. Auf dem Parkplatz vor dem Hotel quetschen gerade zwei junge Frauen Tüten, Koffer und Decken in den Kofferraum ihres Autos. Ein älterer Herr mit Schirmmütze und Sportjacke kommt mit einem weinenden Baby im Arm aus dem Hotel und geht auf sie zu. Offenbar der Großvater, denke ich. »Was soll aus diesen Kindern werden? Wir müssen verhandeln, wir leben im 21. Jahrhundert«, sagt er, als ich ihn anspreche. Während die Mutter ihr Baby entgegennimmt, versucht ihre Schwester, einen grünen Sportkinderwagen ins Auto zu quetschen, er ist fast neu und war sicherlich teuer. Ich habe vor Augen, wie sie ihn noch vor ein paar Wochen ausgesucht haben für ihr Baby. Doch jetzt passt er nicht mehr in ihr neues Leben, es ist kein Platz im Kofferraum.

Ich frage die junge Mutter, wohin sie wollen, doch als ich gerade ihre Antwort mit meinem Handy filmen möchte, taucht ihr Ehemann auf und verlangt verärgert, dass ich aufhöre, ihre Abreise zu filmen. »Ich bin Journalistin, ich würde gerne darüber berichten, für das deutsche Fernsehen«, sage ich ihm, »ich finde es wichtig, zu zeigen, was hier passiert.« Schnell wird klar, dass er nicht den Eindruck vermitteln will, er mache sich aus dem Staub. »Filmen Sie lieber, wie wir kämpfen, wie wir durchhalten. Ich bringe nur die Kinder und meine Frau nach Polen in Sicherheit, dann komme ich zurück nach Kyjiw und werde für mein Land kämpfen. Wir werden unsere Hauptstadt verteidigen, wir geben unser Land nicht auf.«

Ich winke ihnen hinterher, als sie wenig später vom Hof fahren, das Auto voll bepackt, mit allem, was sie noch retten konnten. Der Großvater bleibt zurück mit dem grünen Kinderwagen, den er vor dem Eingang des Hotels abstellt – vielleicht kann ihn ja jemand gebrauchen. Er jedenfalls hat keine Verwendung mehr für ihn.

Es sind gerade diese spontanen Begegnungen, die mich bewegen. Ich habe mir angewöhnt, vieles mit meinem Smartphone zu filmen, wenn es die Menschen erlauben. Auch wenn die Qualität nicht so gut ist wie Aufnahmen eines professionellen Kameramanns, sind es diese Momente, ist es die spontane Nähe, die entsteht, die wertvoll ist. Menschen verhalten sich authentischer, wenn sie nicht in eine große Kamera reden müssen. Es hilft zudem, die Sprache zu sprechen. Dass ich Russisch spreche, ist für mich auch in der Ukraine ein großer Vorteil – auch wenn immer mehr Ukrainer:innen Russisch verweigern. Wenn sie allerdings meinen deutschen Akzent hören, dann antworten manche doch höflich auf Russisch. Oder beantworten meine russische Frage zumindest langsam auf Ukrainisch, in der Hoffnung, dass ich es verstehe. Sprache ist Identität. Und in diesem Krieg geht es um Identität.

Die Sprachfrage hält sogar her für große politische Entscheidungen und dient hervorragend für Propagandazwecke. Wladimir Putin hat seit 2013, als die Proteste auf dem Majdan im Zentrum von Kyjiw begannen, die zur Entmachtung des damaligen Präsidenten Wiktor Janukowytsch führten, immer wieder über die Unterdrückung Russisch sprechender Ukrainer geredet. Ich habe das persönlich in den vielen Jahren, die ich aus dem Land berichte, nie erlebt – die Fakten widerlegen diese Behauptung. Bis 2014 war es immer selbstverständlich, mit Ukrainer:innen Russisch zu sprechen, wenn das die einzige gemeinsame Sprache war.

Es lohnt sich, sich einmal mit der Geschichte dieses vermeintlichen Sprachkonflikts auseinanderzusetzen. Bis 1989 waren laut damaliger Verfassung der Sowjetrepublik Ukraine sowohl Russisch als auch Ukrainisch Amtssprachen. Doch in Behörden, Schulen, Universitäten wurde Russisch gesprochen, vor allem innerhalb der Machtelite galt Ukrainisch eher als Sprache der Dorfbewohner, der »chochly«, wie manche Russ:innen die Ukrainer:innen entwürdigend und beleidigend nennen. Viele Ukrainer:innen sprechen bis heute von einer »Russifizierung« ihres Landes.

Als einzige Amtssprache wurde Ukrainisch noch zu sowjetischen Zeiten festgelegt, nämlich 1989, also bereits zwei Jahre vor dem Zerfall der Sowjetunion und der daraus folgenden Gründung eines unabhängigen ukrainischen Staates. Bei der letzten Volkszählung im Jahr 2001 und den daraus folgenden Angaben des ukrainischen Staatskomitees für Statistik gaben 67,5 Prozent der Bürger:innen an, Ukrainisch als Muttersprache zu sprechen, 29,6 Prozent Russisch. Zahlen und Fakten, die die russische Propaganda geflissentlich ignoriert, die aber wichtig sind zum Verständnis der Entwicklungen der vergangenen Jahre.

Als ich im Januar 2014 nach Kyjiw reiste, um über die Proteste auf dem Majdan zu berichten, erlebte ich zum ersten Mal, dass einige Gesprächspartner:innen darauf bestanden, Ukrainisch zu sprechen. Zunächst waren es vor allem die glühenden Nationalisten, doch je weiter sich der Konflikt mit Russland zuspitzte, desto mehr schienen sich die Menschen auch über ihre Sprache abgrenzen zu wollen. 2015 habe ich mich entschlossen, Ukrainisch zu lernen. Über vier Wochen habe ich in einer Sprachschule in Kyjiw Vokabeln und Grammatik gebüffelt und dabei viel gelernt über die Rolle, die die Sprache für die Identität vieler Menschen hier spielt. So ähnelt Ukrainisch dem Russischen, es ist aber eine eigene Sprache. Schnell wurde mir klar, wie fein die Linie ist – oft hatte ich das Gefühl, Ukrainisch zu verstehen, weil es dem Russischen so ähnlich ist, und doch verstand ich es nicht. Und immer wieder habe ich mir tadelnde Blicke meiner Lehrerin Oleksandra zugezogen, wenn ich ein russisches Wort einfließen ließ oder Worte, die beide Sprachen gemeinsam haben, russisch betonte. Zu diesem Zeitpunkt begannen auch Politiker:innen, deren Muttersprache Russisch ist, Ukrainisch zu lernen, und manchmal, wenn sie gute Laune hatte, führte Oleksandra mir Beispiele von ihren Patzern vor, über die wir dann gemeinsam lachen konnten.

Die vermeintliche Diskriminierung des Russischen dient im Verständnis vieler Russ:innen bis heute als Argument, warum es richtig war, 2014 den Donbas zu besetzen. Auch hier handelte es sich um ein großes Missverständnis, das meine Kollegin und Freundin Golineh Atai in ihrem Buch »Die Wahrheit ist der Feind – Warum Russland so anders ist« 2018 beschreibt, als sie sich auf die Ereignisse nach dem Janukowytsch-Sturz im Frühjahr 2014 bezieht:

»Doch ein Fehler der ukrainischen Übergangsregierung kommt dem Kreml perfekt zupass. Die neue Parlamentsmehrheit tritt am ersten Tag ihrer Arbeit auf die erste politische Mine. Eine dünne Mehrheit bringt das Sprachengesetz von 2012 zu Fall. Dieses Gesetz sollte die Rechte jeder ethnischen Minderheit, die zehn Prozent einer Bevölkerung in einer Region ausmacht, schützen. Tatsächlich aber ermöglichte es, dass die russische Sprache in einigen Regionen zur Hauptsprache wurde. Das Gesetz war 2012 von der OSZE kritisiert worden, da es eine unverhältnismäßige Bevorzugung des Russischen in der Ukraine erlaubte und alle Anreize, Ukrainisch zu lernen, beseitigte. Es hatte Massenproteste im Land ausgelöst. Zwar legte der amtierende Präsident der Ukraine Oleksandr Turtschynow gegen die nun drohende Abschaffung des Sprachengesetzes sein Veto ein. Doch der bloße Versuch, das Gesetz zu Fall zu bringen, ist für den Kreml Anlass genug, um eine weitere Rechtfertigung eines Eingreifens auf der Krym zu schaffen. Mit einfachen Parolen, die der historischen, sprachlichen und kulturellen Komplexität des Landes nicht gerecht werden und deren Unwahrheit zu begreifen für schnell und aktuell berichtende westliche Journalisten dennoch nicht einfach ist.«

Der ukrainische Präsident Wolodymyr Selenskyj steht für diesen Wandel im Verhältnis zu den Sprachen. Er hat Ukrainisch erst lernen müssen, in seinem Elternhaus wurde Russisch gesprochen. Schaut man sich heute seine Sketche als Comedian und seine Auftritte als Schauspieler an, wird klar, wie nahe ihm auch die russische Kultur ist. In einem Gespräch mit einer Moderatorin des ukrainischen Fernsehens wurde er einmal gefragt, warum er seine Scherze nicht auf Ukrainisch mache. Er antwortete, dass er auf Russisch schneller denken könne. Das hat sich inzwischen geändert, Russisch hört man den Präsidenten nur noch in Ausnahmesituationen sprechen, so wie am 24. Februar 2022, als er sich in einer Rede direkt an das russische Volk wandte.

Wirklich gut ist mein Ukrainisch nicht, aber es reicht, um einem Gespräch zu folgen, und häufig macht es einen Unterschied, wird es als gute Geste aufgenommen, wenn ich mich zumindest bemühe, bei Begrüßungen oder beim Einkauf statt der russischen Worte ukrainische zu benutzen. Sich mit »djakuju« – statt »spasibo« – zu bedanken, am Morgen ein »Dobryj ranok« – statt »Dobroe utro« – zu wünschen.

Doch oft muss Aleksandra Indyukhova, meine ukrainische Producerin, mir beispringen und übersetzen. Sie selbst spricht zu Hause Russisch, auch mit ihrer zehnjährigen Tochter Marija, aber sie erlebt inzwischen, dass in immer mehr Familien darüber Konflikte entstehen. Eine meiner Freundinnen, Anastasiya, die wie Aleksandra aus einer russischsprachigen Familie stammt und seit einigen Jahren in Deutschland lebt, hatte sogar kurzfristig überlegt, zu Hause mit ihren noch kleinen Kindern kein Russisch mehr zu sprechen, verwarf die Idee aber wieder. Doch sie erzählt mir, dass viele ihrer ukrainischen Freunde sich mit Beginn des Krieges gegen ihr Land dazu entschlossen haben, nicht mehr Russisch zu sprechen. Sie wollen mit dieser Entscheidung demonstrativ dem Narrativ des Kreml entgegentreten, dass Ukrainer und Russen ein Volk seien.

»Viele wollen seit Beginn des Krieges nichts Gemeinsames mehr haben mit Russland, und dazu gehört auch die Sprache.«

Nach einer Umfrage des Meinungsforschungsinstituts »Ratin Group« vom 19. März 2022 – also knapp vier Wochen nach Kriegsbeginn – geben 48 Prozent der Ukrainer:innen an, zu Hause ausschließlich Ukrainisch zu sprechen. Für Anastasiya, wie für die meisten ihrer Landsleute, ist das kein Problem. »Diejenigen, die Russisch sprechen, sind deswegen nicht weniger Ukrainer als die anderen. Das sogenannte Sprachproblem war nie ein reales Problem in der Ukraine. Es war ein hetzerisches Narrativ der russischen Desinformation.«

Die Wahrheit herausfinden, die Lüge entlarven und dann auch benennen, offen sein für das Andere – das betrachte ich als einen der wichtigsten Bestandteile meiner Arbeit. Ich bin in diesen letzten acht Jahren, in denen ich immer wieder über den Konflikt zwischen Russland und der Ukraine berichtet habe, kompromissloser geworden. Mit Beginn der Bürgerproteste auf dem Majdan hat der Kreml einen Informationskrieg gegen das Nachbarland begonnen, dessen wichtigstes Ziel es ist, die ukrainische Zivilgesellschaft zu diskreditieren, die sich mehrheitlich für einen Weg nach Europa entschieden hatte. Diese Entscheidung hätte nicht zwangsläufig eine Abkehr von Russland bedeutet. Doch Wladimir Putin und sein Propagandaapparat haben genau das bewirkt.

Schon im Dezember 2013 sprach der russische Präsident von einem »Pogrom«, das sich in Kyjiw ereigne. Als wichtigster Verbündeter Putins behauptete Präsident Wiktor Janukowytsch, er habe vor rechten Schlägergruppen fliehen müssen, die Ukraine habe einen Staatsstreich von Nazis erlebt.

Noch einmal möchte ich Golineh Atai zitieren, die es so wunderbar auf den Punkt gebracht hat:

> »Dass eine Mehrheit der Ukrainer für ein Leben in Würde kämpft, für bessere Lebensverhältnisse und Bürgerrechte (…) kann und will der Kreml nicht sehen. Er will selbst bestimmen, welche Interessen das ukrainische Volk hat, und bezeichnet deshalb den Aufstand im Nachbarland als rechtswidrigen, faschistischen Staatsstreich. Mit dieser Erklärung wird Moskau später sein Eingreifen in der Ukraine rechtfertigen.«

Golineh Atai hat, wie viele von uns, die für deutsche Medien über den Konflikt berichteten, erlebt, wie das »Narrativ der faschistischen Machtübernahme« von westlichen Medien häufig unkritisch übernommen wurde.

> »Moskaus Umdeutung einer Revolution, mit der die Ukrainer hoffen, ihre Würde zurückzuerlangen, findet in vielen westlichen Medien Eingang. Die Schlagzeilen über einen extremistischen Aufstand und Nazis erreichen auch in westlichen Medien solche Ausmaße, dass eine namhafte Reihe von Ukraine- und Rechtsextremismus-Forschern in einer gemeinsamen Stellungnahme die Verhältnisse gerade rücken muss.«

Wie verquer die Haltung sogar in vielen Zeitungs- und Fernsehredaktionen bis heute ist, zeigt ein simpler Vergleich: Während der jüdische Präsident der Ukraine mit einer Mehrheit von 73 Prozent am 21. April 2019 ins Amt gewählt wurde und von der rechtsradikalen Minderheit kaum etwas zu sehen war, schaffte es der französische Präsident Emmanuel Macron 2022 gerade mal mit 58,5 Prozent. Die rechtsnationalistische Gegenkandidatin Marine Le Pen kam immerhin auf 41 Prozent. Trotzdem würde niemand auf die Idee kommen, Frankreich als ein rechtsextremes Land zu bezeichnen.

Doch nach Jahren der Irreführung verändert sich die Haltung in Deutschland spürbar mit dem 24. Februar. Inzwischen verstehen immer mehr Deutsche, wie Russland mit gezielter Propaganda in den Jahren seit 2014 auch die deutsche Öffentlichkeit beeinflusst hat. Und dass sich das Land in eine Energieabhängigkeit von Putins Russland begeben hat, die nun schlimme Folgen hat.

So traurig und erschüttert ich aber über den Krieg gegen die Ukraine und seine Folgen bin, könnte all das auch eine Chance bedeuten, dass die demokratischen Bündnisse dieser Welt an dieser Herausforderung wachsen. Die NATO, von einigen Mitgliedern bereits totgesagt, hat wieder neues Gewicht bekommen. Und setzt den Drohungen Russlands eine klare Haltung entgegen. Jeder souveräne Staat muss selbst darüber entscheiden dürfen, welchen Bündnissen er beitritt. Dass Schweden und Finnland im Mai 2022 offiziell den NATO-Beitritt beantragten, zeigt, dass sich Putin mit seinen Drohungen nicht durchsetzen konnte. Und vielleicht gelingt es sogar der Europäischen Union, mehr Einigkeit zu erreichen.

Wir erleben jedenfalls zu Beginn des Krieges eine neue Ära des Zusammenhalts. Europa braucht kein neues Narrativ mehr, um jungen Menschen seine Sinnhaftigkeit vor

Augen zu führen – das Friedensnarrativ der Nachkriegszeit ist plausibel genug. Und sogar die USA, die nach den fatalen Fehlentscheidungen zu Afghanistan ihren Anspruch auf eine Führungsrolle in der westlichen Welt zu verlieren schienen, gewinnen dank ihres entschlossenen Handels angesichts der Konfrontation wieder an Statur. Mit der Zeitenwende, von der nun viele sprechen, verbindet sich auch eine inzwischen realistischere Einschätzung Putins und des heutigen Russlands.

Ljubow Franziwna erwartet uns am Morgen wie vereinbart um 7 Uhr. Ihre Wohnung liegt im dritten Stock eines Plattenbaus, eines dieser Häuser, die in den fünfziger und sechziger Jahren, in der Chruschtschow-Ära, millionenfach gebaut wurden, ein Erbe der Sowjetunion, billiger, funktionaler Wohnraum. Die Briefkästen draußen am Eingang sind verbeult und rostig, die Farbe blättert von der Fassade, und die Klingel funktioniert auch nicht, wir müssen die Rentnerin anrufen, damit sie uns unten am Eingang abholt. Wir quetschen uns in den Fahrstuhl, ratternd und ruckelnd bringt er uns nach oben.

Es ist eine kleine, bescheidene Wohnung. Der Flur ist so eng, dass wir zu viert kaum nebeneinander stehen können. Wir schleichen leise durch den Korridor, um die Schlafenden nicht zu wecken. Im Zimmer neben der Küche schauen zwei verwuschelte Kinderköpfe unter der Decke hervor, die Kinder liegen eng an ihre Eltern gekuschelt, die direkt neben ihnen auf dem Boden schlafen. Ihr Bett hat die Rentnerin einem jungen Ehepaar überlassen, auch sie regen sich nicht, als wir kurz einen Blick in das Schlafzimmer werfen. Eine dritte Familie ist mit ihren kleinen Kindern gerade vor einer halben Stunde abgereist, sie hatten ihr Bettenlager im Wohnzimmer aufgeschlagen, ein Kinderhöschen und ein Buch liegen noch am Boden, die Sachen haben sie anscheinend vergessen.

Die wenigen Möbel, die sie besitzt, hat Ljubow Franziwna in eine Ecke geschoben, um Platz zu schaffen. Zwei abgewetzte kleine Sessel, ein Tisch. Auf einer Anrichte, die aus den gleichen Holzplatten gefertigt wurde, stehen Bilderrahmen aneinandergereiht. Ihr Sohn, der längst erwachsen ist und gerade bei den Einheiten der Territorialverteidigung kämpft, ist als kleiner Junge zu sehen, sie neben ihrem Mann, der verstorben ist. Und dann gleich mehrere Aufnahmen vom Majdan in Kyjiw, aufgenommen in den Winterwochen Anfang 2014. Sie zeigen die Barrikaden, die Zelte, die bunten Buden, die damals den ganzen Platz überzogen, und mittendrin Ljubow mit zwei Freundinnen an ihrer Seite, wie sie lächelnd, voller Zuversicht, in die Kamera schauen.

Sie sei von Anfang an dabei gewesen, erzählt die Rentnerin und nimmt das Foto hoch. Mit ihren Freundinnen war sie aus Chmelnyzkyj nach Kyjiw gefahren, weil sie schon damals davon überzeugt war, dass ihr Land nach Europa gehört. Sie ist eine der Frauen jener Bürgerbewegung, die der russische Präsident Wladimir Putin schon 2014 als Aufstand von Faschisten verunglimpfte.

Ljubow hat die Nacht bei ihrer Nachbarin geschlafen, weil es einfach zu eng wurde, erzählt sie mir. »Wir haben am Abend noch vor dem Fernseher gesessen und die Nachrichten geschaut. Und wir haben beide geweint.« Zum Weinen ist vielen zumute, die am 9. März 2022 verfolgen, was sich in Mariupol ereignet. In der belagerten Stadt greifen russische Militärs eine Geburts- und Kinderklinik an. Die russische Luftwaffe wirft mehrere Bomben auf Mütter, die gerade in den Wehen liegen, auf frisch geborene Babys und schwangere Frauen. Die Klinik schafft es, einige Mütter in ein anderes Krankenhaus zu verlegen, doch nicht alle überleben. Eine Frau hat so schwere Verletzungen erlitten, dass sie ihr Kind nur noch tot zur Welt bringen kann, ihr Becken wurde zertrümmert, ihre Hüfte abgerissen. Sie selbst stirbt kurz nach der Geburt. Vier Tote, ein tot geborenes Baby, mindestens 16 Verletzte. Und die Überlebenden? Am nächsten Tag bringt Marianna Wyschemirska ihre Tochter zur Welt. Einen grauenvolleren Start ins Leben kann man sich kaum vorstellen.

Geht mehr Eskalation als das? Ja. Am Tag darauf erklärt der russische Außenminister Sergej Lawrow, die Klinik sei ein Lager des ukrainischen Asow-Regiments gewesen. Alle Aufnahmen der Opfer seien eine Inszenierung. Und die überlebende Mutter, Marianna Wyschemirska, sei eine von den Ukrainern eingesetzte Schauspielerin.

Die Organisation für Sicherheit und Zusammenarbeit kommt nach einer Untersuchung der Ereignisse zu dem Schluss, »dass das Krankenhaus durch einen russischen Angriff zerstört wurde. (…) Es wurde keine wirksame Warnung ausgesprochen und keine Frist gesetzt. Dieser Angriff stellt daher eine klare Verletzung des humanitären Völkerrechts dar, die dafür Verantwortlichen haben ein Kriegsverbrechen begangen.«

Gibt es angesichts solcher Verbrechen noch eine Hoffnung auf eine friedliche Lösung? Der ukrainische Präsident Wolodymyr Selenskyj hatte zuletzt am 9. März konkrete Angebote für Frieden gemacht und in Aussicht gestellt, dass sein Land auf eine NATO-Mitgliedschaft verzichten würde. Doch Russland will keinen Frieden, davon ist Ljubow Franziwna überzeugt. Es gebe nur einen Weg: Die Ukrainer müssten kämpfen. »Aber so viele Menschen werden sterben, wenn der Krieg so weitergeht, ist das eine Lösung?«, frage ich. »Haben Sie keine Angst um ihren Sohn, dass er als Soldat getötet wird?« Ljubow Franziwna schaut mich ernst an, und ich habe in diesem Augenblick den Eindruck, sie möchte mir, der Journalistin, die aus ihrem sicheren Land hierher gekommen ist, klarmachen, dass es keine Sicherheit gibt in einer Welt, in der Wladimir Putin regiert. »Wissen Sie, ich war ja auf dem Majdan dabei, und damals haben wir drei Monate lang auf eine friedliche Verhandlungslösung gewartet. Aber am Ende wurden doch unsere jungen Leute erschossen. Nein, ich glaube nur an die Jungs, die uns verteidigen und die am Ende auch siegen werden.«

## Kapitel 3

# Odesa

## Furcht und Widerstand

2014: Schießtraining in den Wäldern von Kyjiw. In einem Jugendlager bereiten sich Zivilist:innen auf den Krieg vor, sie wollen ihr Land gegen Russland verteidigen.

»Was für eine Schande, sich nur zu bücken und dem Schicksal zu gehorchen.«
LESJA UKRAINKA

Wird Odesa das nächste Ziel in diesem Krieg sein? Als wir am 15. März 2022 die Hafenstadt am Schwarzen Meer im Süden der Ukraine erreichen, erleben wir eine Stadt, die mobil macht. Frauen, Männer, Kinder stehen am Strand und füllen Sand in Säcke, Denkmäler werden eingemottet, Barrikaden sind längst errichtet. Es macht mich traurig, das zu erleben. Dort, wo Menschen sonst Urlaub machen, bereiten sie sich jetzt auf den Krieg vor.

Es scheint die Ruhe vor dem Sturm. Der Vormarsch der russischen Armee ist im Norden ins Stocken geraten, doch jetzt lenken Putins Soldaten die ganze Wut ihrer Streitmacht auf den Osten des Landes und die Region am Schwarzen Meer. Mariupol wird belagert und beschossen, die Bevölkerung ausgehungert. Immer mehr dramatische Nachrichten erreichen uns von dort, doch nun haben auch die letzten Journalist:innen, die dort ausgeharrt hatten, die Hafenstadt am Asowschen Meer verlassen.

Odesa liegt 550 Kilometer westlich von Mariupol und ist damit ein wichtiges Ziel in diesem Krieg. Denn ein beachtlicher Teil des Außenhandels der Ukraine läuft über die beiden Städte, wobei Odesa der größere Hafen ist. Die Blockade durch russische Kriegsschiffe ist mit enormen wirtschaftlichen Schäden verbunden und wird, so soll sich bald zeigen, dramatische Auswirkungen auf die weltweite

Ernährungslage haben. Landwirtschaftliche Produkte wie Weizen, Gerste und Mais können nicht mehr exportiert werden. Und in Kyjiw wächst die Sorge, dass die Ukraine ohne ihre Häfen und den Zugang zum Meer nicht existieren kann.

Aber wann werden die russischen Kriegsschiffe, die sich immer wieder der Küste annähern, angreifen? Es ist schwierig, den weiteren Verlauf des Krieges für Odesa zu prognostizieren. Ich stelle mir immer öfter die Frage, ob das russische Militär wirklich eine Strategie verfolgt. Oder ob es schlicht die Kontrolle verloren hat.

Von Chmelnyzkyj sind es 550 Kilometer bis nach Odesa, doch wir sind einen ganzen Tag lang unterwegs. Wir haben uns auf zwei Autos aufgeteilt, mit neun Personen und unserer ganzen Technik, Kameras, Schnitt, Stative, passen wir nicht in einen VW-Bus. Wir haben zwei Sicherheitsleute dabei, die beide früher beim britischen Militär waren. Ihre Aufgabe ist es, Gefahrensituationen frühzeitig abzuschätzen, wenn wir mit der Kamera draußen drehen oder, wie jetzt, mit dem Auto unterwegs sind. Zudem haben beide eine Sanitäterausbildung, sie könnten sofort handeln, sollte einer von uns verletzt werden.

Georg Nasser, unser deutscher Producer, ist dafür zuständig, alles für unsere Drehreise zu organisieren, außerdem trifft er die Absprachen mit den vielen Redaktionen, die aus Mainz und Berlin Beiträge haben möchten oder Live-Schalten. Manchmal meldet sich auch noch der Nachrichtenkanal Phoenix aus Bonn, auch in die Sendung von Markus Lanz und das Schweizer Fernsehen werde ich immer wieder live geschaltet.

Timo Bruhns, der als Cutter bei fast allen meinen Reisen

in den vergangenen Jahren dabei war, ist mit 34 Jahren der jüngste in der Gruppe und ein technisches Allroundtalent. Neben dem Schnitt dreht er auch wie ein professioneller Kameramann – sei es mit Kamera oder Smartphone. Und wenn es Probleme mit meinem Laptop gibt, dann löst er auch sie souverän. Timo hat zwei kleine Kinder zu Hause und ist verheiratet mit Anastasiya, einer Ukrainerin. Beide haben sich 2014 im Osten der Ukraine kennengelernt, als wir gemeinsam für das ZDF von dort berichtet haben.

Es ist nicht nur gut und wichtig, dass jeder seine Aufgabe perfekt beherrscht, denn häufig stehen wir unter ziemlichem Druck, wir müssen uns alle aufeinander verlassen können. Es ist auch wichtig, dass wir uns als eine Gemeinschaft im Team verstehen. Jede:r muss bereit sein, das Wasser zu tragen, jede:r muss bereit sein, für die anderen einzuspringen, wenn es eng oder gefährlich wird. Bei unserem Team weiß ich, dass das der Fall ist.

Das gilt auch für unseren Kameramann Michael Pohl und meine ukrainische Kollegin Aleksandra Indyukhova, die für uns übersetzt, die aktuellen Entwicklungen immer im Blick hat und unsere Drehs organisiert. Das ist in diesen Tagen mühsam und anstrengend, denn selbst wenn wir während einer Zugfahrt drehen wollen oder auf einem Platz in der Innenstadt, müssen wir uns dafür anmelden. Hier einen Fehler zu machen oder nur etwas zu vergessen, kann schnell zu einer unangenehmen, auch zeitraubenden Situation führen.

Immer wieder geraten wir ins Stocken. Unser Fahrer Oleksij Babenko, der sehr erfahren ist und mit dem ich schon seit vielen Jahren in schwierigen Situationen in der Ukraine unterwegs bin, behält zum Glück die Ruhe und bleibt immer freundlich, wenn wir ständig aufs Neue angehalten werden und unsere Akkreditierungen und Pässe zeigen müssen. Ich bewundere diese Ruhe, weiß ich doch, dass Oleksij sehr belastet ist. Als am 24. Februar die ersten Raketen in Kyjiw einschlugen, war für ihn klar, dass er seine Frau und seine elfjährige Tochter nicht mehr in ihrer Wohnung in einem der Außenbezirke der Stadt lassen konnte. Er brachte sie also mit. Zunächst gelang es uns, sie in einem Hotel unterzubringen, doch dann beschlossen sie gemeinsam, dass Mutter und Tochter zunächst zu Verwandten nach Deutschland gehen sollten.

Trotz der manchmal anstrengend langen Fahrten habe ich Oleksij nie klagen hören, er macht seinen Job voller Überzeugung. »Wir werden diesen Krieg auf jeden Fall gewinnen«, hatte er mir gesagt, als ich wissen wollte, ob das, was wir erleben, ihn nicht zuweilen traurig oder verzweifelt mache. Gestern hat er mir dann erzählt, dass seine Frau und seine Tochter inzwischen in Bad Kreuznach angekommen seien und seine Tochter sogar schon die Schule besuche. Er wirkte erleichtert, doch ich weiß auch, wie schwer es für ihn ist, dass in dieser Lage seine Familie auseinandergerissen wurde. Wie muss es erst für jene Männer im wehrfähigen Alter sein, die an der Front sind? Meist bleiben dann nicht einmal mehr Videokonferenzen oder Chat-Nachrichten, die für Oleksij so wichtig sind. Mit der letzten Nachricht hat seine Tochter Anneta ihm ein Foto geschickt, eine Aufnahme von meiner Live-Schalte in den 19-Uhr-Nachrichten. Die schaue sie jetzt regelmäßig und sei stolz darauf, dass ihr Papa zu unserem Team gehöre. »Können wir ein Selfie schicken?«, fragt mich Oleksij. »Na klar!«, sage ich und freue mich, dass er Kraft aus dem Stolz seiner Tochter zieht. Wahrscheinlich kann Anneta bald so gut Deutsch, dass sie versteht, was ich erzähle.

Es ist Mitte März 2022, und das ganze Land ist inzwischen durchzogen von Checkpoints. Straßensperren aus Betonklötzen, die oft von Panzerigeln umgeben und mit weißen Sandsäcken gesichert sind. Immer weht die ukrainische Flagge über den Barrikaden – ganz so, als wollten die Menschen noch einmal besonders markieren, dass dies ihr Land ist.

Wir haben beschlossen, dass wir es Oleksij überlassen, alle gewünschten Auskünfte zu erteilen, und meist werden wir auch schnell durchgewunken, nachdem unser Fahrer erklärt hat, dass wir ein deutsches Fernsehteam sind. Es sind meistens Soldaten der ukrainischen Territorialverteidigung, die mit Maschinengewehr über der Schulter am Straßenrand stehen. Viele haben sich ihre Uniformen selbst gekauft und zusammengestellt, manche tragen grüne Tarnanzüge, andere schwarze Hosen und Hemden, schusssichere Westen, Helme oder Kappen. Es sind Männer unterschiedlichen Alters, die sich freiwillig gemeldet haben. Offiziell unterstehen sie der Armee, ihre Aufgabe ist es hier, die Eingänge zu Städten und Dörfern, Industrieanlagen oder Flughäfen zu schützen.

Ich möchte zeigen, wie wir durch dieses Land fahren, vorbei an Feldern, die nicht enden wollen, durch Dörfer, in denen zuweilen die kleinen Häuser auch ohne Kriegsfolgen so baufällig erscheinen, dass ich mich frage, wie man darin leben kann. Die Ukraine ist die Kornkammer Europas. Hier bauen die Menschen 10 Prozent des weltweiten Weizens an, mehr als die Hälfte des weltweiten Sonnenblumenöls kommt aus der Ukraine. Wer durch diese Weiten fährt und über die Hügel in den Horizont schaut, gewinnt einen Eindruck davon. Ich erinnere mich, wie ich Mitte der neunziger Jahre einmal an einem sonnigen Freitagabend aus Saporischschja herausfuhr und auf den Hügeln überall Menschen auf ihren eigenen kleinen Feldern arbeiten sah. Damals haben viele Menschen die kostbaren Böden auch genutzt, um sich selbst zu ernähren.

Das tun sie bis heute. Dennoch ist die Ukraine ein bitterarmes Land, nicht nur aufgrund der Unsicherheit und übermächtigen Nachbarn, sondern auch geschunden von seiner eigenen korrupten Elite und der fehlenden Rechtssicherheit. Das Bruttoinlandsprodukt im Jahr 2021 beträgt pro Kopf gerade mal 3740 Euro, in Polen sind es 14 940 Euro, im baltischen Estland gar 23 060 Euro. Hier wird deutlich, wie wichtig eine stabile Demokratie und Rechtssicherheit sind. Wie groß das Potenzial dieses Landes sein könnte, wenn es Teil der Europäischen Union wäre. Und warum Wladimir Putin genau das fürchten muss – würde es doch seine eigene Unfähigkeit, sein Land auf einen Wohlstandspfad zu führen, umso offensichtlicher machen.

Immer wieder aber müssen wir die Kamera ausschalten. Die Checkpoints dürfen wir nicht filmen, es ist verboten, strategisch wichtige Objekte und auch Soldaten zu zeigen, nur mit einer offiziellen Genehmigung der Armee ist das möglich. Selbst in dieser trostlosen weiten Landschaft herrscht Angst vor Angriffen. Das Leben hier auf dem Land ist hart, doch immer wieder erlebe ich, dass sich die Menschen in diesen bescheidenen Verhältnissen eingerichtet und arrangiert haben. Von hier zu fliehen, Haus und Hof hinter sich zu lassen – das wäre für sie ein Albtraum, wohin sollen sie auch gehen? Was sollen eine Bäuerin und ein Bauer, die nur Ukrainisch sprechen, in Polen oder gar in Deutschland? Abgesehen davon haben viele auch gar kein Auto, um nach Lwiw oder Polen zu fahren. Also bleiben sie.

Obwohl Oleksij sich sehr geschickt verhält und glaubwürdig erscheint, müssen wir immer öfter die Wagentür öffnen, jede:r persönlich unsere Ausweise zeigen und Fragen nach unseren Vorhaben beantworten. An einigen Checkpoints sind auch Berufssoldaten und Polizisten im Einsatz, je nachdem, wie strategisch wichtig der Ort ist. Unser Auto, ein großer VW-Bus, fällt natürlich auf: ein ukrainischer Fahrer und vier Ausländer, den Kofferraum vollgepackt mit Technik und Gepäck. Auch wenn es ermüdend ist, ich weiß, dass ihr Misstrauen berechtigt ist, denn immer mehr russische Agenten sind unterwegs, um Straßen, Ortschaften und Industrieanlagen auszukundschaften. An einigen Orten sollen sie sogar mit Leuchtfarbe auf dem Boden Ziele markiert haben, die später von der russischen Luftwaffe bombardiert wurden. Dass der Feind aussieht wie sie und spricht wie sie, macht es schwierig, ihn zu identifizieren.

Als wir in Odesa ankommen, ergreift mich die Kulisse. Aufnahmen habe ich bereits in den Tagen zuvor in Berichten anderer Fernsehsender gesehen. Doch in der Realität wirkt die Szenerie noch grotesker, als ich angenommen hatte. Die Innenstadt ist wie eine Festung gesichert. Der Weg zum Opernhaus, das mit seinen prunkvollen Säulen und Skulpturen die Attraktion auf dem zentralen Platz ist, wird von Barrikaden versperrt. An einigen Kreuzungen haben sie riesige Betonklötze herbeigeschleppt, mit Dutzenden Sandsäcken gesichert und mit Tarnnetzen überzogen, die Frauen überall in den Hilfszentren aus Kleiderresten geknüpft haben. Viele Straßenschilder sind in schwarze Plastiktüten gehüllt, damit russische Soldaten und Söldner sich nicht orientieren können. Und vor einer Barrikade hat jemand ein Pappschild aufgestellt, das eine schwarze Figur auf blau-gelbem Hintergrund zeigt, die eine Windel über dem Arm hängen hat. Daneben steht auf Russisch: »Kostenlose Windeln für die russischen Besatzer.« Bei aller Tragik und Trauer, die mit diesem Krieg einhergeht, muss ich immer wieder schmunzeln über den Sinn für Humor, den sich viele Ukrainer:innen selbst jetzt bewahren. Es wirkt sympathisch auf mich, dass sie nicht mit Hass, sondern so frech und selbstbewusst auf die russische Aggression reagieren.

Immer wieder verblüffen mich die Ukrainer:innen. Es gibt wohl kaum ein Volk in Europa, das in der Lage wäre, sich in einem Krieg so gemeinschaftlich zu organisieren. Das liegt auch daran, dass das Vertrauen der Menschen in ihren Staat traditionell sehr gering ist – sie vertrauen lieber auf sich selbst. Die Korruption im Land ist auch nach den Majdan-Protesten allgegenwärtig. Die Regierungen, die seit dem Zerfall der Sowjetunion und der Staatsgründung 1991 an die Macht kamen, haben alle mehr oder weniger versagt. Aber wenn es um ihre Freiheit geht, dann halten die meisten Ukrainer:innen zusammen und sind stark. So stark, dass sie in den vergangenen 20 Jahren gleich zweimal die Regierung zu Fall gebracht haben. Der Majdan Nesaleschnosti, der Platz der Unabhängigkeit, wurde zum Zentrum der Orangenen Revolution 2004 und der »Revolution der Würde« 2013 / 2014. Und auch jetzt wieder erleben wir, wie die Ukrainer:innen mit der Bedrohung wachsen, wahrscheinlich waren sie nie so stark wie in diesem Krieg. »Sein oder Nichtsein« – die Parole, die Präsident Selenskyj ausgegeben hat, lässt sich herunterbrechen auf Tausende Orte im Land, an denen Menschen jetzt zusammenkommen. Aus Restaurants und Nachtclubs werden Suppenküchen und Versorgungszentren, aus Theatern Flüchtlingsunterkünfte und Verteilstellen für Kleidung, Essen und Medikamente.

Wie in vielen anderen Städten gibt es auch in Odesa im März 2022 bereits Trainingslager, in denen ganz normale Bürger:innen, angeleitet von erfahrenen Schützen, lernen, mit der Waffe umzugehen. Es ist die Vorbereitung auf einen möglichen Häuserkampf. Falls russische Soldaten in die Stadt vordringen, sollen möglichst viele Menschen zur Verteidigung fähig sein. Auf einem verlassenen Fabrikgelände am Rande von Odesa dürfen wir ein solches Trainingscamp drehen, aber die Veranstalter drängen darauf, dass wir nichts filmen, das Rückschlüsse auf den Ort ermöglicht. Zu groß ist ihre Angst, dass das Gelände entdeckt und beschossen werden könnte.

Ich bin erstaunt, wie gut alles organisiert ist. In mehreren Gruppen üben jeweils ein gutes Dutzend Frauen und Männer, wie sie sich selbst verteidigen können. Serhij, der Ausbilder, ist ein kräftiger Mann, er trägt eine Camouflagejacke, schwarze Hosen und eine grüne Mütze. Er selbst ist Sportschütze, kein Soldat, er hat sich freiwillig gemeldet, weil er sein Wissen weitergeben möchte. Locker hält er die Kalaschnikow vor sich und führt vor, wie es geht. »Wenn man den Finger am Abzug hat, dann spürt man einen Widerstand. Das ist der Moment, in dem der

Schuss ausgelöst wird und in dem die höchste Konzentration nötig ist.«

Fünf Frauen und neun Männer schauen genau zu, sie warten geduldig darauf, dass jeder von ihnen an die Reihe kommt, um es selbst auszuprobieren. Doch so einfach, wie es aussieht, ist es nicht. Und dann sollen sie auch noch rennen mit dem unhandlichen Sturmgewehr in der Hand. »Bumbum und dann loslaufen, und hier vorne wieder: bumbum, und dann schnell zurück in Deckung«, macht Serhij vor und sprintet über den dreckigen Boden der Industrieruine, wobei er ziemlich Staub aufwirbelt. Aber das ist nicht alles: »Die Waffe beim Laufen immer in die Höhe halten und sicherstellen, dass nicht doch noch eine Kugel im Lauf steckt. Und vor allem immer darauf achten, sich selbst nicht zu verletzen.«

2014 habe ich schon einmal in einem ähnlichen Militärcamp in den Wäldern von Kyjiw gedreht. Das Camp wurde von einem ukrainischen Juristen organisiert, und ich erinnere mich noch gut, wie befremdlich ich es fand, zu sehen, wie vor allem junge Leute an einem Wochenende im Schnellverfahren lernten, Schützengräben auszuheben, Verletzte aus Trümmern zu bergen und ein Maschinengewehr auseinanderzubauen, zu reinigen und damit zu schießen. Schon damals bereiteten sich ganz normale Bürger:innen auf die Verteidigung ihres Landes vor.

Acht Jahre später verstehe ich, dass die Menschen, die Serhijs Anweisungen folgen, vielleicht in einigen Wochen tatsächlich in den Krieg ziehen werden. Ich erkläre der Gruppe, warum ich filmen möchte, wie sie hier ausgebildet werden, und bitte sie, mir zu erklären, warum in der Ukraine die Bürger:innen selbst zu den Waffen greifen.

Oleksij, der eigentlich Speditionskaufmann ist, möchte gerne, dass die Deutschen verstehen. Er selbst hat bis vor wenigen Wochen noch ein ganz normales Leben geführt, als Familienvater, in einer schönen Neubausiedlung. »Schaut euch an, was mit uns passiert. Das könnte euch auch blühen. Und weglaufen ist keine Option. Jedenfalls nicht für uns.«

Anders als Oleksij, der sein eigenes Sturmgewehr dabeihat, das er gerade gekauft hat, besitzen die meisten keine eigene Waffe, sie müssen mit der Kalaschnikow des Ausbilders üben. Olha, eine junge Mutter und Lehrerin, deren sanftmütiges Gesicht eher traurig wirkt als entschlossen, will sich nach dem Trainingscamp ein Sturmgewehr kaufen, dafür hat sie extra Geld beiseitegelegt. Will sie, eine junge Mutter, tatsächlich in den Krieg ziehen, das ist doch Aufgabe der Militärs? »Die russische Armee führt nicht nur gegen unsere Truppen Krieg, sondern auch gegen Frauen und Kinder. Und das bedeutet, dass sich auch die Zivilbevölkerung verteidigen muss. Und damit bin auch ich eine Soldatin.«

Acht Jahre führen sie nun schon so Krieg. Ein ganzes Volk sieht sich in der Verantwortung: zu kämpfen, zu kochen, Leben zu retten und wieder aufzubauen. Von ihrem Staat haben sie nie viel erwarten können, die politische und wirtschaftliche Elite der Ukraine hat sich dem Gemeinwohl kaum verpflichtet gefühlt. Auch das ist ein Teil der bitteren Geschichte der modernen Ukraine. Immer wieder haben die Menschen aufbegehrt, die Orangene Revolution, der Euromajdan, das waren auch Proteste gegen ein System aus Korruption und Vetternwirtschaft, in dem wenige Oligarchen nicht nur die Wirtschaft, sondern auch die Justiz, die

Medien und die politischen Parteien kontrollieren. Minister werden gekauft, Staatsanwälte, Bürgermeister und Parlamentarier.

In der Filmserie »Diener des Volkes«, in der der damalige Comedian und Schauspieler Wolodymyr Selenskyj die Hauptrolle spielte, waren genau diese politischen Verhältnisse das Thema – eine bissige Politsatire hinter den Kulissen von Kyjiw. Manche bezeichneten die Serie bei ihrem Erscheinen im November 2015 auch als das ukrainische Pendant zum amerikanischen »House of Cards«. Wolodymyr Selenskyj spielt darin den Geschichtslehrer Wasyl Petrowytsch Holoborodko, einen bescheidenen, eher unscheinbaren ukrainischen Beamten, angepasst und freundlich. Doch dann kommt der Tag, an dem es ihm reicht, sich zu fügen. Als seine Schüler:innen während der Unterrichtsstunde abkommandiert werden, um auf dem Schulhof kleine Buden für die anstehenden Präsidentschaftswahlen zu bauen, platzt dem Geschichtslehrer der Kragen. Holoborodko prangert die Verhältnisse in seinem Land an, in dem eine kleine Elite politische Macht nur dazu nutzt, sich wirtschaftliche Vorteile zu verschaffen, und sich Justiz und Polizei untertan macht.

»Wir haben die Wahl zwischen Pest und Cholera, und das seit 25 Jahren. Auch diesmal wird sich nichts ändern, und weißt du warum?«, fragt er seinen verdutzten Kollegen im ersten Teil der Serie. »Weil du, mein Vater und ich wieder so ein Schwein wählen werden. Dann kommen diese Schweine an die Macht und reißen sich alles unter den Nagel. Sie haben andere Namen, aber sie sind alle gleich. Und es ist allen scheißegal, dir, mir, allen. Scheißegal!« Während der Geschichtslehrer sich immer weiter in

Rage redet, filmt ihn ein Schüler heimlich. »Wenn ich nur eine Woche an der Macht wäre, dann wäre Schluss mit all den Boni, den Sommervillen und all dem … Jeder Lehrer soll wie ein Präsident leben und jeder Präsident soll wie ein Lehrer leben«, sagt der Lehrer Holoborodko, den Wolodymyr Selenskyj wunderbar überzeugend spielt, und was er da zu sagen hat, das spricht dem ganzen Land aus der Seele. Die heimliche Filmaufnahme taucht im Netz auf und wird millionenfach auf allen Social-Media-Kanälen geteilt. Per Crowdfunding sammeln die Schüler:innen und ihre Eltern Geld für den Wahlkampf des Geschichtslehrers, der dann in der Serie als »Diener des Volkes« zum Präsidenten der Ukraine wird.

Die Politsatire gibt auf unterhaltsame Weise Einblicke in die Machenschaften der politischen Clans, die das Schicksal des Landes seit Jahrzehnten prägen. Und sie hat großen Erfolg, so viel Erfolg, dass viele Ukrainer:innen sich wünschen, diesen Geschichtslehrer gäbe es tatsächlich.

Wolodymyr Selenskyj entschied sich infolge der Serie tatsächlich dafür, sich um das Amt des Präsidenten zu bewerben. Seine Partei erhielt den Namen der Serie: Sluha Narodu – Diener des Volkes. Als Selenskyj zu den Präsidentschaftswahlen 2019 antrat, haben viele Journalist:innen, auch ich selbst, das sehr kritisch gesehen. Ein Schauspieler und Comedian, der abgesehen von einer Politsatire weder über ein Programm verfügte noch über politische Erfahrung, wie sollte der die großen Herausforderungen meistern, vor denen das Land stand? Kritisch wurde auch seine Nähe zu dem ukrainischen Oligarchen und Medienmogul Ihor Kolomojskyj gesehen.

Als dieser sympathische Schauspieler dann tatsächlich in

einer Stichwahl den amtierenden Präsidenten Petro Poroschenko mit 73,2 Prozent Zustimmung überlegen besiegte, wertete ich das eher als Zeichen, dass den Bürger:innen der Ukraine das Vertrauen in die herkömmliche Politik komplett abhandengekommen war.

So war es auch schon 2014 gewesen. Weil die Armee nicht fähig und ausgerüstet war, gegen die russischen Angriffe im Osten vorzugehen, bildeten Bürger:innen Kampfbataillone, die teilweise von Oligarchen finanziert wurden. Ihor Kolomojskyj spielte auch hier eine entscheidende Rolle: Als Gouverneur des Oblasts Dnipropetrowsk gründete er mit eigenen Mitteln das Kampfbataillon Dnipro. Ich hatte 2014 Gelegenheit, eine Gruppe des Bataillons zu begleiten, und erlebte, wie die Männer in Donezk und Mariupol mit Waffen, die sie sich selbst gekauft hatten, gegen die russische Armee und die von ihr unterstützten Separatisten kämpften. Und sie hatten zeitweise Erfolge, wie auch viele andere ukrainische Freiwilligenbataillone.

Deshalb war ich persönlich auch so erstaunt, dass Putin und die russische Armee glaubten, die Ukraine mit einem Blitzkrieg überfallen und einnehmen zu können. Es hätte doch jedem Kenner des Landes klar sein müssen, dass die Ukrainer:innen erbitterten Widerstand leisten würden – bis hin zum Häuserkampf.

*Kyjiw, 12. April 2014*

*Aufmerksam verfolgen die Ukrainer, wie die Krise ihres Landes die internationale Diplomatie beherrscht. Viele setzen nicht mehr auf den Staat, sondern nehmen selbst die Waffe in die Hand. In Kyjiw treffe ich Hennadij Drusenko, er ist überzeugt, die Bürger müssen sich auf Krieg vorbereiten und selbst lernen, sich zu verteidigen. Der Zweiundvierzigjährige ist ein drahtiger, sportlicher Mann mit einem sympathischen Lächeln, er spricht fließend Englisch, denn er hat in Kyjiw und in Schottland studiert, Schwerpunkt europäisches Unternehmensrecht.*

*Doch das war in einem anderen Leben. Jetzt ist er Chef seiner eigenen Truppe, die er Ukrainische Reserve-Armee nennt. Warum baut ein international vernetzter Jurist eine eigene Kampfgruppe auf?*

*»Nach den Ereignissen auf dem Majdan haben viele Menschen kapiert, wer dem Staat vertraut, der betrügt sich selbst. Wenn du die Ukraine verteidigen willst, musst du das selbst tun«, meint er entschlossen. »Wir haben nur eine Ukraine.« Es wirkt auf mich zunächst etwas befremdlich, dass er junge Ukrainer für den Krieg trainieren möchte, doch während wir im Hotel Ukraina in Kyjiw bei einem Kaffee zusammensitzen, überzeugt er mich, dass ich mir das selbst anschauen sollte.*

*Es ist natürlich eine gute Reportage fürs Fernsehen, und so fahre ich am Freitag mit meinem Team in ein ehemaliges Jugendlager in den Wäldern von Kyjiw. Jeden Freitag trifft sich hier eine neue Gruppe. Es sind 40 überwiegend junge Männer und Frauen und sie sind alle entschieden, dass sie vorbereitet sein wollen. Auf dem Programm steht schießen lernen, Schützengräben ausheben, Verwundete versorgen. »Wir bereiten sie auf einen Partisanenkrieg vor. Sie sind nicht alle Rambos, aber wenn wir hier genug Leute ausbilden, werden die Russen keine Chance haben«, sagt Drusenko.*

*Olesja, 19 Jahre, und Anja, 21 Jahre, sind Studentinnen und jetzt wollen sie bis Sonntagnachmittag lernen, wie man*

*Menschen mit einer Kalaschnikow tötet oder wie man eine Granate einsetzt. »Ich glaube, für die heutige Generation ist eine militärische Ausbildung notwendig, wegen der aktuellen Situation«, sagt Anja. Olesja glaubt das auch, und während sie eine Kalaschnikow auseinandernimmt, erklärt sie uns, dass sie unbedingt schießen lernen möchte: »Im Hinblick auf die letzten Ereignisse kann das schnell aktuell werden.«*

*Das sieht auch Serhij so, er hat gerade sein Wirtschaftsstudium abgeschlossen, war wie sie alle bei den Majdan-Protesten dabei, er hat gesehen, wie einige seiner Mitstreiter erschossen wurden. »Dieses Land ist unser Land, wir wollen nicht auswandern und wir wollen ganz bestimmt nicht wie in Russland leben. Wir haben nur diese eine Ukraine, und für die sind wir bereit zu kämpfen und zu sterben.« Wie Hennadij Drusenko sind alle überzeugt, dass Russland Krieg führen wird gegen die Ukraine.*

*»Sie sind bereit, sie haben keine Angst«, sagt Ausbilder Wjatscheslaw über seine Schüler. »Sie sind alle gläubige Menschen, die keine Angst vor dem Tod haben. Das ist das Wichtigste, alles andere können sie lernen.«*

*Sonntagnachmittag, das Trainingscamp geht zu Ende, die Teilnehmer fahren nach Haus, nach Kyjiw, Lwiw, manche kommen aus dem Osten der Ukraine, wo längst geschossen wird.*

*Und Europa? »Ein Freund aus Polen schrieb mir vor kurzem, seiner Meinung nach werde gerade europäische Geschichte in der Ukraine geschrieben«, erzählt Drusenko. Die Ukraine sei das einzige Land, das die anderen Europäer daran erinnere, was Würde und Freiheit bedeuten, und dessen Menschen bereit seien, dafür zu sterben, während die Europäer in Brüssel über die Form von Tomaten debattierten.*

Es mag seltsam anmuten, wenn Zivilist:innen am Wochenende an militärischen Übungen teilnehmen – viele Ukrainer:innen sehen es als Lebensversicherung für ihr Land. Ähnlich wie in Israel oder der Schweiz ist die Verteidigungsfähigkeit Bürgerpflicht. Und die Ukrainer:innen haben in Wolodymyr Selenskyj einen Präsidenten, der ihnen vom ersten Kriegstag an das Gefühl gegeben hat, dass es genau darauf nun ankomme.

Der britische *Economist* schrieb in seiner Ausgabe am 16. April 2022, die ukrainische Nation gründe sich nicht auf Grenzen, Institutionen oder Ethnien, sondern auf eine Gemeinschaft, die sich nicht auf den Staat, sondern auf sich selbst verlasse. »Es geht um die Fähigkeit, zusammenzukommen, wenn man das Gefühl hat, es ist wichtig. Sie verlassen sich lieber aufeinander als auf eine Institution oder Hierarchien. Ob es darum geht, in kalten Winternächten zu protestieren, oder darum, Molotowcocktails zu basteln, mit denen sie russische Panzer bedrohen.«

Diese etwas archaisch anmutende Form der Selbstorganisation ist Segen und Fluch zugleich. Nie waren die Ukrainer:innen im Frieden so gut wie im Krieg. Nachdem das Volk 2014 Janukowytsch entmachtet hatte, ist es erneut nicht gelungen, die notwendigen Reformen für einen demokratischen Staat durchzuführen und die Korruption zu bekämpfen. Die Elite hat erneut das Land im Würgegriff, wenige Oligarchen dominieren die Wirtschaft, eng verflochten mit der politischen Elite. Die Ukraine ist eine Clangesellschaft, dagegen hat auch Präsident Selenskyj in den ersten drei Jahren seiner Amtszeit wenig ausrichten können. Das Resultat ist verheerend: Transparency International setzte die Ukraine am 25. Januar 2022, im letzten

Bericht vor dem Krieg, auf Platz 122 der globalen Korruptionsrangliste von 180 Ländern. Sollte die Ukraine eines Tages wirklich Teil der Europäischen Union werden, dann muss sie dieses enorme Problem in den Griff bekommen – mit Hilfe von außen zwar, aber der Wandel wird von innen kommen müssen. Es ist eine große Herausforderung, vor der das Land stehen wird, wenn es tatsächlich gelingen sollte, die russische Invasion abzuwehren.

Trotz Korruption und Unvermögens der Elite, einen funktionierenden Rechtsstaat aufzubauen, bei aller Armut, die in der Ukraine allgegenwärtig ist, erstaunen mich aber auch immer wieder die Vielfalt und Schönheit des Landes. Es ist bereits einige Jahre her, dass ich zuletzt in Odesa war, und ich hatte ganz vergessen, wie prunkvoll die Häuser und Geschäfte sind. Die »Perle am Schwarzen Meer«, wie die Hafenmetropole oft genannt wird, ist anders als Mariupol eine reiche Stadt. Ob Gucci, Louis Vuitton oder Chanel, so ziemlich jedes Luxuslabel ist in den Straßen der Altstadt vertreten – ein Spiegelbild der Kaufkraft der Eliten.

Doch wo sonst wohlhabende Ukrainer:innen und Russ:innen flanieren, versperren nun Panzerigel, die die Bürger:innen aus Eisenbahnschienen zusammengeschweißt haben, den Weg. Und an einer Ecke haben sie sogar die Möbel eines Restaurants geopfert und zu einer Barrikade aufgetürmt. Die Schaufenster der Geschäfte sind fast alle mit Sperrholzplatten vernagelt.

Nur wenige Menschen sind am Morgen unterwegs, und was mir sofort auffällt: Es sind keine Kinder mehr auf den Straßen zu sehen. Auch aus Odesa fliehen jetzt immer mehr Familien in den Westen des Landes oder weiter in die Europäische Union. Es sind die Frauen und Kinder, die wir auf den TV-Kanälen in Polen und Rumänien ankommen sehen. Geblieben sind die Männer, die ihre Stadt verteidigen wollen, und die Alten, die lieber sterben, als die Strapazen und die Unsicherheit der Flucht auf sich zu nehmen.

Nur mit Genehmigung der Armee und in Begleitung eines Presseoffiziers dürfen wir als Journalist:innen in die Altstadt hinein und filmen. Meine Kollegin Aleksandra Indyukhova muss also zunächst unsere Dokumente, die wir vorher eingescannt haben, in einem Online-Antragsformular hochladen und weiterleiten. Doch ist die Formalität erst einmal erledigt, geht es erfahrungsgemäß meistens schnell. Wichtig ist dabei zu wissen, dass wir in der Regel nur begleitet werden, uns aber nicht vorgeschrieben wird, was wir filmen. Wenn es Einschränkungen oder Verbote gibt, dann werden diese mit Sicherheitsbedenken begründet. Was uns unsere Interviewpartner:innen sagen, die wir frei auswählen können, da mischen sich unsere Begleiter nicht ein.

Aber natürlich haben auch die Ukrainer:innen ihre Interessen: Sie wollen uns, die Reporter:innen aus dem Westen, zu ihren Verbündeten machen, zu einem Teil ihres Kampfes um ihr Land. Auch aus diesem Grund werden ausländische Journalist:innen vor allem mit den Informationen versorgt und konfrontiert, die dieses Anliegen stützen. Ohne Waffenlieferungen könne das Land sich nicht verteidigen und ohne harte Sanktionen gegen Russland, bei denen die deutsche Regierung nach ihrer Auffassung eine führende Rolle spielen müsse, könne Putin nicht gestoppt werden, sagte mir Außenminister Dmytro Kuleba in einem persönlichen Gespräch.

Die Bürger:innen von Odesa sind stolz darauf, dass eine

der wichtigsten Geschichten des ukrainischen Widerstands sich vor ihrer Küste zugetragen hat. Es war am 24. Februar 2022, dem ersten Tag des Krieges, als sich ein Schiff der russischen Schwarzmeerflotte der Schlangeninsel näherte, einer strategisch wichtigen, aber bis dahin weitgehend unbekannten Insel im Schwarzen Meer. Es war, wie sich schnell herausstellte, nicht irgendein Schiff, sondern die »Moskwa«, der Stolz und das Flaggschiff der russischen Schwarzmeerflotte. Der Kapitän, so erzählt man sich, forderte die 13 ukrainischen Grenzschützer, die gerade auf der Schlangeninsel im Dienst waren, per Funk zur Kapitulation auf. Doch die Grenzschützer funkten zurück: »Russisches Kriegsschiff, fick dich!« Ein verbaler Stinkefinger, der zu einem der wichtigsten Slogans des Krieges wurde und inzwischen T-Shirts, Tassen und Plakate ziert. In Odesa wurde er mit gelber Farbe auf viele der von den Bewohner:innen selbst zusammengeschweißten Panzerigel gesprayt.

Einige Wochen später, am 14. April, erlitt Russland an derselben Küstenlinie einen historischen, harten Schlag gegen seine Marine. Der Ukraine war es gelungen, die »Moskwa« zu zerstören. Der Kreml reagierte darauf wie so oft mit irreführenden Informationen. Zunächst hieß es, das Schiff sei durch einen Brand gesunken, niemand sei dabei umgekommen. Etwas später hieß es dann doch, dass ein Soldat ums Leben gekommen sei und 27 vermisst würden.

Wir haben uns entschieden, im Premier-Hotel am Rande der Stadt unterzukommen, einem Haus, das als relativ sicher gilt, weil es einen Luftschutzkeller hat. Normalerweise würden hier jetzt, Mitte März, die ersten Tourist:innen einchecken, doch nun sitzen an den Tischen im

Restaurant im zweiten Stock Zeitungsreporter:innen, Fernsehteams und Sicherheitsleute. Den Service hat das Hotel deutlich eingeschränkt, auch hier ist spürbar: Es herrscht Krieg. Viele Angestellte haben die Stadt verlassen, und anstelle eines reichhaltigen Buffets mit individueller Auswahl gibt es zum Frühstück wie zum Abendessen für alle die gleiche Speisenfolge aus Brot, Spiegelei und Würstchen, wie in einem Internat oder einer englischen Boarding School, scherzen wir.

In den meisten Kriegsgebieten – ob Irak, Syrien oder Afghanistan – gibt es solche Hotels, in denen man geballt ausländische Medienvertreter:innen, aber auch Mitarbeiter:innen internationaler Hilfsorganisationen antrifft. Es kann manchmal etwas anstrengend sein, ständig Kolleg:innen über den Weg zu laufen, aber es hat auch Vorteile. Ich schätze besonders die Möglichkeit, Informationen auszutauschen, und immer wieder trifft man auch alte Bekannte. Der Kreis der Reporter:innen, die in Kriegsgebieten arbeiten, ist ziemlich überschaubar, man kennt sich – und wenn nicht, ist es immer wieder interessant, einander kennenzulernen. Unser Kameramann Michael Pohl ist schon seit 30 Jahren in der ganzen Welt unterwegs, er war im Irak, als Saddam Hussein gestürzt wurde und auch beim Sturm auf Falludja, er war in Kairo während des Arabischen Frühlings und des anschließenden Militärputsches gegen die Muslimbrüder. Und so trifft er natürlich auch im Premier-Hotel vertraute Kolleg:innen, die uns immer mal wieder gute Tipps geben.

Zum Glück bleibt der Angriff auf Odesa in den ersten Wochen und auch in der Zeit, die wir dort mit unserem ZDF-Team sind, aus. Ich mag mir gar nicht vorstellen, dass die Stadt mit ihren wunderschönen alten Bauten, der berühmten Oper und ihren großzügig angelegten Plätzen und Prachtstraßen wie Mariupol dem Erdboden gleich gemacht werden könnte. Das Denkmal des Duc de Richelieu, des berühmten Gouverneurs von Odesa, das sonst am Platz vor der Potomkinschen Treppe in die Höhe ragt, haben sie fürsorglich in einen Berg von Sandsäcken gepackt, wie ein verletztes Körperteil, das geschützt werden muss.

Es sagt so viel über den Widerstand der Bürger:innen von Odesa aus, dass ich beschließe, ein Foto zu machen und es meinen Freund:innen in Deutschland zu schicken. Viel Zeit habe ich nicht, weil ich wieder zur nächsten Verabredung muss. Aber ich beschließe, noch kurz die Treppe hinunterzugehen, die jeder aus Eisensteins berühmtem Panzerkreuzer-Epos kennt. Es ist auch russische Kultur und Geschichte, die bedroht ist. Das Denkmal von Zarin Katharina II. erinnert daran, dass Odesa als südlichste Hafenstadt des russischen Imperiums gegründet wurde. Mit ihrer lebendigen, weltoffenen Kultur, geprägt von den Einflüssen ihrer russischen, jüdischen und ukrainischen sowie griechischen Bewohner:innen, war diese Stadt immer auch ein Sehnsuchtsort für Russ:innen.

Wohl unter anderem deshalb vertraut der nicht unumstrittene Bürgermeister Hennadij Truchanow darauf, dass Putin die schöne Altstadt mit ihren historischen Bauten nicht bombardieren wird. Er galt als jemand, der in den vergangenen Jahren mit den Russen kooperiert hatte, nun hat er aber eindeutig Position bezogen. Er weiß, wie gefährlich die Situation ist – und dass es auch um sein Leben ginge, wenn die russische Armee in Odesa einmarschieren würde. An mehreren Orten, die von den russischen Soldaten eingenommen wurden, sind die Bürgermeister, die nicht mit den Besatzern kooperierten, verschwunden.

Doch gerade weil die russische Kultur und Sprache für die Menschen in Odesa wichtige Bestandteile ihrer Identität sind, verbittert Putins Krieg sie besonders stark, das erlebe ich immer wieder bei meinen Gesprächen. »Puschkin lieben – Putin hassen«, darum gehe es, erklärt mir der Barkeeper in einem der noch geöffneten Cafés. Auch Truchanow mit seinen stets guten Verbindungen nach Russland ist anzumerken, dass er tief getroffen ist. Schon früh hatte er als Bürgermeister vor Putins Plänen gewarnt, das Land zu erobern. Die russischen Soldaten seien Mörder, sagt er jetzt, die aus Angst vor dem eigenen Regime handelten, ihr Kampf trage alle Zeichen des Faschismus.

Für Vielfalt, Weltoffenheit und Toleranz, die in der Hafenmetropole zum Lebensstil gehörten, lässt der Krieg keinen Raum. Und auch die Leichtigkeit, die das Leben im Süden des Landes immer hatte, ist verschwunden. In den Cafés und Restaurants, in denen noch vor wenigen Wochen mit Aperol Spritz und Wodka gefeiert wurde, packen die Bürger:innen der Stadt jetzt Lebensmittelpakete mit Keksen und Wurst für die Männer an der Front. Und die zahlreichen Nachtclubs in den Kellern der Altstadt bieten nun statt Sex-Shows Schutz vor Bombenangriffen und Unterkunft für die Soldaten.

Am Strand erleben wir eine ähnliche Situation. Wo normalerweise in einigen Wochen Tourist:innen in der Sonne liegen würden, füllen sie den Sand in Säcken ab: Studierende, Rentner:innen, Kinder – Einheimische und Zugereiste arbeiten Hand in Hand, als habe die Bedrohung sie zu einem einzigen Körper geformt. Da stehen diese Menschen einer weit überlegenen Militärmacht gegenüber und wollen sie mit Sandsäcken und selbstgebastelten Molotowcocktails besiegen!? David gegen den russischen Goliath? Manchmal habe ich den Eindruck, als sei es Teil einer Therapie. Alles ist besser, als nichts für die Verteidigung des Landes zu tun. »Jeder packt mit an, um Odesa zu verteidigen«, sagt Ruslan, den ich am Strand treffe. »Wir unterstützen auf diese Art das Militär. Jeder Sandsack kann sie vor Granatsplittern schützen und Menschenleben retten. Wenn es nötig sein sollte, würde ich mich auch bewaffnen, um meine Heimat zu verteidigen.«

Ruslan ist zum Studieren nach Odesa gekommen, jetzt hat er entschieden, zu bleiben. Anja, die als Angestellte in einem Callcenter arbeitet, ist ebenfalls überzeugt, hier an der richtigen Stelle zu sein. »Putin kann sich meinetwegen unsere schöne Stadt auf einer Postkarte anschauen. Um mich mal höflich auszudrücken. Oder sogar auf zwei Postkarten. Aber mehr nicht.« Dann hält sie einen Moment inne, ihr Gesicht sieht ärgerlich aus. »Ich lasse mich doch nicht aus meiner Heimat vertreiben, nur weil die sich irgendwas ausgedacht haben und mich angeblich befreien wollen!« Und dann sagt sie, als wende sie sich direkt an Putin: »Bei uns ist alles gut, wir müssen nicht gerettet werden. Und ja, ich spreche Russisch, und das schon immer. Meine Familie spricht Russisch, auch Ukrainisch. Aber das Russische geht mir leichter von den Lippen.« Und dann packen sie weiter, Sack für Sack, den Sand ab.

Auch wir Journalist:innen brauchen eine Genehmigung der Armee, um ins Zentrum von Odesa zu kommen. Selbst die Anwohner:innen, deren Wohnungen in der Altstadt liegen, müssen ihre Ausweise zeigen, wenn sie nach Hause gehen. Sie lassen es geduldig über sich ergehen, als sei es längst eine Selbstverständlichkeit. Es macht mich traurig zu sehen, wie eine ältere Dame verzweifelt ihre Handtasche durchsucht, ein großes, abgewetztes Stück aus Kunstleder, das sie offenbar schon sehr lange besitzt. Schließlich stellt sie sie resigniert auf den Boden, schaut sich suchend um. Ein Soldat, er könnte ihr Enkel sein, wendet sich ihr zu. Er redet ruhig auf sie ein, dann entdeckt sie ihre Papiere doch noch irgendwo im Durcheinander der viel zu großen alten Tasche und lächelt. Sie darf nach Hause.

Die älteren Menschen, das erlebe ich immer wieder, trifft dieser Krieg besonders hart. Alle Ukrainer:innen sind am 24. Februar aus ihrem Leben geworfen worden, doch für viele Rentner:innen ist es schwierig, sich auf diese neue Situation einzustellen. Sie sind verunsichert, ängstlich und häufig völlig überfordert. Was tun, wenn der Aufzug nicht mehr funktioniert und die Wohnung im siebten Stock liegt? Wenn die Kraft fehlt, zu fliehen und die vertraute Umgebung zu verlassen? Wenn die Nachbarn geflohen sind, die sonst immer geholfen haben? Wenn die Medikamente nicht mehr erhältlich sind, die jemand regelmäßig vorbeigebracht hat? In so vielen Städten und Dörfern habe ich erlebt, wie die Alten zurückbleiben – manchmal auch, weil ihnen die vertraute Vergangenheit kostbarer erscheint als die Sicherheit in einer ungewissen Zukunft.

Während ich mit Kameramann Michael Pohl darauf warte, dass der Presseoffizier der Armee uns die Erlaubnis erteilt, die Barrikaden zu filmen und mit den Soldaten zu sprechen, kommt einer von ihnen auf mich zu. »Seid ihr deutsches Fernsehen?«, fragt er in flüssigem Deutsch. Es stellt sich heraus, dass Illja in Wien studiert hat, er ist gerade aus Österreich in die Ukraine zurückgekehrt und hat vor, mit seiner Freundin zusammenzuziehen. Noch unentschieden, ob er lieber als Diplomat oder Dolmetscher arbeiten wolle, habe er sich auf die Suche nach einer passenden Arbeitsstelle gemacht. »Aber dann kam der Krieg.« Von einem Tag auf den anderen waren alle Träume und Pläne zerstört. Illja erzählt, wie er sich von seinen Eltern und seiner Freundin verabschieden musste.

Jetzt steht er weit weg von seiner Heimatstadt zwischen den Barrikaden von Odesa. Alle vier Stunden wechseln die Soldaten, dann kommt eine neue Schicht. »Ich hätte mir nie vorstellen können, dass ich einmal mit einem geladenen Maschinengewehr über der Schulter durch die Straßen gehe«, erzählt er mir. Der schlaksige junge Mann, der mich aus großen braunen Augen schüchtern anschaut, ist kein Heldentyp.

Da ist kein Stolz darauf zu spüren, kein Enthusiasmus. Illja ist ruhig und besonnen, nachdenklich – ich kann ihn mir gut als Diplomaten vorstellen. Aber Diplomaten braucht in diesen Tagen des März 2022 niemand, die Ukraine braucht Kämpfer. Eine friedliche Lösung mit Russland sehe er zurzeit nicht, sagt der Dreiundzwanzigjährige, früher oder später werde Putin seine Truppen auch nach Odesa schicken. »Ich bin mir ziemlich sicher, dass die Jungs, die hier stehen, niemanden vorbeilassen in die Stadt, wir werden kämpfen.« »Auch unter Einsatz deines Lebens?«, frage ich nach. Ich bemerke, dass ich intuitiv bezweifle, dass er das ernst meinen könnte. Es erscheint mir so falsch, dass dieser junge Mann, der gerade sein Studium abgeschlossen hat und mit seiner Freundin zusammenziehen wollte, der eine vielversprechende Zukunft hat, tatsächlich bereit sein sollte zu sterben. »Auch unter Einsatz meines Lebens, ja«, versichert Illja und blickt mich eher traurig als entschlossen an. Er stockt kurz, dann fügt er hinzu: »Wir verteidigen unser Land, wir verteidigen unser Recht, frei zu sein. Wir wollen das, und wir stehen dafür.«

So viele junge Ukrainer:innen werden in diesem Krieg um ihre Zukunft betrogen, so viele sind bereits verletzt, verkrüppelt oder gar gestorben, weil sie einfach nur in einem normalen Land leben wollten. Ich denke in diesem Moment an Saschko Kapinos, dessen Geschichte ich im Mai 2014 in meinem Tagebuch festgehalten hatte. Der Landwirt hatte sich im Dezember 2013 von seinem Dorf Dunajiw im Westen der Ukraine aufgemacht nach Kyjiw, um auf dem Majdan an den Protesten teilzunehmen. Zwischen den Barrikaden lernte er die achtundzwanzigjährige Olena kennen, sie verliebten sich und verbrachten gemeinsam die Tage bei bitterer Kälte, Schnee und Regen. Sie dachten, sie würden die Ukraine retten, und endeten in einer Katastrophe.

*Kyjiw, 2. Mai 2014*

*Es sind Tage der Trauer in Kyjiw, ich erlebe so viele Menschen, die rund um den Majdan Blumen niederlegen und still im Gedenken verharren. Auf der Instytuzkastraße haben sie eine Gedenkstätte errichtet für all die, die hier starben. Für jeden Einzelnen haben sie Bilder aufgestellt.*

*Saschkos Foto, das in einem Rahmen steckt, zeigt ihn in einem traditionellen ukrainischen Hemd, ein junger Mann mit einem schwarzen Schnurrbart, dichten schwarzen Augenbrauen und einem traurigen Blick. Olena hat das Bild an einen Baum auf der Instytuzka gelehnt, darunter liegen Blumen. Während wir gemeinsam vor dem Foto stehen, erzählt Olena von den Ereignissen, dem letzten Tag, den sie mit Saschko verbrachte.*

*Es war der 19. Februar 2014, in der Nacht brannte in Kyjiw das von Demonstranten besetzte Gewerkschaftshaus. Die Polizei hatte kurz zuvor angekündigt, den Majdan freiräumen zu lassen, und Frauen und Kinder aufgefordert, den Platz zu verlassen. Daraufhin kommt es zu Revolten.*

*Polizeiwagen brennen, viele Gesichter sind schwarz vom Ruß, in den Barrikaden brennen Reifen. Die Gewalt zwischen den Aktivisten und den ukrainischen Berkut-Sonderkommandos scheint nicht mehr zu stoppen zu sein. Die Polizei setzt Wurfgeschosse und Wasserwerfer ein. Doch dann fallen Schüsse. Saschko, so berichtete mir Olena, hatte an diesem Tag seine Freunde eingeladen. »Er hat gesagt, lass uns tanzen, lass uns Spaß haben, so als habe er eine Ahnung gehabt, dass etwas Schlimmes passieren wird.« Saschko wird von einer Kugel direkt in den Kopf getroffen, erzählt Olena. »Als er ins Krankenhaus kam, schwer verwundet, hatte er eine Menge Blut verloren, er hat den Helfern noch gesagt, macht euch keine Sorgen, alles wird gut, wir werden gewinnen.«*

*Wenig später stirbt Saschko im Krankenhaus an den Folgen der Schussverletzungen. Er wurde 29 Jahre alt.*

*Saschko Kapinos ist einer der vielen jungen Menschen, denen die Bürgerbewegung im Zentrum von Kyjiw ein Denkmal setzte, die sie die Himmlische Hundertschaft nennen, ihre Toten, ihre Helden. Olena ist gekommen, um Nelken niederzulegen. »Sie sind für uns gestorben, für unser Leben. Sie sind Helden, für diese Helden müssen wir handeln, wir dürfen nicht gleichgültig werden, wie in der Vergangenheit.*

*Sie sind für die Ukraine gestorben, und wir werden unser Land aufbauen und zum besten aller Länder machen.«*

*Mit Saschkos Tod ist der Krieg auch in Dunajiw, seinem Heimatort in der Westukraine, angekommen. Es ist Mai 2014 und im Dorf haben sie ihm ein Denkmal gesetzt. Saschkos Mutter Olena Kapinos, die ihren Sohn zuletzt sah, als er im Dezember 2013 nach Kyjiw aufbrach, um für eine bessere Ukraine zu kämpfen, weiß, sie hätten ihren Sohn nicht aufhalten können, wie sie mir damals erzählt. »Gestern habe ich im Fernsehen gesehen, dass ein junger Mann, 25 Jahre alt, in Lwiw begraben wurde. Er wurde auf dem Majdan von einer Kugel in den Hals getroffen, er hat sich erholt und ist wieder gesund geworden und dann nach Donezk gegangen. Dort wurde er gefoltert. Und ich dachte, das wäre meinem Sohn genauso passiert. Er wäre nie zu Hause geblieben, bis es nicht allen besser geht.«*

Im Frühjahr 2022 bin ich abends aus Odesa in die Sendung von Markus Lanz zugeschaltet. Die Gäste debattieren darüber, ob es nicht besser wäre, wenn Präsident Wolodymyr Selenskyj der Forderung Putins nachgeben und abtreten würde. Es könnten so viele Menschenleben gerettet werden. Ich denke in diesem Moment an Saschko Kapinos, ich denke an Illja und all die jungen Frauen und Männer, die in diesen Tagen um ihr Grundrecht kämpfen – ein Leben in Freiheit. Ist es an uns zu entscheiden, welchen Weg die Ukrainer:innen gehen? Kämpfen sie nicht für Werte, die uns wichtig sind – und selbstverständlich: Freiheit, ihr eigenes Land, ihre Identität, ihre Sicherheit? Was würden wir tun, wenn Deutschland plötzlich angegriffen würde? Wie können wir von den Ukrainer:innen verlangen, ihr

Land preiszugeben, damit wir vermeintlich weiter in Ruhe leben können? Was für eine Haltung steht dahinter? Wieder einmal ist die Ukraine, sind die Ukrainer:innen nur Objekte in einer Debatte im deutschen Fernsehen. Sie selber haben verstanden, dass diese Rolle eine ist, die nur ihr Unglück bedeuten kann. Und handeln, weil sie Herr über ihre eigene Geschichte sein wollen.

Kapitel 4

# Wosnesensk

## Verbrechen und Stärke

2022: Die Brücke von Wosnesensk. Um den Vormarsch der russischen Armee zu stoppen, haben ukrainische Soldaten die Brücke gesprengt.

»Der Mut entsteht, wenn die Hoffnung die Angst überwindet.«
HEORHIJ KONYSKYJ

Bereits in den ersten Tagen des Krieges hatte sich schnell abgezeichnet, dass kaum etwas so läuft, wie Wladimir Putin es angekündigt und geplant hatte. Nirgendwo sind die russischen Soldaten als Befreier willkommen, ganz im Gegenteil. Es ist anders als im März 2014 auf der Krym, in Donezk oder Luhansk, wo ein Teil der Bevölkerung sich zunächst mit den Separatisten verbündete.

In diesen Tagen des März 2022 scheint das ukrainische Volk – ob ukrainisch- oder russischsprachig – hingegen geeinter denn je. Zwistigkeiten und Gegensätze, politische Feindschaften und regionale Befindlichkeiten, die die Ukraine ja auch prägen, scheinen unbedeutend angesichts der massiven militärischen Machtdemonstration des Kreml. Nie waren die Ukrainer:innen so eins. Es ist ihre unmissverständliche Antwort auf das Kreml-Narrativ vom Genozid an der russischsprachigen Bevölkerung, den es vermeintlich zu verhindern gilt.

Es ist eine Lüge, die innerhalb weniger Tage in sich zusammenfällt, die Putin aber mit aller Vehemenz aufrechtzuerhalten versucht. Am 2. März feiert das russische Staatsfernsehen die Eroberung von Cherson als »Befreiung« der ersten ostukrainischen Stadt. Von dem Mann mit zwei blau-gelben Flaggen, der sich auf dem Platz der Freiheit den russischen Panzern entgegenstellt, ist auf den Bildern nichts zu sehen. Auch von den Massenprotesten drei Tage später erfahren die russischen Zuschauer:innen nichts, genauso wenig wie von der Tatsache, dass der Bürgermeister Ihor Kolychajew sich den Anweisungen der Russen widersetzt und erklärt hat, Befehle nehme er nur aus Kyjiw entgegen. Es wirkt mutig und entschlossen, wie sich unbewaffnete Menschen der russischen Armee entgegenstellen. Vielleicht sind es aber auch Verzweiflung und Angst, die sie so handeln lassen. Sie wissen, wie die Menschen 500 Kilometer entfernt in Donezk leben, seit Separatisten, unterstützt vom russischen Militär, dort 2014 die Macht übernommen hatten.

Gern würde ich jetzt nach Cherson reisen und mir selbst einen Eindruck von der Situation machen, aber das ist unmöglich. Die von Russland besetzten Gebiete sind für mich als deutsche Journalistin nicht zugänglich. Wir könnten sie nur in Begleitung von russischen Militärs besuchen. In Moskau bietet die Regierung den dort akkreditierten ausländischen Journalist:innen solche Reisen in die von ihnen besetzten Gebiete an. Ich frage mich, ob es nicht sehr fragwürdig ist, ein illegitim besetztes Gebiet mit der Armee der Besatzer als Reporterin zu bereisen. Es bleibt eine der Herausforderungen für die Berichterstattung in diesem Krieg, dass wir ihn nur aus ukrainischer Sicht erleben können.

Als Putin 2014 seinen Krieg gegen die Ukraine, der nie offen erklärt wurde, begann, war das anders. Ich konnte als deutsche Journalistin auch dann noch aus Donezk und Luhansk berichten, als die beiden Gebiete von Separatisten erobert wurden, die dort die »Volksrepubliken« Donezk und Luhansk ausriefen. Um in den Separatistengebieten arbeiten zu dürfen, brauchten Journalist:innen eine Akkreditierung in den Pressestellen, die dort schnell errichtet wurden.

Was genau im Osten der Ukraine passierte, wie aus einer kleinen Protestbewegung innerhalb von wenigen Wochen eine bewaffnete Opposition gegen die Regierung in Kyjiw wurde, die sich dann mit der Ausrufung eigener Staaten unabhängig erklärte – all das konnte ich aus nächster Nähe miterleben. Es hat in mir die Überzeugung wachsen lassen, wie wichtig es ist, als Reporterin vor Ort dabei zu sein, selbst zu erleben, wie sich politische Zustände verändern.

Als wir am 7. März 2014 von Kyjiw nach Donezk flogen, zählte der Flughafen der Stadt noch zu einem der besten der Ukraine, die Stadt galt als weltoffen und modern, hatte den Anschluss an Europa gesucht. Und jetzt begannen hier die ersten Proteste gegen die Übergangsregierung von Arsenij Jazenjuk, die nach der Flucht von Wiktor Janukowytsch die Amtsgeschäfte übernommen hatte.

Wir erlebten, wie sich im März 2014 Gruppen von »Anti-Majdan«-Aktivist:innen formierten, denen es zeitweilig gelang, das Regierungsgebäude in Donezk zu besetzen. Bei den Demonstrationen auf dem zentralen Platz der Stadt, über den eine gigantische Leninstatue blickt, versammelten sich jetzt regelmäßig diejenigen, die die neuen Verhältnisse in der Hauptstadt Kyjiw nicht anerkennen wollten: Nostalgiker, Rentner:innen, die der Sowjetunion nachtrauerten, Bergarbeiter:innen, deren Zechen stillgelegt wurden, und viele andere Unzufriedene. Aus Angst vor Unruhen hatte der amtierende ukrainische Präsident Oleksandr Turtschynow den Geschäftsmann Serhij Taruta als Gouverneur in Donezk eingesetzt.

Für mich war es eine der interessantesten Reisen, die ich

je in der Ukraine unternommen habe: durch die Kohle- und Industrieregion des Ostens, die jetzt immer wieder als »Donbas« in aller Munde ist.

*Krasnyj Lutsch, 29. April 2014*

*Es sind knapp zwei Stunden Fahrt von Donezk nach Krasnyj Lutsch, die Route gilt als sicher, denn bislang gibt es noch keine Checkpoints von Separatisten, nur ein paar Polizeistationen, vor denen die Milizionäre stehen und kontrollieren. Rechts und links der Straße tauchen immer wieder riesige schwarze Halden auf, hohe Schornsteine, aus denen Rauch aufsteigt – das typische Bild eines Kohlereviers. Nichts Heiteres, nichts Schönes hat diese Landschaft, selbst jetzt nicht, im Frühling. Hier sehen sogar die Bäume traurig aus.*

*Als »Noworossija«, Neurussland, bezeichnet der russische Präsident Wladimir Putin das Donbas, die Kohle- und Industrieregion im Osten der Ukraine. Und die Menschen, die hier leben, was denken die? »Wir sind Ukrainer«, sagt Natalja, 57, die wir in Krasnyj Lutsch treffen, als sie gerade mit einem alten Eimer Wasser holt. In der Siedlung, die direkt neben der Kohlemine liegt, gibt es kein Wasser, und fast alle heizen mit der Kohle, die sie sich von der Mine holen. Nach Russland will keine der Frauen, die an diesem Morgen im Hof sitzen, aber die Regierung in Kyjiw, die erkennen sie auch nicht an. »Eine Junta«, schimpft Natalja. Und ihre Nachbarin fügt hinzu: »Wir haben die nicht gewählt, die haben sich an die Macht geputscht und den gewählten Präsidenten vertrieben.« – »Ach, lass die Politik«, meint eine ältere Dame, »wir wollen doch einfach nur unser*

*Leben leben. Die sollen uns anständige Renten zahlen und Schluss.«*

*Ums Geld geht es fast allen, mit denen wir sprechen. 2000 Hrywnja verdient Natalja, sie arbeitet in der »Banja«, der Kohlenmine, wo die Bergleute nach der Schicht den Dreck von ihrer Haut schrubben. Heute hat Natalja ihren freien Tag. Sie nimmt uns mit in ihre Wohnung, zwei Zimmer, die Möbel, auch der Fernseher stammen noch aus den sechziger Jahren. »Der eine ist noch in der Ausbildung«, erklärt sie und weist auf das Zimmer, in dem ihr jüngerer Sohn, 17, noch schläft. Der Mann ist schon seit langem weg, er kümmert sich nicht mehr um die Familie, der ältere Sohn, 20, ist in Charkiw beim Militär. »Ich habe Angst vor einem Krieg«, sagt Natalja. »Dann muss mein Sohn vielleicht kämpfen.«*

*Im Donbas haben sie sich schon immer als Patrioten der eigenen Region gefühlt. Kohle- und Stahlarbeiter, stolz und stark. Eines der wichtigen Industriegebiete der Sowjetunion, in dieser Tradition lässt sich auch ihr Streben nach Eigenständigkeit verstehen. Dass ihre Zechen tatsächlich nur noch mit Subventionen aus Kyjiw arbeiten, davon wollen sie hier nichts wissen. Der Glaube, dass der Westen der Ukraine ohne ihre Arbeit ruiniert sei, fühlt sich besser an, und er wird gerne genährt von Putins Fernsehkanälen, die sie hier sehen. Aber russisch fühlen sie sich nicht, vielleicht sowjetisch, die älteren unter ihnen – und damit auch dem Nachbarland verbunden, schließlich waren sie einmal ein Staat, und das ist noch überall zu sehen.*

*CCCP (SSSR) steht auf dem rostigen Eingangsschild zur Kohlemine Nowopawlowska. Die Zeche sieht aus wie eine Industrieruine aus einem Hollywoodfilm, völlig herunter-*

*gekommene Gebäude, nur das Knarren der Förderräder verrät, dass hier noch gearbeitet wird. Es ist Zahltag, und in einem der Zimmer im ersten Stock sitzen Hennadij und Serhij und ziehen mit Bleistift und Lineal sorgfältig Linien über ein Blatt Papier. »Haben Sie keine Computer?«, frage ich. Hennadij weist mit dem Kopf in eine Ecke hinter dem Schreibtisch. Dort liegen die Reste eines Computers, der sicherlich noch aus den neunziger Jahren stammt. »Kaputt« – so der Kommentar. Ein Wort, das treffend vieles beschreibt, was wir an diesem Morgen sehen, selbst die Menschen.*

*Es ist noch nicht einmal Mittagszeit, und viele sind bereits betrunken. Selbst einige Frauen torkeln durch die Straße, eine lallt so stark, dass ich sie nicht verstehe. Im Zentrum der Siedlung steht vor einem Kiosk ein Tisch mit Bänken, eine Gruppe Männer sitzt darum, sie spielen Karten. Die Flasche Wodka, die vor ihnen steht, ist längst leer. Im Lebensmittelgeschäft nehmen die Spirituosen großen Raum ein, ein ganzes Regal gefüllt mit verschiedenen Wodkasorten, Bier und Wein. Der billigste Fusel kostet nur ein paar Hrywnja, aber wie in vielen Dörfern Sibiriens werden die ärmeren Leute auch hier den Wodka wahrscheinlich selbst brennen. Doch egal woher er stammt, Alkohol bestimmt in Krasnyj Lutsch das Leben.*

*»Ohne die Mine wäre die Siedlung arbeitslos«, erzählt uns Direktor Walerij Bohdanow, der aussieht wie Yul Brynner. Vor vier Jahren hat er Nowopawlowska übernommen, und jetzt sitzt er ein wenig verloren hinter dem riesigen Schreibtisch. Wie für alle hier, scheint für ihn seine Gesundheit nicht oberste Priorität zu haben, er raucht Kette und fragt auch nicht, ob es uns stört. Seine Sekretärin balanciert Teetassen durch den Raum, sie hat so große Mühe, auf ihren Stöckel-*

*schuhen das Gleichgewicht nicht zu verlieren, dass ich fürchte, sie wird gleich mit dem Tablett stürzen. Dann wird wahrscheinlich auch ihr schwarzes Minikleid platzen, das wie eine Wurstpelle an ihrem Körper klebt.*

*Nowopawlowska war einmal eine der besten Minen der Sowjetunion, erzählt uns Walerij. Er lebt in Donezk, kommt die Woche über hierher, hinter seinem Büro hat er eine kleine Wohnung. 2002, als er das Unternehmen übernahm, stand es kurz vor der Schließung, es gab keine Ausrüstung mehr. »Sagen wir so«, formuliert er mit einem Grinsen auf den Lippen, »man hatte vieles weggeschafft, in andere Minen.« »Geklaut«, sage ich. »Wenn Sie so wollen, ja.« Wir dürfen das zwar nicht filmen, aber er gibt uns gerne Auskunft, er liebt Deutschland, und deshalb sind wir willkommene Gäste. Das ist schön zu hören, mittlerweile haben solche freundlichen Gefühle uns Europäern gegenüber in diesem Teil der Ukraine Seltenheitswert.*

*610 Bergmänner arbeiten in vier Schichten, sie fördern hier Anthrazitkohle, die beste, die es gibt. Ein Staatsunternehmen. Doch leider wird die Kohle nicht für die chemische Industrie verwendet, sondern für Energiegewinnung. Verschwendung finden sie das hier, doch was kann man machen?*

*Dass sie sich Russland nahe fühlen, findet der Direktor verständlich. »Wir sind hier 12 Kilometer Luftlinie von der Grenze entfernt, natürlich möchten die Menschen gute Beziehungen zum Nachbarland, wir waren vor 20 Jahren noch ein Staat.« Ist Europa für die Menschen hier in der Ostukraine eine Perspektive? »Für mich natürlich, nur Europa. Aber ich weiß, wovon ich rede. Die Menschen hier kennen Europa nicht, es macht ihnen Angst.«*

*»Europa«, sagt wenig später Anastasija auf dem Dorfplatz,*

*»das ist für unser Land so weit wie von hier nach Kyjiw – auf Krücken.«*

*Bislang ist es dem Oligarchen Serhij Taruta, dem von Kyjiw eingesetzten neuen Gouverneur in Donezk, gelungen, Ausschreitungen zu verhindern. Der Geschäftsmann weiß, jede Form von Gewalt könnte Putin einen Vorwand liefern, auch im Osten einzumarschieren, um russischsprachige Bürger zu schützen. So wie auf der Krym.*

*Wir fahren raus aus der Stadt, Richtung russische Grenze. In den Dörfern ist die Zeit stehengeblieben. Die Menschen sind arm, die Gesichter verhärmt und abgearbeitet, das Leben in der Kohleregion ist hart, die Minen gehören zu den gefährlichsten auf dem Gebiet der ehemaligen Sowjetunion. »Wir ernähren Kyjiw«, sagen sie hier. Ein Irrtum, in Wahrheit sind die Minen längst nicht mehr profitabel, aber die Wahrheit spielt in diesen Tagen Ende April 2014 keine Rolle.*

*Die Wollmützen, die die Kinder tragen, die Mäntel der Frauen, vieles hier stammt noch aus sowjetischen Zeiten. Die ärmeren Russen auf der anderen Seite der Grenze tragen die gleichen blauen Kopfbedeckungen, ihnen fühlen sich die Menschen hier näher als ihren Landsleuten in Kyjiw oder Lwiw, im Westen der Ukraine.*

*Nicht einmal gemeinsame Helden haben sie. Das muss auch Vitali Klitschko bitter lernen. Er ist in den Osten gekommen, um für Einheit zu werben. In Donezk muss er seinen öffentlichen Auftritt absagen, die Polizei konnte nicht für seine Sicherheit garantieren. In Charkiw wird der Mann aus Kyjiw mit Eiern und Steinen beworfen. Für die einen, zumindest in Kyjiw, ein Hoffnungsträger, ist er für die prorussischen Demonstranten ein Krimineller.*

*Europa, das 1991 beim Auseinanderfallen der Sowjetunion noch ein Traumziel war – für die ältere und arme Bevölkerung im Osten ist es keine Perspektive. Und selbst die Jüngeren haben die Lektion des russischen Fernsehens gelernt, die jeden Tag auch hier in der Ukraine aufs Neue verkündet wird. »Das wäre doch bei uns undenkbar, gleichgeschlechtliche Ehen, diese sexuellen Minderheiten«, sagt uns eine Frau im Dorf Uspenka. »Wir gehören nicht nach Europa, Russland ist unser Nachbar. Wir sind anders als die.«*

*Der Osten der Ukraine ist nicht die Krym. Es gibt keinen russischen Militärstützpunkt, von dem aus Moskau die Region einnehmen könnte. Der Anführer der prorussischen Aktivisten, Pawel Gubarew, sitzt seit letzter Woche in Kyjiw im Gefängnis, seine Frau ist nach Moskau geflohen. Ukrainische Grenzschützer haben Anweisung, keine verdächtigen Russen ins Land zu lassen, so will man verhindern, dass weitere Provokateure die Stimmung aufheizen. Nach Umfragen, die die englischsprachige* Kyiv Post *gerade veröffentlicht hat, will ein Drittel der Bevölkerung von Donezk einen Anschluss an Russland, in anderen Städten sind es lediglich 12 bis 14 Prozent der Bevölkerung. Die Ostukraine scheint für Putin momentan verloren. Doch um die Spaltung des Landes zu überwinden, muss Kyjiw mehr tun, als Einheit beschwören. Die Menschen im Osten fühlen sich von der Regierung nicht ernst genommen, nicht gehört.*

Acht Jahre später haben die neuen Machthaber in Donezk und Luhansk ihre totalitären Regime nach russischem Vorbild und mit russischer Unterstützung fest verankert. Es gibt Schätzungen, die davon ausgehen, dass rund ein Drittel der einstigen Einwohner:innen die »DNR« – die sogenannte Donezker Volksrepublik – verlassen hat. Die, die geblieben sind, zahlen jetzt in Rubel. Die einst weltoffene Stadt, 2012 noch einer der Austragungsorte der Fußball-Europameisterschaft, hat sich im Frühjahr 2022 in einen düsteren Ort verwandelt, dessen Straßen oft menschenleer sind.

Auch wenn es mittlerweile nicht mehr möglich ist, über die Verhältnisse in den besetzten Gebieten zu berichten, so dringen doch ausreichend Informationen nach außen, die darauf hindeuten, dass viele Menschen sich wünschen, dass es nach acht Jahren Krieg endlich Frieden geben möge. Es ist ein Wandel, den der Kreml offenbar völlig unterschätzt hat.

Dieser Krieg findet vor den Augen der Weltöffentlichkeit statt, dokumentiert von Journalist:innen, Menschenrechtsorganisationen, Bürgerrechtsgruppen und Scharen von Bloggern, die Bilder verifizieren und dabei helfen, Wahrheit von Propaganda zu unterscheiden.

Satellitenaufnahmen zeigen im Norden der Ukraine eine 64 Kilometer lange Militärkolonne, die sich auf Kyjiw zubewegt. Das Ziel, die Hauptstadt bereits in den ersten Kriegstagen einzukesseln, haben Putins Truppen nicht erreicht. Doch der ukrainische Generalstab meldet am 1. März, dass Russland seine Streitkräfte neu formiere: Gepanzerte Truppen und Artillerie würden verstärkt, um die großen Städte der Ukraine unter russische Kontrolle zu bringen. Davor fürchten sich vor allem die Menschen in der Hauptstadt, viele richten sich darauf ein, in Kyjiw umzingelt zu werden – womit die Versorgungslage in den kommenden Tagen katastrophal werden könnte. Vor dem Europaparlament klagt der ukrainische Präsident Wolodymyr Selenskyj

Wladimir Putin direkt an, in der Ukraine Kinder zu töten. Nicht militärische Objekte, sondern Wohnhäuser, Kliniken und Schulen seien das Ziel der Angriffe.

Doch dann stockt die Kolonne vor den Augen der Weltöffentlichkeit. Und mit jedem Tag, an dem die Fahrzeuge im Matsch nicht von der Stelle kommen, wird klarer, dass hier aus Putins Perspektive etwas ganz und gar schiefgelaufen sein muss. Während die ukrainischen Soldaten den Vormarsch auf Kyjiw abwehren, müssen russische Soldaten bei Temperaturen unter null in ihren Fahrzeugen übernachten, es fehlt an Sprit, Nahrung wird knapp.

Am 29. März meldet dann der ukrainische Generalstab, was kaum jemand für möglich gehalten hat: Der Kreml zieht seine Streitkräfte von Kyjiw ab, die russische Armee wolle sich neu formieren. Es wird immer deutlicher, der Blitzkrieg ist gescheitert.

Wie die Ukrainer:innen es in dieser Anfangsphase des Krieges immer wieder schaffen, die Lage zu ihren Gunsten zu drehen, zeigen die Ereignisse, in deren Mittelpunkt Wosnesensk steht – eine Kleinstadt, die bis zum 2. März selbst viele Ukrainer:innen nicht kannten.

In der Nacht zuvor hat die russische Artillerie Raketen auf ein Wohnviertel in Wosnesensk gefeuert, kurz darauf rücken Bodentruppen auf die Stadt vor. Doch die Soldaten treffen auf erbitterten Widerstand. In einem Zusammenspiel zwischen Bürger:innen, der örtlichen Territorialverteidigung und der Armee gelingt es den Ukrainer:innen, drei Militärkolonnen zu stoppen und zurückzuschlagen. Um die russischen Truppen aufzuhalten, sprengen die ukrainischen Soldaten die beiden Brücken über den Fluss Mertwowod, die Wosnesensk mit dem Umland verbinden.

Auch hier in dieser kleinen Stadt weit abseits der großen Kriegsschauplätze scheint es mir, als ob die Geschichte sich wiederhole. Im März 1944 sprengten deutsche Soldaten, nachdem die Wehrmacht von der Roten Armee aus Wosnesensk verdrängt worden war, auf dem Rückzug die Eisenbahnbrücke, die 1912 erst gebaut worden war. Nach dem Krieg wurde eine neue Brücke gebaut. Die Reste der alten Bahnbrücke liegen noch immer im Fluss – und die Trümmer der neuen nun obenauf. Doch bei allem Schrecken und ungeachtet des dramatischen Schadens werden Bilder der Szenerie sofort als Symbol des Widerstands in sozialen Medien geteilt. Und die Ereignisse werden wenig später als »Schlacht von Wosnesensk« sogar mit einem Wikipedia-Eintrag festgehalten.

Im ukrainischen Fernsehen sehe ich im März in den Abendnachrichten den Bürgermeister der Stadt, Jewhen Welytschko, der sich nicht nur über die Zerstörungen äußert, sondern auch über die Leichen der russischen Soldaten, die sie auf den Feldern und Straßen geborgen haben und die nun in Plastiktüten verpackt in einem gekühlten Eisenbahnwaggon gelagert werden. Manche, so erzählt der Bürgermeister, seien noch ganz jung gewesen. »Ihre Mütter sollten sie begraben können. Doch Russland erkennt sie nicht einmal als seine Soldaten an. Die Leichen lagen hier mehrere Tage«, berichtet der Bürgermeister weiter, »die Menschen begannen einfach, sie selbst zu begraben. Und ich habe ein entsprechendes Posting gemacht mit der Bitte, dass diejenigen, die wissen, wo russische Soldaten begraben sind, oder gesehen haben, wo sie noch liegen könnten, uns informieren. Wir schicken dann eine Firma dorthin, die auf Beerdigungen spezialisiert ist, und Polizei, um die Leichen zu beschreiben, und definitiv einen Minenräumer, denn einige der Leichen, auch in unserem Fall, waren vermint.« »Haben die ihre eigenen Soldaten vermint?«, fragt der Journalist ungläubig nach. »Ja, so ist es«, sagt der Bürgermeister.

Wie so oft in diesem Krieg bin ich sprachlos. Manchmal sträubt sich der Verstand zu glauben, dass Menschen tatsächlich so handeln oder solche Befehle geben. Was der Bürgermeister berichtet, passt in das Bild einer Armee, die jegliche moralische Orientierung verloren hat, deren Handeln komplett entmenschlicht ist. Nicht nur gegenüber ihren Feinden, auch gegenüber den eigenen Leuten, die sie, wenn man den Einwohner:innen glaubt, zurückgelassen haben wie Müll.

Ich möchte mir selbst einen Eindruck von den Ereignissen machen, mit Einwohner:innen und Soldaten dort sprechen. Bürgermeister Welytschko erklärt uns nach einem Anruf, dass wir gerne kommen können, wenn es möglich sei, könnten uns auch Soldaten der Territorialverteidigung begleiten. Wir beschließen deshalb, von Odesa aus nach Wosnesensk zu fahren. Es sind 140 Kilometer, stundenlang sind rechts und links der Straße nur Felder zu sehen, das Binnenland ist fruchtbares Agrarland, das an manchen Orten nicht mehr bestellt wird. Die Angst vor Angriffen, aber auch der Mangel an Treibstoff trifft die Landwirtschaft schwer.

Auch hier haben sie an den Eingängen zu Dörfern, an Kreuzungen und Abzweigungen Straßensperren aufgestellt – nicht jede ist bewacht, aber immer wieder tauchen Soldaten und Männer der Territorialverteidigung auf, um unsere Papiere zu kontrollieren. Drei Stunden brauchen wir, dann erreichen wir das Rathaus von Wosnesensk, dessen Eingang mit weißen Sandsäcken vollgepackt ist, ganz so, als erwarteten sie schon bald den nächsten Angriff.

Ich möchte wissen, wie die Menschen in dieser friedlichen Provinzstadt diesen Überfall erlebt haben. Sehen sie sich als die Held:innen, als die sie beschrieben werden? Auf dem kleinen Wochenmarkt im Zentrum haben einige Bauern ihre Stände aufgebaut, es sind ein halbes Dutzend Verkaufstische, auf denen sie Kartoffeln, Möhren und Zwiebeln gestapelt haben, es gibt auch eingelegte Gurken, Tomaten und Quark – für Exotisches ist hier kein Platz, die meisten Menschen leben von Landwirtschaft und Handel. Eine ältere Dame feilscht um den Preis für ein Brot, eine junge Mutter schiebt ihren Kinderwagen zwischen den Ständen hindurch. Alle bewegen sich wie in Zeitlupe, als wäre der Schock noch nicht überwunden, der sie überfallen haben muss, als plötzlich die fremden Soldaten in ihre friedliche Stadt einfielen.

Auf der Hauptstraße warten einige Menschen an der Bushaltestelle, auf der anderen Straßenseite gibt es in einer kleinen Bude Cappuccino und Latte Macchiato. Wir sind so früh am Morgen aufgebrochen, dass wir uns jetzt alle über dieses ungewöhnliche Angebot freuen. Während wir darauf warten, dass die junge Frau unsere Getränke fertig macht, nutze ich die Gelegenheit, mich umzuschauen. Ein ausländisches Kamerateam fällt hier sofort auf, deswegen hat Michael Pohl seine Kamera zunächst im Auto gelassen. Doch ich spüre, wie einige Menschen uns argwöhnische Blicke zuwerfen. Es wird sicher nicht einfach, hier Interviews zu drehen.

Wir beschließen dennoch, es zu versuchen. Doch kaum

haben wir unsere Kamera aufgebaut, kommt ein alter Mann auf uns zu, sichtlich verärgert, und schreit uns an, wir sollten verschwinden. »Was habt ihr hier zu suchen, wir haben nichts zu erzählen«, ereifert er sich. Ich versuche, ihn zu beschwichtigen, doch da mischt sich eine der Marktfrauen ein, eine füllige Frau mit sympathischem Gesicht, die freundlich auf uns blickt. »Danke, dass ihr hier hergekommen seid, um über das zu berichten, was in unserem Land passiert.« Es stellt sich heraus, dass Nadijas Haus jenseits der Brücke liegt, genau dort, wo die Panzer vorbeirollten. »Sie schossen immer wieder, es war mitten in der Nacht.« Zuerst habe sie sich mit ihrem Mann und ihrer Tochter versteckt, erzählt sie mir, doch dann habe sie all ihren Mut zusammengenommen und mit ihrem Handy einige Aufnahmen gemacht. Sie zeigt mir die Videos, ihre Hände müssen gezittert haben, so verwackelt sind die Aufnahmen, doch die Panzer sind gut zu erkennen.

»Wir haben schlimme Dinge gesehen. Als es endlich vorbei war, sind wir raus, und auf der Straße lagen lauter Leichen. Manche ohne Köpfe, anderen waren die Beine abgerissen. Es war ganz schrecklich.« Auf der Straße, so erfahren wir später, waren einige der russischen Soldaten offenbar durch ukrainische Minen getötet worden. Nadija treten die Tränen in die Augen, und sie wischt sie mit dem Ärmel ihrer Strickjacke beiseite. »Wie geht es deiner Tochter?«, möchte ich wissen. »Hat sie das miterlebt?« Sie nickt. »Meine Tochter ist 13, sie hat das alles auch gesehen. Seit diesem Tag ist sie ganz verschlossen und will nicht mehr sprechen.«

Nadija schickt mir das Video, das sie von den russischen Panzern gemacht hat, über WhatsApp zu, ich könne es für meinen Film verwenden, wenn ich möchte. Und dann bedankt sie sich wieder, dafür dass wir Europäer so viele Flüchtlinge aus der Ukraine aufgenommen hätten. Eine ihrer Freundinnen sei jetzt in Polen, eine andere in Deutschland. Ob sie auch erwäge, das Land zu verlassen, möchte ich wissen. »Nein«, sagt Nadija, »hier komme ich her und hier möchte ich leben. Hier ist meine Familie, meine Freunde, mein Haus.« Und dann fügt sie entschlossen hinzu, als müsse sie es mir noch einmal versichern: »Sie werden uns nicht aus unserem Land vertreiben.«

Vom Markt ist es nicht weit bis zum Fluss, über den die Brücke ins Umland der Stadt führt. Zum Glück haben wir unser Kommen beim Bürgermeister zuvor angemeldet und können den Soldaten, die am Rande der Straße stehen, erklären, dass wir vereinbart haben, in Wosnesensk zu drehen. Einer von ihnen bietet uns an, uns zu begleiten. »Ihr müsst vorsichtig sein«, sagt er und deutet auf den Teil der Brücke, der noch erhalten ist. Über den Boden verteilt liegen Dutzende von Minen, noch hatte niemand Zeit, hier alles wieder in Ordnung zu bringen. Wir folgen Oleksandr, doch dann geht es nicht mehr weiter, vor uns liegt die eingestürzte Brücke, unter uns das Flussbett, das von Trümmern übersät ist. Oleksandr erzählt uns, dass er sich freiwillig zur Armee gemeldet habe, nachdem Präsident Selenskyj am 24. Februar die Mobilmachung verkündet hatte. Ich möchte wissen, ob der Dreiunddreißigjährige auf Friedensverhandlungen zwischen seinem und dem russischen Präsidenten hofft. »Wir hoffen auf das Beste. Aber sprechen? Worüber soll man noch sprechen? Jetzt macht es keinen Sinn mehr.«

Oleksandr bietet uns an, uns auf die andere Uferseite zu

begleiten. Dafür müssen wir über eine provisorische Fußgängerbrücke gehen. Die Straße, die aus der Stadt heraus ins Umland führt, ist voller Streifen. »Hier haben die Panzer abgebremst, das kann man erkennen«, sagt Oleksandr. Auf der Straße liegen ausgebrannte Autos, viele der Häuser sind zerstört. Vor einem versucht ein Mann, sichtlich erschöpft, die Mauer an seinem Grundstück wiederherzurichten. Als ich ihn anspreche, erklärt er mir, was passiert ist. »Die russischen Panzer sind hier steckengeblieben, sie kamen nicht weiter über die Brücke. Einige Soldaten sind richtig in Panik geraten, weggelaufen. Und einer hat hier versucht, mitten auf der Straße zu wenden, und ist dabei in mein Grundstück reingefahren.« Und während er seine Arbeit wiederaufnimmt und die Steine aufsammelt, die aus der Mauer herausgebrochen sind, spuckt er aus und sagt: »Sie sollen zur Hölle fahren!«

Wenn man sich fragt, warum die ukrainische Armee in den ersten Tagen des Krieges den russischen Angreifern erfolgreich Widerstand leisten konnte – die Ereignisse in Wosnesensk zeigen es. Es ist das Zusammenspiel von Bürger:innen, der Armee und der lokalen Territorialverteidigung. Die Soldaten hatten zwar keine Panzer, aber sie konnten Waffen aus dem Westen einsetzen: Javelins, amerikanische Panzerabwehrraketen. Tage zuvor schon hatten sie viele Straßen mit Barrikaden abgeriegelt, so konnten die russischen Soldaten nur einen Weg nehmen. Dank zahlreicher Handyvideos, die Einwohner:innen über Telegram oder Viber an die ukrainischen Militärs schickten, konnten diese die Panzerkolonnen gezielt aufspüren und angreifen.

Doch vom Heldenmythos, der der kleinen Stadt und ihren 35 000 Einwohner:innen gerne zugeschrieben wird, ist nichts zu spüren in Wosnesensk. Auch keine Siegesstimmung. Die Soldaten und die Mitglieder der Territorialverteidigung, von denen einige nicht einmal taugliche Schuhe tragen und denen es sogar an schusssicheren Westen fehlt, haben das getan, was, wie sie sagen, »getan werden musste«. Über die eigenen Verluste reden sie nicht gerne. Aber wie wir später erfahren, sind 43 Männer aus ihren Reihen im Einsatz ums Leben gekommen. Die Gewissheit, dass Wosnesensk für die Verteidigung der ganzen Schwarzmeerküste ein strategisch wichtiger Ort ist – von hier aus führt der Weg direkt nach Odesa –, geht einher mit der Ahnung, dass ihre Stadt jederzeit wieder angegriffen werden kann.

In Wosnesensk habe ich zum ersten Mal auch eine Vorstellung davon erhalten, in welchem Zustand die russische Armee zu sein scheint. Von den 400 russischen Soldaten, die im Einsatz waren, sind nach Angaben der ukrainischen Streitkräfte mehr als 100 ums Leben gekommen. Man habe die Leichen sogar in den Feldern im Umland gefunden. Während ihrer Offensive, die über mehrere Tage ging, hatten die russischen Soldaten mit Panzern Grundstücke und Häuser einiger Bauern besetzt.

Nadija, eine ältere Frau, deren Rücken unter der harten Landarbeit ganz krumm geworden ist, kommt uns am Gartentor entgegen, in ihr Grundstück waren die russischen Soldaten eingedrungen. Sie führt mich in ihr kleines, recht baufälliges Holzhaus, dessen Decken so tief hängen, dass ich mich bücken muss, um durch die Haustür zu kommen. Dann zeigt sie mir, wo die Fremden gehaust haben. »Die haben uns alle Decken abgenommen und alle Kissen nach draußen geschleppt. Sie haben auch hier drin alles kaputt gemacht, das Haus ist hin. Die Wände sind kaputt, und der

Putz kommt runter.« Die kleine Frau weist auf die Wand ihres Wohnzimmers. Alles wirkt ärmlich, schon lange dem Zerfall preisgegeben, und nun auch noch die Zerstörungen durch die Russen. Der Panzer stand auf der anderen Seite, sagt sie und weist hinaus auf das Feld. Dann, so erinnert sie sich, sei er einfach zurückgesetzt, als er Deckung suchte, und habe ihr Haus gerammt. Alles hätten die Männer gestohlen, was sie mitnehmen konnten. Zurück ließen sie ein altes Ehepaar, das selbst so arm ist, dass es nichts zu verschenken hat.

Vor der Tür, auf dem staubigen Grundstück, sitzt Nadijas Mann. Er wirkt abwesend, er möchte nicht reden über das, was vorgefallen ist. Nadija führt uns hinter das Haus, dort haben die Soldaten ihren Müll hinterlassen, russische Konserven, ein paar leere Tüten und Socken liegen dort. Die Bäuerin hat sich nicht einmal die Mühe gemacht, alles einzusammeln. Ich kann mir vorstellen, dass ihr dazu einfach die Kraft fehlt.

Der Nachbar gegenüber, auf der anderen Seite des Weges, der zu den Feldern führt, hatte am Tag, bevor die russischen Soldaten kamen, gerade ein Schwein geschlachtet. Walerij ist sehr aufgeregt und wirkt durcheinander, als er uns erzählt, wie er sich gerade mit seiner Familie zum Essen an den Tisch setzen wollte. »Und da tauchen diese Blutsauger auf, haben mir als Erstes mein Handy abgenommen und uns aus dem Haus vertrieben. Als wir zurückkamen, war von dem Schwein nichts mehr übrig, und das ganze Haus haben sie auch auf den Kopf gestellt.« Der alte Mann wendet sich von mir ab, als wolle er gehen, doch er will nur die Tränen nicht zeigen, die ihm in diesem Moment in die Augen schießen.

Hinter seinem Grundstück, so erzählt er uns, hätten die Soldaten den Boden aufgerissen, als sie mit ihren Panzern losfahren wollten. Und einen ihrer Kameraden hätten sie einfach da liegen lassen. Er möchte uns den Ort zeigen und führt uns auf das Feld, das auf einer kleinen Anhöhe liegt, dort ist die Erde zu einem Haufen aufgetürmt. Hier, zeigt Walerij auf den Acker, genau hier habe er gelegen, die russische Uniform habe er getragen, ansonsten sei nicht mehr viel zu erkennen gewesen. »Den haben sie wohl beim Rangieren vergessen. Jedenfalls ist ihm der Panzer über den Kopf gerollt. Und sie haben den Toten dann einfach liegen lassen.« Walerij beschreibt, wie er ein Loch ausgehoben hat, um den russischen Soldaten darin zu begraben, er habe ihn ja nicht einfach dort liegen lassen können. Doch dann seien kurz darauf Mitarbeiter des Roten Kreuzes gekommen. »Sie haben ihn wieder rausgeholt und mitgenommen.«

Was sind das für Krieger, die arme Bauern bestehlen, Kinder ermorden, plündern und planlos zerstören? Tatsächlich waren es keine marodierenden Banden, die über Wosnesensk hergefallen sind, sondern die 126. Brigade der russischen Küstenverteidigung von der Halbinsel Krym.

Kapitel 5

# Lwiw

## Verlust und Hoffnung

2022: Die neunzigjährige Jelisaweta ist der Hölle von Mariupol entkommen. In einem Café am Bahnhof von Lwiw erzählt sie von Flucht und Verlust.

»Einen Platz, der es wert ist, wird man brauchen. Nur Wasser, das trinkbar ist, wird als Wasser taugen. Suchst du Schuldige, das sind nicht wir. Ein Leben lang bauten wir Häuser hier.«
Serhij Zhadan

Menschen auf der Flucht habe ich in den vergangenen Jahren so viele erlebt, dass ich es inzwischen fast wie ein eigenes Trauma empfinde. In der Ukraine wird mir wieder klar, welches Privileg es ist, in einem freien Land zu leben und immer wieder einen Ausweg aus katastrophalen Situationen zu haben.

Einen Ausweg, der vielen Menschen versperrt bleibt – Menschen, zu denen ich eine persönliche Beziehung aufgebaut habe und deren Angst und Verzweiflung so groß erscheinen, dass es schwer zu ertragen ist. In Kyjiw bleiben in den ersten Wochen des Krieges viele Menschen in Todesangst zurück, weil sie in dem überfüllten Bahnhof nicht durchkommen. Auf zugigen Bahnsteigen verabschieden sich Männer von ihren Frauen und drücken zum Abschied ihre Kinder an sich, die oft nicht verstehen, warum ihre Familien auseinandergerissen werden. Männliche ukrainische Staatsbürger, die zwischen 18 und 60 Jahre alt sind, dürfen die Ukraine nicht mehr verlassen, sie können jederzeit für die Verteidigung des Landes eingesetzt werden, seit Präsident Selenskyj am 24. Februar das Kriegsrecht verhängt hat.

Persönlich war für mich der August 2021 in Afghanistan eine der schlimmsten Erfahrungen: 20 Jahre nach der

Entmachtung der Taliban beendeten die USA und ihre Verbündeten ihren Militäreinsatz dort, obwohl viele afghanische Politiker und Frauenrechtlerinnen den amerikanischen Präsidenten davor gewarnt hatten, das Land zu verlassen, ohne eine verlässliche politische Vereinbarung zwischen der Regierung von Präsident Ashraf Ghani und den radikalislamischen Taliban erzielt zu haben. Plötzlich stand alles auf dem Spiel, was in zwei Jahrzehnten erreicht worden war – eine Katastrophe vor allem für Afghanistans Frauen, die nun wieder so gut wie rechtlos sind.

Es war eine weitgehend vorhersagbare Katastrophe. US-Präsident Biden hatte den Abzug für den 11. September 2021 geplant und nutzte so den 20. Jahrestag der Flugzeuganschläge radikaler Islamisten in den Vereinigten Staaten als symbolisches Datum. Jedem konnte in diesem Moment klar sein, dass Symbolik und Fakten nichts miteinander zu tun hatten, dass es nicht um Afghanistan ging, sondern nur noch um amerikanische Innenpolitik.

Es war keine Frage, dass die Taliban diese Situation für sich nutzen würden – sie hatten mehrere Monate Zeit, um sich auf den Abzug vorzubereiten. Und dann ging alles noch schneller, als selbst die größten Pessimisten vermutet hatten. Erst Ghazni, dann Mazar-e Sharif, dann Kabul – bereits im August hatten die Taliban fast das ganze Land unter ihre Kontrolle gebracht, viele Afghanen konnten nicht mehr fliehen.

Die Überraschung vieler Ukrainer:innen über die russische Invasion zu Beginn des Krieges war ähnlich groß wie die der westlichen Welt angesichts der schnellen Machtübernahme der Taliban in Kabul. Bis zuletzt konnten sich viele von ihnen nicht vorstellen, dass der Kreml tatsächlich versuchen könnte, Kyjiw einzunehmen. Und selbst wenn sie es sich vorstellen konnten: Für alle Menschen ist es unerträglich schwer, ihre Heimat, ihre Freunde, ihr Leben hinter sich zu lassen. Es geht mit einem Schmerz einher, der unvorstellbar tief ist. Die Heimat zu verlassen, heißt, seine Wurzeln auszureißen, es ist ein Trauma, das die Leben der betroffenen Menschen für immer verändert.

Das denke ich in den ersten Wochen dieses Krieges immer wieder, wenn ich den Menschen auf der Flucht begegne. Es sind vor allem Frauen mit Kindern, die ihre Koffer und Tüten aus den Waggons auf den Bahnsteig bugsieren, und es sind herzzerreißende Szenen, wenn sie ihre Männer und Väter im Bewusstsein zurücklassen, dass diese an die Front gehen und sie sich möglicherweise nie wiedersehen. Doch obwohl so viele zurückbleiben, weil sie kämpfen wollen oder kämpfen müssen, weil sie zu alt sind und ihnen die Kraft fehlt oder weil sie ihr Land nicht verlassen wollen, ist es die größte Flüchtlingsbewegung seit dem Ende des Zweiten Weltkrieges. Fünfeinhalb Millionen Menschen sind bis Juni dieses Jahres aus ihrem Land geflohen, 7,7 Millionen innerhalb der Ukraine. Ein Viertel des Landes ist auf der Flucht.

Während viele Afghanen im Sommer 2021 darauf angewiesen waren, einen der raren Plätze in den Militärflugzeugen zu bekommen, ist in der Ukraine die Eisenbahn der wohl sicherste Weg heraus aus dem Land. Es scheint mir fast wie ein Wunder, dass die Züge auch in diesen ersten Kriegsmonaten verlässlich fahren. Selbst die Verbindung in den Osten des Landes funktionierte Anfang April noch. Züge fuhren sogar in Städte, die angegriffen wurden – ganz gleich ob Charkiw, Kramatorsk oder Odesa.

Dabei versuchen die russischen Militärs fortwährend, das Schienennetz zu zerstören. Denn es ist die verlässlichste Verkehrsader, rund 20000 Kilometer durchziehen das Land. Und die Russen wissen, dass der Nachschub an die Front – auch von Waffen – mit dem Zug erfolgt.

Aber die Eisenbahn ist auch ein wichtiges Transportmittel für die Evakuierung der Bevölkerung aus umkämpften Gebieten. Dass die russischen Militärs nicht davor zurückschrecken, Frauen und Kinder auf der Flucht anzugreifen, haben sie bereits mehrfach bewiesen. Der Angriff auf den Bahnhof von Kramatorsk am 8. April 2022 ist ein weiteres von so vielen Verbrechen gegen die ukrainische Zivilbevölkerung. Am Morgen feuerten die Russen mehrere Raketen auf den Bahnhof ab, wo sich nach Angaben der Regierung rund 4000 Menschen aufhielten, überwiegend Frauen und Kinder, Flüchtlinge, die auf ihre Evakuierung aus dem stark umkämpften Gebiet warteten.

Dennoch scheint es weniger riskant, in einen Zug zu steigen, als mit dem Auto zu fahren. Das ist vor allem der ukrainischen Eisenbahn zu verdanken, deren Mitarbeiter:innen in mühsamer Arbeit anscheinend rund um die Uhr das Netz reparieren. Es ist eines der paradoxen Phänomene, dass in diesem scheinbar so chaotischen und korrupten Land das Schienennetz verlässlich funktioniert. Die Eisenbahnarbeiter:innen werden wie Held:innen gefeiert – und der Chef der Eisenbahn, Oleksandr Kamyschin, ist für das ganze Land eine der Lichtgestalten in diesem Krieg.

Dass die Ukrainer:innen ein geradezu liebevolles Verhältnis zu ihrer Eisenbahn haben, hat wohl viel mit der sowjetischen Vergangenheit zu tun. Auch ich habe es immer als sehr angenehm empfunden, in der Ukraine – wie auch in Russland – mit der Eisenbahn zu fahren. Das letzte Mal, dass ich die Strecke von Lwiw nach Kyjiw gefahren bin, ist schon einige Jahre her, damals nahm ich mit meiner Kollegin den Nachtzug. Wir hatten ein schönes kleines Abteil mit zwei ausklappbaren Betten und einem Tisch in der Mitte. Abends waren wir eingestiegen, frühmorgens kamen wir in Kyjiw an.

Jetzt, im April 2022, ist alles anders, auch die Eisenbahn ist im Ausnahmezustand. Es ist nicht einfach, an ein Ticket zurück in die Hauptstadt zu kommen. Vorbei sind die Tage, an denen der Zug überfüllt nach Lwiw und leer zurück nach Kyjiw fuhr. Denn nach dem Abzug der russischen Truppen aus den Stellungen vor Kyjiw sind viele Ukrainer:innen auf dem Weg zurück in die Hauptstadt, zurück in ihre Heimat, in ihr Leben. Und so sehen wir die einen, die in einer Mischung aus Erschöpfung und der Erleichterung, es geschafft zu haben, ihre Koffer und Tüten durch die Bahnhofshalle schleppen, mit Haustieren in Taschen oder an der Leine und Kindern auf dem Arm oder an der Hand, während andere voller Hoffnung, Mut, aber auch banger Erwartung auf dem Weg zurück nach Hause sind. Es erscheint mir als eine absurde Situation, wie sich diese beiden Flüchtlingsströme begegnen – die Hoffnung teilend, dass es vielleicht doch ein Zurück gibt.

Auch wir wollen Richtung Osten, nach Kyjiw. Unser Zug, das sehe ich auf der riesigen Anzeigetafel in der Bahnhofshalle, wird sich verspäten. Niemand kann in diesen Tagen genau sagen, wie lange eine Zugfahrt dauert, man braucht Geduld. Immer wieder sprengen die Ukrainer Brücken, um den russischen Militärs den Weg abzuschneiden, dann müssen die Züge umgeleitet werden.

Auf dem Platz vor dem Bahnhof von Lwiw haben einige Buden geöffnet, es gibt Tee oder Kaffee, doch es ist zu kalt, um draußen zu stehen. Nicht weit entfernt, in einem Café, zu dem auch ein kleiner Supermarkt gehört, gibt es alles, was wir brauchen. Getränke, ein paar Snacks für die Fahrt, Obst. Ich bin immer wieder erstaunt, wie groß das Angebot an Lebensmitteln ist, es scheint hier in Lwiw keine Engpässe zu geben, im Kühlfach können die Kunden aus zehn unterschiedlichen Energydrinks auswählen.

Im Café im vorderen Teil des Ladens haben wir uns gerade einen freien Platz ergattert, als ich eine junge Frau sehe, die mühsam einen klobigen Rollstuhl an einen Tisch schiebt. Völlig in sich zusammengesunken, sitzt eine Greisin in dem Stuhl, sie droht aus dem Sitz, der viel zu groß für sie ist, herauszurutschen. Ihr Oberkörper ist nach vorne geklappt, als könne ihre Wirbelsäule sie nicht mehr halten. Ihre Beine und Füße, die auf den Fußstützen des Rollstuhls stehen, sind bis zu den Knien in Plastiktüten eingewickelt, die jemand mit Papier ausgestopft und dann mit Klebeband umschnürt haben muss. Es wirkt grotesk, wie Elefantenbeine. Im Gespräch stellt sich heraus, dass Weronika und ihre Großmutter Jelisaweta der Hölle von Mariupol entkommen sind, seit drei Tagen sind sie zu viert unterwegs, Jelisaweta, ihr Sohn und ihre Schwiegertochter und die Enkelin.

»Wir konnten nichts mitnehmen. Aber dann haben uns freiwillige Helfer unterwegs diesen Rollstuhl geschenkt, dafür bin ich so dankbar«, sagt Weronika. Sie war es, die wegen der Kälte die Beine ihrer Großmutter behelfsmäßig mit Papier umwickelt hat. Denn bewegen kann die alte Frau sie nicht mehr. Ich mag mir gar nicht vorstellen, wie die Familie die Mutter, die sich kaum in dem Rollstuhl halten kann, mit auf den Weg genommen hat, raus aus einer Stadt, die seit Wochen belagert und beschossen wird. Ohne die Hilfe der vielen Volontäre, wie die ehrenamtlichen Helfer:innen genannt werden, die sich überall im Land um Menschen kümmern, hätten sie es nicht schaffen können. Wie alt ihre Großmutter ist, möchte ich wissen. »Sie ist 90 Jahre alt.«

Ich frage Weronika, ob ich kurz mit ihrer Großmutter reden dürfte, und als sie bejaht, bücke ich mich und spreche die alte Dame an, die in ihrer braunen Daunenjacke, die sie offensichtlich auch geschenkt bekommen hat, versinkt. Das Einzige, was wirklich an ihren Körper zu passen scheint, ist das Kopftuch, das ihr schmales eingefallenes Gesicht umrahmt. So gebrechlich und erschöpft sie wirkt, Jelisawetas Augen schauen mich wach und geradeheraus an. »Ich hatte ihnen gesagt, sie sollen mich dalassen, und mich zum Sterben bereit gemacht, und dann haben sie mich doch mitgenommen«, sagt sie, ganz so, als habe sie kein Verständnis dafür, dass ihre Familie sie nicht einfach alleine in einer zerstörten Wohnung zurücklassen wollte, ohne Lebensmittel, ohne Wasser – und ohne Nachbarn, die sich hätten kümmern können. Doch die Jungen verstehen nicht, dass es für sie, die in diesem Jahr ihren 91. Geburtstag feiern wollte, nichts mehr gibt, wofür es sich zu kämpfen lohnt. Alles ist weg, seitdem die Russen ihre Häuser beschossen haben.

Jelisaweta, so erfahre ich von ihrer Enkeltochter, ist immer eine sehr resolute Frau gewesen, die Chefin in der Familie, früher hat sie gesagt, wo es langgeht. Und sie, die wenige Jahre vor Beginn des Zweiten Weltkrieges geboren wurde, hat sich nicht unterkriegen lassen, egal, wie schlimm die Zeiten waren.

Sie stammt aus einer wohlhabenden tatarischen Großfamilie mit sieben Kindern, von denen Jelisaweta das jüngste war. Die alte Dame erinnert sich genau an das Jahrhundert, in dem so viele Schrecken lagen. 1931, im Jahr ihrer Geburt, wurde ihre Familie enteignet, wie so viele Landbesitzer. Stalin nahm ihren Eltern alles, erst Haus und Hof und dann die Kinder. Es war die Zeit der großen Hungersnot in der Ukraine, dass Jelisaweta diese Zeit als Kleinkind überlebt hat, ist ein Wunder. Später wurden alle ihre Brüder an die Front geschickt, keiner kehrte zurück.

Jelisaweta war eine Überlebende und entschied sich für das Leben – damals. Sie heiratete und brachte 1952 ihre Tochter und ein Jahr später ihren Sohn zur Welt.

Ihr Leben, so erzählt mir Jelisaweta, war eng verbunden mit Mariupol und seinem Stahlwerk. Ihr Mann hatte es in den siebziger Jahren mit erbaut. Sie hat später dort als Stahlblechkennzeichnerin gearbeitet, ihr Sohn als Elektriker. Die schöne Wohnung mit Blick aufs Meer hatten sie zu sowjetischen Zeiten bekommen – nun ist sie zerstört. Ohne Unterlass hätten die russischen Soldaten auch ihr Viertel beschossen, niemand habe sich mehr getraut, auf die Straße zu gehen. Jelisaweta bedeckt ihr Gesicht mit den gekrümmten Händen, die von jahrzehntelanger Arbeit verformt sind, und fängt an, bitterlich zu weinen. »Sie haben alles zerstört, nichts ist mehr da«, schluchzt sie. Ich lege meine Hand auf ihre Schulter, ich würde die alte Dame so gerne trösten – doch was soll es noch geben, das sie jetzt trösten könnte?

Wohin sie jetzt gehen, frage ich ihre Enkeltochter und

erfahre, dass sie weiter wollen nach Polen. Von dort aus soll Jelisaweta nach Israel fliegen, wo ihre Tochter lebt. Weronika und ihre Eltern wollen nach Deutschland.

Ein paar Tage nach unserer Begegnung nehmen wir noch einmal Kontakt auf. Jelisaweta, so erfahre ich, ist nur einen Tag nach unserer Begegnung in Polen in einem Krankenhaus gestorben. Die Kälte und die Strapazen der Flucht hatten sie zu sehr geschwächt, die Lungen waren offenbar entzündet. Nicht einmal Zeit für eine Beerdigung blieb der Familie. Sie schickten Jelisawetas Asche in einer Urne nach Haifa, zu ihrer Tochter, die dort schon alles vorbereitet hatte für ein Leben, nicht für ein Grab.

Lange Zeit geht mir die Begegnung noch durch den Kopf. So viele alte Menschen können inmitten dieses Krieges das, was eigentlich am Ende eines langen Lebens stehen sollte, nicht mehr tun: in vertrauter Umgebung Abschied nehmen.

Wie wichtig dies ist, wie schlimm es ist, einen Menschen ohne Abschied zu verlieren, habe ich einmal mehr während der Corona-Pandemie erlebt. Die Patentante unseres Sohnes, Natascha, hatte sich in einer Moskauer Klinik 2020 mit Covid angesteckt. Sie war 59 Jahre alt, und als sie auf einmal nicht mehr da war, tat sich für meinen Mann, meine Tochter und mich ein tiefes Loch auf. Jahrelang, als unser Sohn Philip noch lebte und auch danach, war Natascha eine Stütze in unserem Leben gewesen, sie war Teil unserer Familie, ein wunderbarer Mensch. Wir haben viel um Natascha geweint, und besonders traurig macht mich bis heute, dass wir nicht Abschied nehmen konnten.

Wie muss das jetzt für die Menschen sein, wenn sie alles verlieren, ohne Abschied nehmen zu können? Ihre Väter, Söhne, die Großmutter, die Mutter. Ich bewundere die Kraft vieler Ukrainer:innen, die trotzdem weitermachen, weiterkämpfen. Wobei ich bei vielen spüre, dass sie sich wie in einem Tunnel bewegen, in dem es nur eine Richtung gibt, hinaus.

Nachdem wir unser Gepäck mühsam durch die dunklen Gänge und bis zum Bahnsteig 1 hochgeschleppt haben, stellen wir fest, dass der Zug noch eine weitere Stunde Verspätung haben wird. Langsam machen wir uns Sorgen, denn wir müssen rechtzeitig in Kyjiw ankommen, bevor um 20 Uhr die Ausgangssperre beginnt. Ansonsten droht uns, dass wir die Nacht im Bahnhof verbringen müssen.

Ändern lässt sich die Situation nicht, und so beschließen wir, erst einmal abzuwarten. Weil es Anfang April immer noch bitterkalt und zugig auf dem Bahnsteig ist, vereinbaren wir, dass wir abwechselnd in die Wartehalle gehen, während immer einer von uns auf das Gepäck aufpasst, das wir nicht noch einmal herunterschleppen wollen. Die Holzbänke sind nahezu alle besetzt, viele Menschen haben auf dem Boden ein Lager aufgeschlagen.

Anscheinend ist unser Zug nicht der einzige, der sich verspätet. Es sind auffallend viele junge Leute in der Halle, vor allem Frauen, viele haben kleine Kinder dabei, die müde auf dem Boden sitzen oder in ihren Armen schlafen. Wohin sie wohl reisen, woher sie kommen? Und was liegt hinter ihnen, nach fast sechs Wochen Krieg? Ich komme nicht dazu, Fragen zu stellen, denn auf einmal postiert sich ein junger Mann mit einer Gitarre um den Hals am anderen Ende der Halle vor einer kleinen Bar, an der man Getränke und Süßigkeiten kaufen kann, und beginnt zu singen. Erst leise, dann immer kräftiger, das Lied rührt in dieser übermächtig großen Bahnhofshalle mit ihrer meterhohen Decke ans Herz. Es ist eine Hymne auf die Ukraine:

Ich kann nicht anders, als zu lieben,
Du kannst nicht anders, als zu blühen.
Nur dann ist es wert,
In der Welt zu leben.
Solange du lebst und blühst.

Solange wir so wahnsinnig lieben,
Ist unser Ende nicht nah.
Und wahrscheinlich entzünden wir
Mit unseren Herzen
Weitere Tausende Herzen.

Unsere Kerze ist noch nicht erloschen,
Unsere Jugendzeit immer noch bei uns.
Und ob sich unsere Handlungen lohnen,
Wissen die, die nach uns kommen,
Die Zeit wird es zeigen.

Ukraine, Ukraine,
Nach all den langen Wegen
Lege ich zu deinen Füßen
Das treue Herz deines Sohnes.

Spontan nimmt sich eine Gruppe Menschen in den Arm, sie stellen sich ihm zur Seite und stimmen ein in die Klänge dieses Heimatliedes, das sie alle, die Heimkehrenden und die Flüchtenden, für einen bewegenden Moment zusammenbringt.

Als der Zug auf Gleis 1 einrollt und quietschend zum Stehen kommt, drängen Dutzende Menschen heraus, einige Frauen versuchen, ihre Kinder nah bei sich zu halten, damit sie nicht in der Menge eingezwängt werden. Ich fürchte, unsere Abteile werden schlimm aussehen, die Frage ist, ob überhaupt Wasser zur Verfügung steht und ob die Toiletten noch funktionieren. Aleksandra und ich verstauen unsere Sachen in einem Abteil, in dem bereits eine ältere Frau mit ihrem erwachsenen Sohn sitzt. Sie begrüßen uns freundlich, nehmen aber dann keine Notiz mehr von uns. Es ist inzwischen schon 13 Uhr, auf dem Fahrplan stand 9.30 Uhr. Der Schaffner, der für unseren Waggon zuständig ist, prüft unsere Tickets, die wir sicherheitshalber ausgedruckt haben, und ich nutze die Gelegenheit, um zu fragen, was der Grund für die Verspätung ist.

Andrij Batumenko, so stellt er sich vor, ist ein freundlicher Mann in einer tadellosen Uniform. Genaueres möchte er nicht erzählen, nur so viel: Sie mussten unterwegs mehrfach stoppen, der Zug kam aus Charkiw im Osten der Ukraine, wo derzeit heftig gekämpft wird. Er habe keine Angst, sagt Andrij. Zwar würden immer wieder auch Züge angegriffen, doch es sei enorm wichtig für das Land, dieses Transportsystem am Laufen zu halten.

Kurz nachdem wir losfahren, beginnen unsere Mitreisenden, ihr Essen auszupacken und auf dem Tisch zwischen sich aufzubauen. Ich bin erstaunt, wie sauber die acht kleinen Abteile in unserem Waggon sind, kein Müll liegt herum, auch die Toiletten sind geputzt, das müssen sie gerade erst alles gereinigt und vorbereitet haben. Im Nebenabteil sitzt eine kleine Gruppe von vier Leuten zusammen, die ihre Reiserationen ebenfalls auspacken. Wie sich herausstellt, kannten sich die vier vorher nicht, teilen aber jetzt eingelegte Gurken, Brot, Wurst und Käse miteinander. Einer von ihnen hat sogar noch ein paar Kekse und Schokolade dabei, für später, zum Tee, den Andrij, der Schaffner, auf Bestellung bringt – zuckrig und schwarz, wie ihn die meisten Ukrainer:innen mögen. Es ist eine typische Szene, so oft habe ich es auf Zugfahrten in der Ukraine, aber auch in Russland erlebt. Wildfremde Menschen legen ihren Proviant zusammen, in guten Zeiten darf natürlich auch der Wodka nicht fehlen, man erzählt sich von daheim und dem Reiseziel, von den Kindern oder Eltern und trennt sich bei der Ankunft wieder. Doch jetzt sind keine guten Zeiten. Alle vier sind auf der Rückreise nach Kyjiw. Ich frage sie, ob sie keine Angst haben, warum sie das Risiko eingehen.

Tetjana, die, wie sich herausstellt, Russin ist und als Finanzbuchhalterin in einem großen Unternehmen in Kyjiw gearbeitet hat, erzählt, dass sie nach Italien geflüchtet war. Doch als sie hörte, dass die russische Armee sich aus dem Norden zurückziehe, habe sie den Entschluss gefasst, nach Hause zu fahren. Ihre Wohnung hatte sie Anfang März in Eile verlassen – ob sie nun noch alles so vorfinden wird, wie es war? Die Frau mit dem hübschen schmalen Gesicht blickt mich traurig an. »Ich habe mein ganzes wunderbares Leben in Kyjiw verbracht, ich bin dort geboren, aufgewachsen und ich habe dort gearbeitet. Ich erwarte, dass der Krieg aufhört und wir zu unserem normalen Leben zurückkehren können.«

Auch Serhij, ein junger Student, der Tetjana gegenübersitzt, möchte sein Leben zurück. »Man hangelt sich so im Zweiwochenrhythmus vor und denkt sich: noch zwei Wochen durchhalten, und dann ist es vorbei. Aber dann sind zwei Wochen rum, und es geht immer noch weiter.« Wie es für sie als Russin ist zu erleben, dass ihre Landsleute diesen Krieg gegen die Ukraine führen, möchte ich von Tetjana wissen. Ich merke, wie ihr Tränen in die Augen treten. »Ich sehe mich nicht mehr als Russin, ich habe mit diesem Land abgeschlossen, ich bin Ukrainerin. Und obwohl Russisch meine Muttersprache ist, versuche ich, es nach Möglichkeit nicht mehr zu sprechen, sondern Ukrainisch.«

Es wird immer deutlicher, wie tief der Graben sein wird, der durch diesen Krieg entsteht. Ich habe in der Ukraine so viele Russ:innen getroffen, die ähnlich denken wie Tetjana. Wenn all diese Menschen mit ihrem Land brechen, wenn sie ihre eigene Identität aufgeben, die ja auch Heimat ist – wie soll das eines Tages wieder zusammenwachsen? Doch es ist nicht der Moment, um darüber zu reden, die vier Reisenden haben andere Gedanken, sie fragen mich, wie die Situation in ihrem Land in Deutschland gesehen wird. Sie haben mitbekommen, wie zögerlich sich die deutsche Regierung verhalten hat, als es darum ging, der Ukraine Waffen zu liefern, und wie schwer sich Deutschland damit tut, sich unabhängiger von russischem Gas zu machen. »Ich kann es ein Stück weit verstehen«, sagt Tetjana. »Auch wir in Kyjiw waren bis zum 24. Februar 2022 ziemlich gleichgültig gegenüber dem, was im Osten unseres Landes passierte, der Krieg war ja weit weg von uns, das Sterben und das Leid. Und dann hat er auch uns getroffen, mitten in Kyjiw.«

Wir werden unterbrochen, als der Schaffner uns bittet, das Abteil zu verdunkeln und die Rollos an den Fenstern herunterzuziehen. Danach geht er durch den Gang und schließt auch dort alle Fensterblenden. Das müsse sein, erklärt Andrij. »Sonst sehen wir aus wie eine Girlande und sind ein leichtes Ziel. Dieser Waggon und der dahinter sind schon mal beschossen worden. Beim nächsten Stopp zeige ich Ihnen die Splitter.«

Bis nach Kyjiw werden wir noch einige Stunden so im Dunkeln sitzen müssen in unseren Abteilen. Auch im Gang und auf dem Weg zu den Toiletten müssen wir uns vortasten, etwas Licht gibt eine kleine Handylampe. Da immer mehr Waffen, die aus dem Ausland geliefert werden, auf der Schiene transportiert werden, rechnen die Ukrainer jederzeit damit, dass die Russen die Züge selbst und nicht nur die Gleise zum strategischen Ziel machen.

Wie befürchtet kommt unser Zug erst um 21.30 Uhr in Kyjiw an, seit einer Stunde herrscht Ausgangssperre. Werden wir überhaupt vom Bahnhof zu unserem Hotel fahren können, oder müssen wir bis zum Ende der Ausgangssperre am nächsten Morgen warten? Andrij, unser Schaffner, kann uns keine Auskunft geben, und das Handynetz ist so schlecht, dass wir auch Oleksij nicht erreichen können, der uns abholen sollte.

Es ist eine unheimliche Szenerie, die sich uns bei der Ankunft im Bahnhof bietet: Als die Tür des Waggons sich öffnet, blicken wir in die Dunkelheit. Einige Passagiere nutzen ihre Handys, um sich zu orientieren, nur die Anzeigentafel mit dem Fahrplan für die nächsten Züge spendet etwas Licht. Stück für Stück reichen wir unsere zahlreichen Gepäckteile herunter. Ich habe keine Ahnung, was uns hier erwartet, aber klar ist, dass in Kyjiw noch immer Ausnahmezustand herrscht. Dann taucht plötzlich in der Dunkelheit Oleksij auf, begleitet von einem unserer Sicherheitsleute. Sie haben schon alles geregelt: Als akkreditierte Journalist:innen dürfen wir uns auch während der Sperrstunde in der Stadt bewegen, wir können also den Bahnhof verlassen und zu unserem Hotel fahren.

Gemeinsam schleppen wir Koffer, Kisten und Stative durch die ebenfalls dunklen Gänge, am Ausgang zur Bahnhofshalle stehen mehrere Soldaten und Polizisten und kontrollieren jeden einzelnen Passagier. »Die haben Angst vor Anschlägen und vor russischen Spionen, deshalb sind die Kontrollen so streng«, erklärt Oleksij. In der riesigen Bahnhofshalle, durch die wir uns auf den Ausgang zubewegen, sehen wir Dutzende Menschen, die sich jetzt ein Plätzchen suchen müssen, wo sie die Nacht verbringen, bis zum nächsten Morgen um 6 Uhr.

Es ist fast ein Jahr vergangen, seit ich das letzte Mal in Kyjiw war. Ich mag diese Stadt für ihre Kreativität, ihre Lebendigkeit und Schönheit. Jetzt schrillen die Sirenen in der gespenstisch dunklen, ausgestorbenen Stadt, kaum dass wir den Bahnhof verlassen haben. Die russischen Truppen haben sich aus den Vororten zurückgezogen, aber jederzeit könnte es wieder Raketenbeschuss geben. Wir fahren durch die Dunkelheit und durch menschenleere Straßen. Ich habe das Gefühl, Kyjiw ist jetzt die traurigste Stadt Europas.

Kapitel 6

# Butscha, Irpin, Borodjanka

## Trauma und Wahrheit

2022: Witalij vor dem zerstörten Häuserblock in Borodjanka, in dem er mit seiner Familie lebte. Seine Wohnung liegt in Trümmern, was er erlebt hat, hat ihn traumatisiert.

»Die Zeit wird kommen, in der jeder Russe die ganze Wahrheit darüber erfahren wird, wer von seinen Mitbürgern gemordet hat. Wer Befehle gegeben hat. Wer bei den Morden ein Auge zugedrückt hat.«
WOLODYMYR SELENSKYJ

Wir sollen auf jeden Fall hintereinander gehen und nicht vom Weg abkommen, haben unsere Begleiter uns gesagt, denn das ganze Gebiet sei voller Minen und Sprengfallen. Die Armee habe es noch nicht räumen können, nur der kleine Pfad, auf dem uns zwei Soldaten vorangehen, sei sicher. Und so marschieren mehrere Dutzend Reporter:innen, Fotograf:innen und Kameraleute aus aller Welt dicht hintereinander über einen Acker, dessen feuchte Erde in hartnäckigen Klumpen an meinen Schuhen hängen bleibt.

Auf einmal stehen wir mitten auf der Lichtung eines Kiefernhains, durch den die ersten Sonnenstrahlen des frühen Morgens dringen. Sie werfen Licht auf eine Szene, die mir den Atem stocken lässt. Vor uns liegen in einer weitläufigen Sandgrube vier Menschen. Ihre Körper sind merkwürdig verdreht und stellenweise mit Sand zugeschüttet. Ich erkenne das Gesicht eines jungen Mannes, das aus einem roten Tuch herausragt, die Augen offen und starr. Daneben liegt eine Frau halb auf dem Bauch, die Arme sind auf ihren Rücken gedreht, ganz so, als seien sie zusammengebunden gewesen, bevor sich das Band schließlich gelöst hat. Ihr Unterkörper steckt in einer weiten Jeanshose, die ein Stück die Hüfte hinuntergerutscht ist. Etwas entfernt, wie von ihr abgewandt, liegt ein weiterer junger Mann, dessen Gesicht im Sand verschwindet. Und auch der vierte, ein offenbar schon etwas älterer Mann, über dessen Kopf ein bunter Stofffetzen hängt, hat das typisch wächsern-weiße Gesicht eines Toten.

Es wirkt, als habe man sie in die Grube geworfen und eilig ein paar Schippen Sand über sie verteilt – ohne jede Würde, als seien sie keine Menschen, sondern Müll.

Es ist eine Situation, die mich überfordert. Ich schaue mich um, versuche unter all den Menschen, die sich jetzt rund um die Grube drängen, unseren Kameramann Marko Lakomy zu finden. Was sollen wir tun? Die Szene filmen? Es scheint mir so unwürdig gegenüber den Toten, dass wir nun unsere Kameras auf sie halten. Dabei ist ihre Würde das Einzige, was wir jetzt noch schützen können. Die Würde des Menschen ist unantastbar, heißt es im deutschen Grundgesetz. In diesem Krieg gilt das nicht.

Dem gegenüber steht die Pflicht zu dokumentieren, was nicht sein darf. Ich entscheide mich, zurückhaltend vorzugehen. Ich mache einige Fotos mit meinem Smartphone, damit ich mir die Szene später noch einmal genau anschauen kann. Die Toten, so erfahren wir, sind die Ortsvorsteherin von Motyschyn, Olha S., ihr Mann Ihor und ihr Sohn Oleksandr, die Identität des vierten ist zu diesem Zeitpunkt noch nicht bekannt. Die Familie sei am 23. März von russischen Soldaten entführt worden. Weil sie offenbar nicht mit den Besatzern kooperieren wollten, wurden sie getötet. Oleksandr war gerade 25 Jahre alt. Ein altes Foto, das jemand dabei hat, zeigt einen sympathisch aussehenden jungen Mann, der Profifußballer war. Noch weitere

30 Leichen sollen hier gelegen haben, sie sind offensichtlich schon geborgen worden.

Am anderen Ende des Kiefernhains entdecke ich endlich unseren Kameramann Marko Lakomy, er macht gerade einige Aufnahmen aus der Distanz. Einige Reporter und Kameramänner wagen sich hingegen so dicht an die Grube heran, möchten so nahe Aufnahmen von den Toten machen, dass ich denke, sie fallen gleich hinein.

Anton Heraschtschenko, der Medienberater des Innenministeriums, der uns hier hingebracht hat, schenkt den Journalist:innen keine weitere Beachtung, für die Sicherheit sind Soldaten dabei. Heraschtschenko hat sich so positioniert, dass er ein Selfie-Video mit der Szenerie im Hintergrund aufnehmen kann. Wie der ukrainische Präsident sind inzwischen sehr viele Mitglieder der Regierung dazu übergegangen, ihre Botschaften auf diese Weise zu transportieren. »Wir sehen hinter uns eine friedliche Familie, die von den Russen brutal ermordet wurde«, sagt Heraschtschenko und hält das Smartphone so weit über seinen Kopf, dass die Toten im Hintergrund noch zu erkennen sind. Für die letzte Ehre, die man einem Menschen erweist, scheint in diesem Krieg kaum mehr Raum zu sein. Wir werden uns später entscheiden, diese Bilder nicht zu zeigen. Andererseits kann ich verstehen, dass die ukrainische Regierung uns hier hergeführt hat – die Dokumentation des Grauens ist das wichtigste Mittel, die internationale Unterstützung zu sichern.

Dieser 4. April 2022 wird zu dem Tag, der die Wahrnehmung des russischen Angriffskriegs in der Ukraine verändert – auch meine eigene. Was wir an den Orten im Norden des Landes sehen, aus denen sich die russische Armee am 31. März zurückgezogen hat, offenbart erstmals den wahren Charakter des Krieges, den Putin gegen die Ukrainer:innen führt. Es zeigt die enthemmte Grausamkeit und Entmenschlichung der Soldaten, die für den Kreml morden, vergewaltigen und plündern.

Abgrundtief menschenverachtend wirkt es auf mich, als der Kreml-Sprecher Dmitrij Peskow wenig später von angeblichen Anzeichen für Fälschungen spricht und der russische Außenminister Sergej Lawrow sogar behauptet, Butscha sei von den Ukrainern inszeniert worden, um Russland zu diskreditieren. Dazu hat er auch noch die Dreistigkeit, eine Dringlichkeitssitzung des UN-Sicherheitsrats zu beantragen, was jedoch sofort abgeschmettert wird. Wer hingegen an diesem 4. April in Butscha war, hat die Wahrheit mit eigenen Augen gesehen und den Tod gerochen. Eine Wahrheit, die sich nicht inszenieren, ja nicht einmal zeigen lässt – zu grausam ist sie.

So schwer ich mich an diesem Morgen damit tue, diese Bilder zu drehen, so schnell ist mir klar, wie wichtig es war, hier herzukommen. Wer in Butscha war, kann nicht anders, als den eigenen Blick auf den Krieg von Grund auf zu verändern. Es ist zu konkret, zu grausam, als dass es sich verdrängen ließe. Das Ausmaß der Zerstörung, die ungehemmte Brutalität übersteigen die Vorstellungskraft vieler Menschen, auch meine.

Der Bürgermeister von Butscha, Anatolij Fedoruk, hatte sich unmittelbar zuvor an die Öffentlichkeit gewandt und erzählt, dass es in seiner Kleinstadt im Norden von Kyjiw Massengräber gebe und sie bereits 280 Menschen gefunden hätten. Fedoruk sprach von Leichen, die überall in den Straßen lägen, teilweise mit gefesselten Armen, sie seien von russischen Soldaten hingerichtet worden. Es hatte bereits zuvor einige Hinweise darauf gegeben, dass russische Soldaten gezielt Zivilist:innen erschossen haben, auch Kinder. Aber bislang konnte niemand sich ein so umfassendes Bild von der Lage machen und mit den Menschen vor Ort sprechen.

Kurz nach der Meldung des Bürgermeisters von Butscha erhalten wir dann eine Nachricht der Regierung: Medienberater Heraschtschenko hat für Montag und Dienstag Fahrten nach Butscha organisiert, für die Journalist:innen sich anmelden können. Eigentlich hätte ich es vorgezogen, mit dem eigenen Auto zu fahren, um unabhängiger zu sein. Aber meine Kollegin Aleksandra rät, wir sollten auf jeden Fall versuchen, uns für die Fahrt am Montag anzumelden, eine Mitarbeiterin im Innenministerium habe ihr dazu geraten. Es sei etwas Besonderes geplant, über das sie jedoch aus Sicherheitsgründen nicht reden dürfe.

Pünktlich um 8 Uhr sind wir am nächsten Tag, dem 4. April, am verabredeten Treffpunkt am Prospekt Peremohy. Obwohl die russische Armee aus dem Nordwesten von Kyjiw abgezogen ist, ist die Angst noch überall spürbar. Es ist immer noch sehr still in den Straßen von Kyjiw, ganz anders als sonst. Die Stadt wirkt wie ausgestorben. Deshalb fällt die Gruppe von Fotograf:innen, Kameraleuten und Reporter:innen sofort auf, es sind Kolleg:innen aus allen Ländern der Welt, ich entdecke auch einige ukrainische Bekannte, mit denen ich früher schon zusammengearbeitet habe. Aber wir begrüßen uns nur kurz, uns ist nicht zum Reden zumute. Am Straßenrand stehen zwei große gelbe Busse mit laufendem Motor bereit, offenkundig sollen wir mit denen nach Butscha fahren. Doch bevor wir einsteigen, prüft Anton Heraschtschenko gemeinsam mit einer jungen Frau noch einmal alle unsere Ausweise und Akkreditierungen, wir müssen uns handschriftlich auf einer Liste eintragen.

Anton versucht, rund 50 Reporter:innen auf die zwei Busse zu verteilen, seine Stirn ist schweißbedeckt, ich bemerke, wie sehr er unter Stress steht. Ich werde später noch mit ihm reden können, wenn etwas mehr Zeit ist, denke ich und steige gemeinsam mit Marko und Aleksandra in den Bus. Die Sitze sind eng und abgewetzt, das Fahrzeug ist erkennbar ziemlich alt, ein Linienbus, der in Kyjiw fährt, wie ich auf den Schildern im Inneren erkennen kann. Doch der öffentliche Nahverkehr liegt noch immer weitgehend lahm, deswegen konnte Anton Heraschtschenko die beiden Busse wahrscheinlich für seine Tour nutzen.

Während wir Kyjiw Richtung Butscha verlassen, herrscht gedrückte Stimmung. Vermutlich fragen sich alle, was uns erwartet. Die ersten grauenvollen Bilder von Menschen, deren tote Körper in den Straßen liegen, sind bereits veröffentlicht worden, Vitali Klitschko, der Bürgermeister von Kyjiw, hatte sich am Samstag mit einem Selfie-Video aus Butscha gemeldet und Russland des Völkermords beschuldigt. Noch wissen wir wenig, und mich beschäftigt vor allem eine Frage: Was hat sich in den 33 Tagen, vom 27. Februar bis 31. März, als die russischen Soldaten den Ort besetzt hatten, dort wirklich ereignet? Ich hoffe, dass wir Gelegenheit haben werden, mit den Einwohner:innen zu sprechen und uns selbst ein Bild zu machen.

Es sind nur 25 Kilometer, die wir zurücklegen müssen, aber die alten Busse kommen nur langsam voran und sie müssen immer wieder Checkpoints auf der Strecke passieren. Auf der E40, der wichtigsten Ost-West-Verbindungsstraße, kommen uns Transportfahrzeuge der ukrainischen Armee und ein Krankenwagen entgegen. Immer wieder liegen ausgebrannte Autos am Straßenrand, wir fahren an einer völlig zerstörten Tankstelle vorbei. Satelliten- und Drohnenaufnahmen, die in den Tagen gemacht wurden, in denen die russischen Truppen das Gebiet besetzt hatten, haben bereits gezeigt, wie russische Soldaten das Feuer auf Autos von Zivilist:innen eröffneten. In wie vielen der Wracks wird man noch Tote finden? Halten wird unser Bus hier nicht, der Tagesablauf ist genau durchgeplant, wir müssen zur Sperrstunde um 20 Uhr wieder in der Stadt sein.

Von der schrecklichen Grube mitten im Kiefernhain geht es ohne Pause weiter zum nächsten Treffpunkt. Medienberater Heraschtschenko drängt uns, wir müssen so schnell wie möglich ins Zentrum von Butscha aufbrechen. Wer nicht mit will, muss selbst für seinen Transport zurück nach Kyjiw sorgen. Aleksandra nimmt mich zur Seite und sagt leise: »Ich glaube, Selenskyj wird kommen, aber ich habe es nur von Kollegen gehört, keine Ahnung ob es stimmt, aber wir sollten uns beeilen.«

Tatsächlich erklärt uns Anton Heraschtschenko kurze Zeit später, als unsere beiden Busse an der Kreuzung vor der Jablunskastraße in Butscha halten, dass es einen Sicherheitscheck geben werde und dass alle ihre Handys ausschalten müssen. Als wir aussteigen und uns anstellen, untersuchen die Soldaten unsere Taschen, prüfen unsere Papiere, gleichen sie noch einmal mit den Akkreditierungen ab. »Es darf kein Signal rausgehen, keine Handyverbindung, kein Streaming, ist das klar. Das hier ist die höchstmögliche Sicherheitsstufe, wir müssen immer noch damit rechnen, dass die russische Armee uns hier orten und angreifen kann.« Der Soldat ist ein Hüne, er überragt uns alle, und seine Worte klingen wie Befehl und flehentliche Bitte zugleich.

Wenige Minuten später taucht Wolodymyr Selenskyj auf. Der Präsident ist umringt von einer Gruppe Sicherheitsleute, seinem Berater Mychajlo Podoljak und seinem Sprecher Serhij Nykyforow. Sie gehen zunächst an uns vorbei, zwischen ausgebrannten Panzern und Autos über Trümmerhaufen die Straße hinunter. An einem der Häuser machen sie Halt, Selenskyj geht hinein, begrüßt die Bewohner:innen. In der Zwischenzeit versuchen die Soldaten, die Journalist:innen in ein Spalier zu stellen, der ukrainische Präsident werde gleich Fragen beantworten. Doch als die Gruppe aus dem Haus auf uns zukommt, stürzen sich Kameraleute, Fotograf:innen und Reporter:innen auf Selenskyj, die Soldaten können den Präsidenten nur noch abschirmen.

Es ist das erste Mal seit fünf Wochen, dass Wolodymyr Selenskyj seinen geschützten Präsidentenpalast verlässt und in die Öffentlichkeit tritt. Ein sehr großes Risiko, aber ich sehe, die Ereignisse haben auch ihn verändert. Nichts ist mehr vorhanden von dem witzigen Mann mit dem eher jungenhaften Gesicht, der so verschmitzt über die eigenen Scherze lachen konnte. Vor mir steht ein anderer Selenskyj. Sein ganzer Körper spricht vom Schmerz des Erlebten. Seine dunklen Augen wirken immer noch sehr intensiv, zugleich aber unendlich traurig. Nein, da steht kein Schauspieler, sondern der echte Mensch, der sich um Stärke bemüht und doch verletzlich wirkt. Es sind diese Momente der Erschöpfung und des Schmerzes, in denen Wolodymyr

Selenskyj am überzeugendsten wirkt. Es scheint eine Seite von ihm zu sein, die niemand kannte. Vielleicht auch er selbst nicht.

»Wir möchten, dass Sie der Welt zeigen, was hier passiert ist, was das russische Militär getan hat, was die Russische Föderation in der friedlichen Ukraine getan hat«, wendet sich Selenskyj an die Journalist:innen, die ihn umringen. »Für uns ist sehr wichtig, dass die Presse und die Journalisten hier sind.« Selenskyj wirkt, als koste es ihn große Beherrschung, aber er formuliert wie immer, klar, ohne Zettel, ohne Stocken, als kämen die Worte direkt aus seinem tiefsten Inneren. »Wir glauben, dass dies Kriegsverbrechen sind und von der Welt als Völkermord anerkannt werden. Wir wissen, Tausende von Menschen wurden getötet und gefoltert, ihre Gliedmaßen abgetrennt, Frauen wurden vergewaltigt, Kinder getötet.«

Ich blicke zu Serhij Nykyforow, Selenskyjs Sprecher, der direkt neben ihm steht, und signalisiere, dass ich gerne eine Frage stellen würde. Ich frage den Präsidenten, wie er es gemeint habe, als er Angela Merkel aufgefordert habe, nach Butscha zu kommen. Selenskyj antwortet ausführlich, dass westliche Staatsoberhäupter wie Nicolas Sarkozy und Angela Merkel über Jahre hinweg mit Russland gemeinsam Entscheidungen über die Ukraine getroffen hätten, ohne sie zu hören – um Russland ruhigzustellen. Als die meisten europäischen NATO-Mitgliedstaaten sich 2008 in Bukarest für eine Mitgliedschaft der Ukraine in der NATO aussprachen, habe es andere gegeben, die dies nicht unterstützt hätten. »Wir wissen ganz genau, wer diese Führer sind, und ich glaube, dass Angela Merkel zu diesen Führern gehört, Führer von führenden Ländern, von denen die Entscheidung abhing, die Entscheidung, ob die Ukraine ein Mitglied der NATO werden sollte oder nicht.« Selenskyj blickt mich direkt an und sagt: »Ich denke, sie müssen kommen und sehen, was aus einem solchen Flirt mit der Russischen Föderation wird, das ist alles.«

Als der ukrainische Präsident gegangen ist, wird es merkwürdig still. Ich blicke die Jablunskastraße hinunter, so weit ich schauen kann, sehe ich nur Zerstörung. Neben ausgebrannten Autos liegen zurückgelassene Armeefahrzeuge, dazwischen abgerissene Metallteile, Benzinkanister, herausgebrochene Steine. Zwischen Häusern, von denen einige bis auf die Grundmauern zerstört sind, erkenne ich herausgerissene Waschbecken, Fensterrahmen. Vor uns läuft ein Schäferhund umher, ganz offensichtlich auf der Suche nach seinem Herrchen. Es berührt mich, ihn so irritiert zu sehen, denn eine Spur wird sich in dem Gestank von verbrannten Fahrzeugen und Verwesung kaum finden lassen. Die Toten, die auf den Straßen lagen, sind weitgehend geborgen, immer wieder fahren freiwillige Helfer vor und transportieren sie in Plastiksäcken ab.

Einige der Einwohner:innen erzählen, dass sie ihre Angehörigen aus Angst vor den Russen in ihren Gärten begraben haben. In der Wodoprowidnastraße sprechen wir eine Frau an, die sich als Natalja Harbusowa vorstellt und uns erzählt, wie sie am 4. März ihren Freund verloren habe. »Ich habe gesehen, wie mein Freund erschossen wurde, in den Kopf. Er ging raus auf die Straße, und sie haben ihn in den Kopf geschossen. Er saß sonst immer im Keller. Meiner Freundin wurde gesagt, dass sie den Keller bis zum Morgen nicht verlassen soll. Als sie am Morgen rausgegangen ist, hat sie gesehen, dass er tot da lag. Fünf Tage lag er da, mit dem Gesicht auf dem Asphalt. Meine Freundin und ihre Tochter haben ein Grab gemacht, im Gemüsebeet, und ihn dort begraben.«

Alle, mit denen wir an diesem Tag in Butscha sprechen, erzählen uns grauenvolle Geschichten, es sind so viele, dass es unmöglich ist, sie alle aufzuschreiben. Und noch unmöglicher ist es, zu überprüfen, was wir hören. Bei manchen Menschen habe ich das Gefühl, dass sie zutiefst traumatisiert sind. Oleksandr, der in der Tolstojgasse 6 wohnt, ist überzeugt, dass die russischen Soldaten teilweise unter Drogen standen, einige hätten sichtlich Spaß daran gehabt, Menschen zu erschießen. »Hier sind zehn oder zwölf Panzer gefahren, sie haben die Geschäfte ausgeraubt, sie haben getrunken und dann aufeinander geschossen, danach haben sie die Leichen weggefahren. Dann haben sie eine Familie, bestehend aus einem Kind und einer Frau, angezündet und verbrannt. Haben sie verbrannt und sind weggefahren. Dann sind sie wieder hier rumgelaufen und haben geschossen. Da, wo das Haus ist, die Menschen da drin haben gerade Tee getrunken. Sie haben sie auf der Stelle erschossen, dort am Ende der Straße.« Und dann fügt er hinzu, also könne er das selbst alles nicht glauben: »Sie haben die Familie erschossen und sind weggegangen.«

Die Bilder aus Butscha gehen um die Welt. Am nächsten Tag stellt Markus Lanz das Thema in den Mittelpunkt seiner Sendung im ZDF. Er hat mich eingeladen, aus Kyjiw teilzunehmen und zu schildern, was ich erlebt habe. Eine wichtige Frage, die sich nun stellt: Sind die Morde, Vergewaltigungen, die Folter und Plünderungen, die uns die Einwohner:innen der Stadt und auch ihr Bürgermeister schilderten, Kriegsverbrechen? Kann man gar, wie der ukrainische Präsident Wolodymyr Selenskyj, von Völkermord, einem »Genozid am ukrainischen Volk« sprechen?

Für mich ist es an diesem Tag schnell klar: Wenn das Wort Kriegsverbrechen eine Bedeutung hat, dann sind es aus meiner Sicht die Ereignisse, die wir in diesen Wochen auf ukrainischem Boden erleben. Dass Zivilist:innen, die in ihren privaten Autos, auf die sie in Russisch die Aufschrift »Deti« für »Kinder« gesprüht haben, in denen gut erkennbar Frauen und Kinder sitzen, von russischen Soldaten beschossen werden – das ist bewiesen. Was, wenn nicht das, ist ein Kriegsverbrechen? Und wenn ein Regime ein souveränes Land mit dem Ziel überfällt, seine Kultur, seine Identität, seine Eigenständigkeit zu vernichten, ist das nicht Völkermord? Für Wladimir Putin und die geistigen Vordenker seiner Ideologie ist die Ukraine nicht existent, sie ist Teil Russlands – und auf dieser Grundlage wird alles, was ukrainisch ist und eine vermeintliche Bedrohung darstellt, der Vernichtung preisgegeben.

Es sind gravierende Anschuldigungen, die sich in diesen Tagen aufdrängen – und die die Menschen von Butscha, die Ermittler und schnell auch Politiker:innen aus anderen westlichen Staaten erheben. Und gerade deshalb müssen die Verbrechen, die russische Soldaten im Auftrag des Kreml begangen haben, genau aufgeklärt und dokumentiert werden. Es ist eine Aufgabe, die auch wir als Journalist:innen haben, herauszufinden, was vor Ort geschehen ist, und ein möglichst genaues Bild zu gewinnen von den Ereignissen.

Die Frage ist, wie unabhängig das in diesem Umfeld überhaupt möglich ist. Können Journalist:innen denn unabhängig recherchieren und berichten, wenn sie in Begleitung von Regierungsmitgliedern oder ukrainischen Soldaten unterwegs sind?

Es ist eine Frage, die mir auch Markus Lanz an diesem Abend in seiner ZDF-Talkshow stellt. Ich entscheide mich, sie in aller Klarheit zu beantworten. Mir ist es wichtig, als Journalistin deutliche Worte zu finden, nicht ständig zu relativieren, um mich noch mal abzusichern. Die Aussagen der russischen Regierung, dass die Ereignisse in Butscha eine Inszenierung seien, kann ich mit voller Überzeugung als Lüge bezeichnen. Denn ich habe meine Eindrücke vor Ort frei von Restriktionen gewinnen können. Trotz der organisierten Fahrt konnte ich mit den Menschen dort reden, ohne dass ein Begleiter des Innenministeriums oder der Armee neben mir stand. Ich konnte mich weitestgehend frei bewegen, und auch an Präsident Selenskyj konnten die Reporter:innen offen ihre Fragen richten, und er beantwortete sie.

Was ich von ukrainischer Seite erlebe, die organisierte Reise nach Butscha, bezeichne ich deshalb auch nicht als Propaganda. Wer das behauptet, bringt auf eine Ebene, was nicht auf eine Ebene gehört. Ich empfinde es vielmehr als einen verzweifelten Akt von ukrainischer Seite, das geschehene Unrecht aller Welt vor Augen zu führen. Und sei es, indem man Journalist:innen völlig ungefiltert auf traumatisierte Menschen loslässt.

Mir ist dabei wichtig, mich von den Ereignissen nicht davontragen zu lassen, mich nicht meiner Gefühlswelt hinzugeben. Man muss bereit sein, immer wieder in Zweifel zu ziehen, auch wenn in diesem Krieg die Opfer auf ukrainischer Seite allzu eindeutig dokumentiert sind. Was allen, die die Wahrheit suchen, in diesem Krieg entgegenkommt, ist die Tatsache, dass er von so vielen Seiten dokumentiert ist. Es ist der erste Krieg, in dem dies dank moderner und weit verbreiteter Kommunikationstechnologien – eben auch unter den betroffenen Menschen – mit einer ganz anderen Qualität möglich ist als je zuvor. Unzählige Handyvideos, Überwachungskameras, Satelliten- und Drohnenaufnahmen existieren, die auch Journalist:innen nutzen können, um ihre Informationen zu überprüfen.

In diesen Tagen gewinne ich den Eindruck, dass die ukrainische Regierung sehr ernsthaft daran interessiert ist, alle Kriegsverbrechen aufzuklären, und Unterstützung sucht. Schon jetzt sind Hunderte Mitarbeiter:innen von Menschenrechtsorganisationen wie Human Rights Watch und Amnesty International in der Ukraine tätig, die UN hat eine eigene unabhängige internationale Untersuchungskommisson zur Ukraine unter dem Vorsitz des norwegischen Richters Erik Mose gegründet. Auch der Internationale Strafgerichtshof in Den Haag ermittelt inzwischen. Hinzu kommen die Ermittler im eigenen Land, Staatsanwälte, Polizei, Nichtregierungsorganisationen.

Das ist alles andere als trivial. Wenn Menschen, die zutiefst traumatisiert sind, von zu vielen und häufig unerfahrenen Menschen befragt werden, darunter auch Journalist:innen, dann dient das manchmal nicht der Wahrheitsfindung. Das ist zum Beispiel im Fall von Vergewaltigungen sehr schwierig. Als Mittel der Kriegsführung ist Vergewaltigung spätestens seit dem Jugoslawienkrieg bekannt. Auch ich habe vereinzelt mit Frauen gesprochen, die von Vergewaltigungen durch russische Soldaten berichtet haben. Doch ich vermag nicht zu sagen, was am Ende stimmt. Es braucht eine gründliche Aufarbeitung durch Fachfrauen, um einschätzen zu können, ob die russische Armee Vergewaltigung systematisch als Mittel der Kriegsführung einsetzt. Oder ob es sich um Einzelfälle handelt.

Am nächsten Tag beschließen wir, nach Borodjanka zu fahren, einem Ort mit 13 000 Einwohner:innen, 55 Kilometer nordwestlich von Kyjiw. Die ukrainische Generalstaatsanwältin Iryna Wenediktowa hatte öffentlich erklärt, die Situation sei dort noch viel schlimmer als in Butscha. Ich möchte wissen, ob die Menschen in Borodjanka Ähnliches erlebt haben und schildern wie die Einwohner:innen von Butscha.

Als wir die Stadt erreichen, wird mir schnell klar, dass das Ausmaß der Zerstörung an diesem Ort wirklich noch viel größer ist. Viele der acht- und fünfstöckigen Hochhäuser im Zentrum der Stadt liegen weitgehend in Trümmern. In der Zentralnastraße sehe ich Feuerwehrleute und freiwillige Helfer:innen, die mit Schaufeln und bloßen Händen unter Lebensgefahr die Steine der zusammengestürzten Etagen wegräumen, jederzeit könnten sie von herabfallenden Trümmern erschlagen werden. Mir wird klar, wie überfordert die lokalen Behörden und auch die Regierung mit der Situation sind. Sie haben nicht einmal technisches Gerät, um die Toten zu bergen, die sie unter den Häusern vermuten. Immer wieder, so sagt uns einer der Feuerwehrleute, habe die russische Luftwaffe die Stadt bombardiert, auch mit Streubomben. Mehrere Spielplätze, die zwischen den Hochhäusern liegen, wurden getroffen. Schaukeln, Rutschen und Klettergerüste wurden aus den Angeln gerissen und liegen verbogen am Boden. Wieder muss ich an die russische Lüge von der vermeintlichen Inszenierung denken – solche Lügen sind bereits seit 2014 ein wichtiger Bestandteil russischer Kriegsführung. Desinformation ist eine schlagkräftige Waffe.

In einem Haus haben die Bomben den Mittelteil komplett herausgerissen, so dass das Gebäude nun aussieht wie eine große Zahnlücke in einem kaputten Gebiss. Auch hier ist die Luft durchsetzt mit Staub, beißendem Rauch und dem Geruch von Verwesung. Zwischen den Trümmern laufen einige Menschen suchend umher, als glaubten sie, noch etwas bergen zu können, das die Explosion nach draußen geschleudert hat. Ein einsamer Teddybär ist am Ast eines Baumes hängen geblieben. Es hat etwas von einer Apokalypse – es sind die Eindrücke, die ich meine, wenn ich später in Live-Schalten sage, dass manchmal das, was wir sehen, über die Schmerzgrenze hinausgehe.

Eine Frau spricht mich an, sie hat eine schwarze Pudelmütze weit in ihr Gesicht gezogen und trägt eine graue Sportjacke und Jogginghosen, als wolle sie gerade zu einer Laufrunde aufbrechen. »Drehen Sie und zeigen Sie bitte, was die russische Welt hier angerichtet hat.« Sie möchte ihren Namen nicht nennen, aber sie erzählt mir fast emotionslos von ihren Erlebnissen. »Es kamen Panzer, wir haben sie vom Fenster gesehen. Dann haben sie angefangen zu schießen, das erste Haus in Borodjanka, sie haben es aus dem Panzer beschossen. Drinnen war meine Bekannte mit ihrem Mann, die Schwiegertochter mit ihrem Kind, eineinhalb Jahre alt, es waren fünf oder sechs Menschen. Sie haben auf das Haus gefeuert, und die Menschen sind durch die Luft geflogen, es waren schon Leichen. Wir haben ihre Teile aufgesammelt.« Sie hält kurz inne, als müsse sie sich erinnern. »Man kann es nicht beschreiben, was sie gemacht haben, als sie hier reingefahren sind. Wenn sie gesehen haben, dass jemand aus dem Fenster oder vom Balkon schaut, haben sie hineingeschossen. Sie haben keine Rücksicht genommen, ob Kinder oder Mütter, niemand durfte sich bewegen.« Sie schaut mich aus ihrem blassen, traurigen Gesicht an und fragt mich, ohne eine Antwort zu erwarten: »Das war ein Albtraum, wieso sind sie hergekommen, in unser Land?«

Vor einem der Hauseingänge steht ein Kleintransporter, in den zwei Männer gerade einige Taschen laden. Ich spreche sie an und erfahre, dass sie gekommen sind, um aus ihrer zerstörten Wohnung das abzutransportieren, was noch heil geblieben ist. Wir folgen den beiden hoch in die dritte Etage und stehen auf einmal in einer Dreizimmerwohnung, die völlig verwüstet ist. Eine Wand ist herausgebrochen, in der Küche klafft ein riesiges Loch in der Außenfassade. Eine ältere korpulente Frau, die sich nur schwerfällig bewegt, ist dabei, die Scherben auf dem Boden zusammenzufegen. Wira, wie sie sich vorstellt, ist gekommen, um ihrem Sohn zu helfen, dem die Wohnung gehört.

Als ich sie nach ihren Erlebnissen frage, fängt sie an zu weinen. »Über uns sind Grad-Raketen geflogen. Mein Gott, wir waren nur am Beten, wir saßen im Keller, auch Hunde waren bei uns. Alle hatten Angst.« Sie berichtet, wie sie auf der Straße russischen Soldaten begegnete. »Dann kamen die Russen und haben unser Auto weggenommen, sie haben geschossen. Ein Tschetschene, in Schwarz, sagte: ›Bring sie weg ins Haus‹, sie wollten meinen Mann mitnehmen. Ich sagte zu ihnen: ›Bitte lassen Sie ihn hier, nehmen sie nur das Auto.‹ Die Soldaten haben dann tatsächlich nur das Auto genommen – und ihren Mann dagelassen.

Wiras Sohn Witalij kommt dazu und berichtet von seinen Begegnungen mit russischen Soldaten, als er in einem nahegelegenen Dorf unterwegs war: »Ich war gerade in Nowe Salissja, einem neuen Wohngebiet. Dahin sind die Russen auch gekommen, sie haben nach Mädchen gesucht.« Witalij stoppt abrupt und wendet sich ab, er will nicht erzählen. Doch dann dreht er sich wieder zu mir und sagt: »Das sind Unmenschen, die haben Mädchen gesucht, Autos weggenommen, sie sind betrunken herumgelaufen und haben mit Blendgranaten geschmissen.« Wira und ihr Sohn wirken völlig aufgelöst, traumatisiert von dem, was sie erlebt haben. »Sie kamen zu den Menschen und sagten: ›Lass uns den erschießen!‹« Ich dränge nicht weiter auf Details, die Situation überfordert Witalij. Wenig später sehe ich ihn draußen rauchend auf einer Bank sitzen, direkt vor dem Haus, er hat eine Schirmmütze über den Kopf gezogen und starrt vor sich hin, während sein Vater und ein Freund die noch erhaltene Waschmaschine verladen.

In Borodjanka bestätigt sich in den Gesprächen das, was uns bereits die Menschen in Butscha erzählt haben und was wir anschließend auch in Irpin erleben. Eine Armee, deren Soldaten Geschäfte plündern und sich mit gestohlenem Alkohol betrinken, Frauen vergewaltigen, wahllos auf Zivilist:innen schießen, in den Wohnungen Lager aufschlagen.

Es ist ein Muster der Kriegsführung, das keineswegs neu ist. Als Auslandskorrespondentin in Russland habe ich in den Tschetschenien-Kriegen Ähnliches erlebt. Florian Hassel, der Ende der neunziger Jahre ebenfalls als Korrespondent nach Russland kam, hat diese Parallelen in der

*Süddeutschen Zeitung* vom 5. April 2022 passend zusammengefasst:

> »Doch Art und Umfang der mutmaßlichen Kriegsverbrechen passen zur russischen Kriegsführung, bei der Mord, Folter und Terror gegen Zivilisten von russischen Soldaten oft mit einem Wort zusammengefasst werden: Bespredel – die Abwesenheit jeder durch Regeln reglementierten Kriegsführung. Und das war selbst im eigenen Land so.«

In den acht Jahren, die ich insgesamt als Korrespondentin in Russland gearbeitet habe, habe ich oft über die russische Armee und auch die Zustände in deren Innerem berichtet. Entmenschlichung, Grausamkeit und Willkür erleben schon die jungen Rekruten. Das Prinzip der Dedowschtschina, das am besten mit der »Herrschaft der Großväter« übersetzt ist, bedeutet, dass die jüngeren Soldaten ihren älteren Kameraden und Vorgesetzten fast vollständig ausgeliefert sind. Prügel, Folter, Zwangsarbeit, auch mit tödlichen Folgen, sind in der russischen Armee weit verbreitet. Es gibt keinen öffentlichen Zugang zu den Statistiken. Die Organisation Soldatenmütter Sankt Petersburg, die sich mehr als 30 Jahre lang darum bemühte, Soldaten Rechtsbeistand zu sichern, hat ihre Arbeit im Oktober 2021 eingestellt – auch mit der Begründung, nicht mehr ausreichend Unterstützung von russischen Müttern zu erhalten. Das war einmal anders: Während des Krieges in Tschetschenien marschierten russische Soldatenmütter begleitet von internationalen Medien in die tschetschenische Hauptstadt Grosny, um ihre Söhne heimzuholen. Eine spektakuläre Demonstration, die viel Anerkennung fand. Heute undenkbar.

Sicher bleibt nur eins: Viele Mütter in Russland – und selbst die mit sowjetischer Gesinnung – versuchen alles, um ihre Söhne vor dem Militärdienst zu bewahren. Dafür müssen sie Geld aufbringen, das sie meist nicht haben. Selbst die Söhne einiger hochrangiger Militärs sollen ihren Wehrdienst nicht abgeleistet haben, weil sie von ihren Eltern freigekauft wurden.

Es ist genau das, was Präsident Selenskyj in einer seiner vielen Videobotschaften auf den Punkt bringt – wohlwissend, dass er damit ein Grundproblem der russischen Armee, ja der russischen Gesellschaft anspricht: »Wenn ihr schon Plünderer großgezogen habt«, wendet er sich direkt an die Mütter Russlands, »wie sind sie auch noch zu Henkern geworden? Euch kann doch nicht entgangen sein, dass eure Kinder alles Menschliche verloren haben.«

## Kapitel 7

# Butscha

## Die Geschichte von Hanna Polonska

2022: Hanna Polonska mit ihrem Mann Anton und Hund Mia. Ein glückliches Paar, das ein Kind erwartete. Putins Soldaten haben ihr Leben zerstört.

»Diese Opfer könnten wir sein.«
ANNALENA BAERBOCK, BUTSCHA, 11. MAI 2022

Als die zweiunddreißigjährige Deutschlehrerin Hanna Polonska und ihr vier Jahre älterer Mann Anton sich Ende des Jahres 2021 von ihrem Ersparten eine kleine Wohnung in einem neu gebauten Hochhaus in Butscha kauften, waren sie sich sicher, im schönsten Ort der Ukraine zu leben. Wie in vielen Metropolen der Welt waren auch in Kyjiw in den vergangenen zehn Jahren die Immobilienpreise rasant angestiegen. Und wie in Berlin, Hamburg und Köln zog es deshalb immer mehr junge Familien ins Umland, wo Wohnraum noch finanzierbar ist. So wurde aus dem Dorf Butscha in den Kiefernhainen, 25 Kilometer von Kyjiw entfernt, eine Kleinstadt mit knapp 37 000 Einwohner:innen. Es wurde gebaut und investiert, es entstanden Kitas, Schulen, Sportanlagen, ein großes Einkaufszentrum und zuletzt sogar eine wunderschöne Kirche. Hier wollten sich Hanna und ihr Mann Anton eine Zukunft aufbauen, mit ihrem kleinen Hund Mia und ihrem Sohn, der in vier Monaten zur Welt kommen sollte.

Doch dann begann Wladimir Putin seinen Krieg gegen die Ukraine. Irpin, Borodjanka und Butscha verwandelten sich innerhalb weniger Tage in eine Hölle. Wie viele Menschen hatten auch Hanna und Anton Angst um ihr Leben, vor allem davor, in ihrer Wohnung im 11. Stock von Bomben getroffen zu werden. Am 4. März beschlossen sie, mit ihrem kleinen Hund Mia zu fliehen. Doch sie kamen nicht weit mit ihrem Auto, das sie mit Koffern und Kisten vollgepackt hatten, dem Allernötigsten, das sie mitnehmen konnten. »Wir waren nur fünf Minuten von unserem Haus entfernt, dann wurden wir beschossen.« Sie hatten weiße Bänder an ihr Auto gehängt, als Zeichen dafür, dass sie Zivilisten sind, doch die russischen Soldaten hätten gezielt auf sie gefeuert, erzählt Hanna. »Mein Mann starb direkt neben mir, vor meinen Augen.«

Wir haben uns an diesem Tag im Mai 2022 im Kyjiwer Krankenhaus getroffen, wo Hanna Polonska seit fast zwei Monaten in der Rehabilitationsabteilung ist. Sie hat beschlossen, uns ihre Geschichte zu erzählen. »Ich möchte, dass die Menschen erfahren, was Putins Krieg in der Ukraine anrichtet.« Die zierliche Frau hält sich an einem Rollator fest, alleine kann sie weder gehen noch stehen. Ihr ganzer Körper wirkt kraftlos, eingefallen, ihr Oberkörper wird von einem schwarzen Druckverband gestützt.

Hanna wurde so schwer verletzt, dass noch immer nicht klar ist, ob sie je wieder durch den Wald joggen kann, wie sie es früher gerne tat. Ihr hübsches blasses Gesicht mit den hüftlangen blonden Haaren, die sie zu einem Dutt nach hinten gesteckt hat, lässt sie viel jünger aussehen, als sie ist. Fast wie eine Jugendliche. Wenn sie über den Tod ihres Mannes spricht, blicken ihre Augen, unter denen dunkle Ringe liegen, durch mich hindurch, in die Ferne, ganz so, als sei sie nicht mehr hier. Und dann fügt sie hinzu: »Ich war noch schwanger, wir haben einen Sohn erwartet.« Der Schmerz muss überwältigend sein, ich merke, dass sie in diesem Moment nicht länger darüber reden kann, und mache eine Pause.

»Ich kann nicht an das denken, was passiert ist. Ich

muss immer beschäftigt sein, deswegen stehe ich bereits um 6 Uhr morgens auf, beginne meine Gymnastik, dann Frühstück, dann unterrichte ich weiter online, dazu habe ich einen Computer in meinem Krankenzimmer. Ich muss weiterleben, mein wichtigstes Ziel ist jetzt, laufen zu lernen.« Wie schwer ihre Verletzungen sind, sei ihr erst klargeworden, als sie in die besorgten Augen der Ärzte geschaut habe, sagt Hanna. »Es gab kaum einen Teil meines Körpers, der noch heil war.« Doch das Schlimmste sind die Verletzungen, die nicht sichtbar sind, die tiefen Wunden, die sich in ihre Seele gegraben haben. Während wir miteinander sprechen, stehen zwei Ärzte und eine Ärztin bei uns, sie fordert Hanna auf, sich zu setzen, es sei zu anstrengend, so lange zu stehen. Sie haben die Physiotherapie, die sie jeden Tag mit Hanna absolvieren, für uns unterbrochen. Früher habe sie Angst vor Ärzten gehabt, sagt Hanna und lächelt. »Ich brauchte sie ja auch nicht. Ich war gesund, sportlich, jung.« Doch jetzt ist sie dankbar für alles, was getan wurde, um sie zu retten.

Hanna zeigt Fotos von ihrem Auto. Die Windschutzscheibe ist zersplittert, unzählige Einschusslöcher überziehen die Fahrerseite, die russischen Soldaten scheinen gezielt immer wieder auf das Fahrzeug geschossen zu haben, auf Anton und auch auf Hanna, die mit dem Hund auf ihrem Schoß auf dem Beifahrersitz saß. Auf der Rückbank liegen noch die Kartons, Tüten und Koffer, so wie sie eilig für die Flucht gepackt worden waren.

Hanna betrachtet mich nachdenklich, ihre feingliedrigen Hände stützen sich mit aller verbliebenen Kraft auf die Griffe des Rollators. Ich spüre, wie mir die Tränen in die Augen treten, und wende mich kurz ab. Es kostet Kraft, ein solches Gespräch zu führen. Ich möchte aufmerksam zuhören, Anteil nehmen. Aber man muss als Reporterin das Gespür dafür bewahren, wo rote Linien verlaufen und wann ein Mensch einer Interviewsituation nicht mehr gewachsen ist, weil der Schmerz und die Trauer über das Erlebte übermächtig sind. Ich spüre, dass Hanna nicht länger über den Verlust ihres Mannes reden möchte, und beschließe, nicht weiter nachzufragen, ihr so viel Raum und Zeit zu geben, wie sie braucht, um das zu erzählen, was sie emotional ertragen kann.

Wie hat sie es geschafft zu überleben? Es gleiche einem Wunder, sagt Hanna. Dass sie aus dem zerschossenen Auto gerettet wurde, verdankt sie ukrainischen Soldaten, die an einem Checkpoint ganz in der Nähe waren und sie befreiten. Sehr genau erinnert sie sich an die Situation. »Sie haben mich herausgetragen und ich habe immer wieder geschrien: Da ist noch ein Hund, bitte rettet meinen Hund!« Sie wurde ins Militärkrankenhaus von Irpin gebracht. »Doch dort konnte man mich nicht operieren. Das Krankenhaus wurde bombardiert, es war so schrecklich, dass ich nicht mehr daran denken möchte.« Während sie im Keller der Klinik ausharrte, redeten die Ärzte immer wieder auf sie ein, sie dürfe nicht das Bewusstsein verlieren, und versuchten, sie zu stabilisieren. Doch es vergingen 24 Stunden, bis sie endlich evakuiert werden konnte.

Ich frage, ob es in der Klinik auch psychologische Betreuung gebe. Gleich zwei Therapeuten kümmerten sich um sie, erzählt Hanna. Eine Ukrainerin und ein Israeli. Sie hätten das Glück, dass Israel, das besonders viel Erfahrung in der Behandlung von Terror- und Kriegsopfern hat, sehr schnell auf die Situation in der Ukraine reagiert und Hunderte medizinische Fachkräfte ins Land gesendet habe, erklärt mir die Neurologin Natalja Smolij, die Hanna behandelt.

Ich habe in Israel immer wieder selbst erlebt, wie schnell und routiniert Rettungsdienste und Krankenhäuser bei der Versorgung und Behandlung der Opfer von Terroranschlägen zusammenarbeiten. Obwohl es schon viele Jahre zurückliegt, erinnere ich mich noch genau an den Anschlag auf eine Bar in Tel Aviv im Frühjahr 2003, bei dem der Türsteher direkt neben dem Attentäter stand, als dieser seine Bombe zündete. Er wurde so schwer verletzt, dass ich es nicht für möglich hielt, dass er überleben würde. Doch die Rettungshelfer haben Avi Tabib innerhalb von wenigen Minuten stabilisiert und in ein Krankenhaus gebracht, wo er sofort von einem ganzen Ärzteteam operiert wurde. Wenige Tage später besuchte ich Avi Tabib im Krankenhaus, er hatte überlebt und wurde wieder gesund. Zeitgleich wurden an diesem Tag weitere 50 Menschen versorgt, die in der Bar teilweise schwer verletzt worden waren.

Auch in der psychologischen Behandlung von Anschlagsopfern sind die Israelis weltweit führend. Für die Ukrainer:innen ist es ein großer Vorteil, dass sie in diesem Krieg von der Erfahrung israelischer Fachkräfte lernen können und Unterstützung erhalten. Tatsächlich sind zahlreiche ausländische Ärzt:innen und Psycholog:innen auch aus den USA, Kanada und europäischen Ländern dem Aufruf des ukrainischen Gesundheitsministers Wiktor Ljaschko gefolgt, ins Land zu kommen und vor Ort zu helfen. Sie unterstützen die großen Kliniken im Land, vor allem in Kyjiw.

Es gibt unzählige Initiativen, die sich schnell und unbürokratisch in der Ukraine engagieren. Ende März kam ich in Krakau auf dem Flughafen mit einem jungen israelischen Arzt ins Gespräch, der mir erzählte, er arbeite für eine Organisation, die gerade ein Feldlazarett in der Nähe von Lwiw aufgebaut habe, das Patient:innen aus den umkämpften Gebieten heraushole, die dort nicht behandelt werden können. Medikamente und medizinisches Gerät würden aus Israel geliefert, das Projekt von der Regierung in Jerusalem unterstützt. Die Arbeit, so erzählt mir Uri, sei gefährlich, dennoch seien mehrere hundert Ärzt:innen in abwechselndem Turnus im Einsatz.

In den Debatten, die in Deutschland, aber auch in anderen europäischen Ländern über die Frage geführt werden, wie man der Ukraine in diesem Krieg am besten beistehen kann, stehen Waffenlieferungen und Wirtschaftssanktionen gegen Russland meist im Vordergrund. Doch es sind auch die zahlreichen humanitären Projekte, die wichtig sind, denn das Gesundheitssystem des Landes ist angesichts der vielen verletzten Zivilist:innen und Soldaten überfordert.

Sie seien auch den Deutschen sehr dankbar für ihr Engagement, sagt mir Hannas Neurologin, Natalja Smolij. Deutschland unterstütze ihr Land in vielen Bereichen. Ich erwidere erstaunt, dass ich das selten höre, dass viele Ukrainer:innen, vor allem auch ihr Präsident, der Ansicht seien, die Deutschen müssten sich viel mehr engagieren. Auch wegen ihrer besonderen historischen Verantwortung für die Ukraine. Sieht sie das nicht so? Ihr Vater, sagt Natalja, habe während des Zweiten Weltkrieges als Zwangsarbeiter in einem großen landwirtschaftlichen Betrieb in

Deutschland arbeiten müssen. Wo genau, daran erinnere sie sich nicht mehr. Aber es habe ihr Leben geprägt. Ihr Vater habe nie Hass gegenüber den Deutschen empfunden, denn der Besitzer des Gutes, auf dem er arbeiten musste, habe ihn anständig behandelt.

Mich beschämt Nataljas Formulierung angesichts dessen, was ihrer Familie angetan wurde. Dabei sehe ich mich aufgrund meiner eigenen Familiengeschichte gar nicht in der Verantwortung. Ich bin zwar in Deutschland geboren und aufgewachsen, doch mein Vater war Niederländer, meine Geschwister und ich sind es ebenfalls. Das Land meiner Vorfahren steht wie die Ukraine auf der Seite der Opfer des Zweiten Weltkrieges. In den Erzählungen meiner Großeltern und auch meiner Tanten und Cousins waren die Deutschen die Besatzer, die ihre Heimat mit Krieg und Elend überzogen hatten. Dass die Niederlande als kleines Land in der Geschichtsschreibung über den Zweiten Weltkrieg kaum eine Rolle spielten, verbitterte meine Großeltern, ebenso wie der Umstand, dass sich Deutschland schon bald wieder zu einer starken Wirtschaftsmacht und führenden Nation in der Welt entwickelte. Dass mein Vater nach dem Krieg auch wegen beruflicher Perspektiven nach Deutschland gegangen war und eine Deutsche geheiratet hatte, akzeptierte die Familie zunächst nur widerwillig.

Wie meine Geschwister habe ich mich immer als Niederländerin empfunden, ohne je im Heimatland meiner Vorfahren gelebt zu haben. Das liegt daran, dass die Familie meines Vaters größer und präsenter war – meine Mutter ist ein Einzelkind, Großeltern mütterlicherseits habe ich nie kennengelernt. Aber kann ich mich der Verantwortung, die Deutschland trägt, wirklich entziehen? Obwohl ich noch als Studentin alle vier Jahre in der Ausländerbehörde meine Aufenthaltsgenehmigung für Deutschland verlängern musste, habe ich immer wieder mit dieser Frage gehadert. In den Niederlanden, wo wir immer unsere Ferien verbrachten, erlebte ich, wie sich selbst junge Leute verächtlich über Deutschland äußerten. Ich erinnere mich noch sehr gut daran, wie mein Vater vor meinen Augen von einem älteren Herrn wütend als Nazi beschimpft wurde. Er war irrtümlich davon ausgegangen, dass mein Vater Deutscher war, weil er ein Auto mit deutschem Kennzeichen fuhr. Ich empfand eine unglaubliche Genugtuung, als er in fließendem Niederländisch den Pöbler in seine Schranken wies.

Während meines Studiums in Paris freundete ich mich mit Sylvie an, sie ist Jüdin und war mit dem Drama des Holocaust aufgewachsen. Ihre Mutter stammte aus der Ukraine, aus Tereswa in Transkarpatien. Die Deutschen deportierten sie nach Auschwitz, wo ihre ganze Familie ermordet wurde. Sie schickte man als Zwangsarbeiterin nach Ulm.

Nach dem Krieg siedelte sie nach Paris über, wo sie noch entfernte Verwandte hatte. Als Sylvies Eltern sich während einer Feier zum 14. Juli, dem französischen Nationalfeiertag, kennenlernten, war die erste Frage: Bist du jüdisch? Auch Sylvies Vater hat den Holocaust überlebt, er hatte sich über viele Jahre mit seiner Mutter in einem Vorort im Norden von Paris versteckt gehalten. Sylvies Mutter verbrachte nach der Geburt ihrer Tochter insgesamt neun Jahre in der Psychiatrie, sie hat sich nie von ihrem Trauma erholt.

Als ich das erste Mal in ihrer Wohnung an der Pariser Place de la République zu Gast war, schärfte mir meine Freundin ein, ich müsse klarstellen, dass ich zwar in Deutschland geboren, aber keine Deutsche sei. Sylvies Familie hätte mich sonst nie in ihrer Wohnung geduldet und ganz sicher auch nicht die Freundschaft zwischen ihrer Tochter und mir zugelassen. Es war das Jahr 1990, und Sylvies Eltern waren empört, dass Deutschland wieder vereinigt sein würde und dazu auch noch als Fußballweltmeister glänzte. Ich konnte das gut nachvollziehen. Deutsche hatten ihr Leben zerstört, ihre Familien ausgerottet.

Genauso geht es mir jetzt in der ukrainischen Klinik 30 Jahre später. Ich stelle fest, dass ich mich, seit ich meine eigene Familie gegründet habe, mehr und mehr mit Deutschland zu identifizieren begann. Weniger mit seiner historischen Schuld, sondern mehr mit seiner heutigen Rolle in der Welt. »Unsere Generation hat den Frieden als selbstverständlich genommen, wir dachten, es sei alles überwunden«, sagt Natalja. »Wie kann es möglich sein, dass jetzt wieder Krieg ist, wir leben doch im 21. Jahrhundert?« Es ist ein ungewöhnlicher Gedankenaustausch in einem Therapiezimmer. Gerne hätte ich weiter mit Natalja gesprochen. Später, nach unserem Besuch in der Klinik, wird sie uns noch ein Stück begleiten, mich am Ausgang zum Abschied in den Arm nehmen und sagen: »Damals waren wir Feinde und jetzt unterstützt ihr uns im Kampf gegen die Russen, die sich als unsere Brüder bezeichnet haben.«

Mir wird klar, dass jetzt neue Wunden zwischen Völkern aufgerissen werden. Es wird Jahrzehnte, vielleicht sogar ein Jahrhundert dauern, bis diese heilen. Und aus meinen persönlichen Erfahrungen weiß ich, die Wut, die Trauer und der Hass werden über Generationen weitergetragen, selbst wenn Frieden geschlossen werden kann und Täter verurteilt werden.

Die Geschichte von Hanna ist auch eine Erzählung über viele mutige Ukrainer:innen, ohne deren Einsatz die Zweiunddreißigjährige nicht überlebt hätte. In den Wochen, in denen die russischen Soldaten in den Vororten von Kyjiw wüteten, war es lebensgefährlich für Rettungshelfer:innen und Ärzt:innen, Menschen zu helfen. Es ist diese besondere Erfahrung, die ich immer wieder in Kriegs- und Krisengebieten mache: Der Krieg befördert nicht nur das Schlechteste in Menschen, sondern auch das Beste, und darüber müssen wir viel mehr erzählen. Vier Männer riskierten ihr Leben, um Hanna zu evakuieren. Sie trugen die Schwerverletzte über den wackeligen Steg unter der zerstörten Brücke von Irpin, der zum Nadelöhr für die Verzweifelten geworden war, der einzige Weg raus aus der Hölle. Die dramatischen Bilder von alten Frauen und Müttern mit Babys auf dem Arm, die unter ständiger Angst, beschossen zu werden, ihre Habe in Tüten und Taschen auf die andere Uferseite schleppen, gingen um die Welt.

Auf Hanna wartete bereits ein Krankenwagen, der sie in eine Fachklinik nach Kyjiw brachte, in Sicherheit. Endlich konnte sie operiert werden. Doch ihre Verletzungen waren so schwer, dass die Ärzte ihr fünf Tage später zu einem Abbruch der Schwangerschaft rieten. Die russischen Soldaten, so erfuhr Hanna wenig später, haben ihr nicht nur ihren Mann und ihr Kind genommen, sondern auch ihre Wohnung verwüstet und geplündert. Eine Nachbarin, die sie gebeten hatte, ihr aus ihrer Wohnung einige persönliche Dinge in die Klinik zu bringen, erzählte ihr, dass nichts mehr da sei. Die russischen Soldaten hatten fünf Tage lang in ihrer

Wohnung gehaust und alles gestohlen, was sie mitnehmen konnten. Ein Video der völlig verwüsteten Räume hat Hanna auf ihrem Handy gespeichert, sie zeigt es mir. »Sie haben selbst die schmutzige Wäsche aus dem Korb genommen. Warum? Was wollen sie damit?« In dieser eigentlich unbedeutenden Tat wird deutlich, wie Putin seine Soldaten den Vernichtungskrieg gegen die Ukrainer:innen führen lässt. Sie lassen ihnen nicht einmal ihre schmutzige Wäsche.

Was sie den Russen gegenüber empfindet, möchte ich wissen. »Mein Vater ist Russe, meine Großmutter lebt in Russland, ich habe dort Familie und Freunde.« Doch den Kontakt zu ihrer Familie hat sie abgebrochen. »Sie glauben mir nicht, was mir passiert ist, sie glauben, Putin wolle die Ukrainer befreien. So schlimm wirkt die Propaganda in Russland inzwischen.« Russisch ist ihre Muttersprache, doch sie möchte es nicht mehr sprechen, nur noch Ukrainisch. Es ist eine traurige und tiefe Abkehr von den eigenen Wurzeln – auch das eine Folge von Putins Krieg.

Hass jedoch empfindet die junge Frau nicht. »Hass ist nie eine Lösung. Der Hass hat ja gerade zu dem geführt, was jetzt passiert. Dass ein Volk ein anderes so hasst, dass sie einen Vernichtungskrieg führen.« Ich frage sie, wie sie in die Zukunft blickt. »Ich hoffe, dass wir, Russen und Ukrainer, wieder miteinander kommunizieren können. Dass es wieder Frieden gibt.« In dem kahlen Therapiesaal, auf dessen blankgeputztem Linoleumboden nur einige Therapiegeräte stehen, wird es ganz still in diesem Moment. Ich glaube, alle, unser ZDF-Team wie auch die Krankenschwester und die Therapeutin, sind berührt von der seelischen Stärke dieser Frau, die ihren verwundeten Körper kaum aufrecht halten kann.

Als wir am Abend den Beitrag mit Hannas Erzählungen nach Mainz überspielen und ich wie immer mit der für die Sendung verantwortlichen Redakteurin telefoniere, um zu klären, ob alles gut angekommen ist, spüre ich, dass diese Geschichte auch meine Kolleg:innen vom *heute journal* berührt. Vielleicht auch, weil wir uns so gut identifizieren können mit Hanna, sie könnte unsere Freundin sein oder unsere Schwester.

»Ich möchte der Welt, auch den Deutschen, davon berichten, was wirklich passiert in der Ukraine. Ich würde gerne vor dem Deutschen Bundestag meine Geschichte erzählen«, hatte Hanna mich nach unserem Interview gebeten, und ich hatte versprochen, mich dafür einzusetzen. Anfang März hatte mich die Vizepräsidentin des Deutschen Bundestages, Katrin Göring-Eckardt, zu einer virtuellen Talkrunde über die Lage der ukrainischen Kinder eingeladen. Ich weiß, dass sich die Grünen-Politikerin seit langem für die Ukraine engagiert, und so schreibe ich ihr kurz nach dem Besuch in der Klinik eine WhatsApp-Nachricht. Es dauert nicht lange, da ruft mich Katrin Göring-Eckardt zurück. Leider, so erfahre ich, ist es nicht möglich, dass Hanna im Plenarsaal des Bundestages spricht. Dieses Privileg sei nur Staatsoberhäuptern vorbehalten. Aber im engeren Kreis, wie beispielsweise in der ukrainisch-deutschen parlamentarischen Gruppe, sei es denkbar. Ich schicke ihr ein Video von meinem Gespräch mit Hanna, damit sie einen Eindruck bekommt.

Die Vizepräsidentin des Deutschen Bundestages hält Wort. Einige Zeit später kommt die Einladung aus Berlin, und am 19. Mai ist Hanna aus ihrem Krankenzimmer in Kyjiw über eine Videokonferenzleitung nach Berlin zugeschaltet. Während oben, im großen Plenarsaal, über die Frage debattiert wird, wie weit Deutschland die Ukraine mit Waffen unterstützen will, hören Katrin Göring-Eckardt und die Abgeordneten der deutsch-ukrainischen parlamentarischen Gruppe Hanna Polonska zu. Die junge Frau schildert ruhig und gefasst, wie am 4. März 2022 ihre Familie ausgelöscht wurde. Viele Menschen seien an diesem Tag auf der Flucht gewesen. Die russischen Soldaten hätten sie wahllos beschossen. »Es war wie ein Lottospiel, ob du getroffen wirst oder nicht.« Was fordert die Zweiunddreißigjährige? Sie sei keine Politikerin, betont die Lehrerin. Sie wolle, dass Russland für die Verbrechen zur Rechenschaft gezogen wird. Was die Ukraine jetzt brauche? »Waffen und Munition.« Putins Soldaten haben ihre Familie zerstört. Doch ihr Wille zu leben, ihre Liebe zu ihrem Land sind geblieben. Und Mia, ihr kleiner Hund. Die Soldaten der Territorialverteidigung haben auch ihn gerettet.

Hanna und ich halten Kontakt, über WhatsApp tauschen wir Nachrichten aus. Ihre Entschlossenheit, wieder laufen zu lernen und zu arbeiten, ist ungebrochen. Doch zwischendurch gibt es immer wieder Rückschläge, Momente der Trauer und Verzweiflung. »Morgen ist die Beerdigung meines Mannes, deswegen bin ich niedergeschlagen«, schreibt sie mir am 22. Mai. Auch andere Journalist:innen möchten Hanna gerne interviewen, doch ich spüre, sie hat gerade nicht die Kraft dazu. Andererseits möchte sie ihrem Land gerne eine Stimme geben, sie weiß, ihr Schicksal bewegt die Menschen in Deutschland mehr als viele politische Appelle der Regierung in Kyjiw. Ich bin unentschlossen, ob ich sie unterstützen soll, und schreibe ihr erneut, dass sie sich nicht zu viel zumuten solle, dass sie nur, wenn sie ein gutes Gefühl dabei habe, Interviews geben solle.

Ende Mai meldet sich Hanna wieder, sie ist noch immer im Krankenhaus. Ich hatte ihr vorgeschlagen, in der Sendung von Markus Lanz ein Interview zu geben, denn ich weiß, dass er das Gespräch mit der nötigen Sensibilität führen wird. Wir besprechen, wie wir Hanna mit unserer Kamera aus Kyjiw zuschalten können, auch dass sie sofort am Anfang der Sendung sprechen kann, um ihr nicht zu viel zuzumuten. Am 31. Mai 2022 klappt es. Als ich Hanna sehe, wie sie ruhig und besonnen die Fragen des Moderators beantwortet, spüre ich eine große Trauer. Bald wird sie das Krankenhaus verlassen müssen, aber wohin wird sie gehen? Die Wohnung in Butscha ist zerstört, es wird viel Geld aufzubringen sein, um alles wieder so weit herzurichten, dass sie darin leben kann. Es ist noch nicht einmal klar, ob sie wieder gut genug laufen können wird, um in ihrer Wohnung, die sich über zwei Stockwerke zieht, zu leben. Und wer wird noch da sein, wenn sie eines Tages in ihre Kleinstadt an den Kiefernwäldern zurückkehrt? Viele Freunde sind geflohen, nach Polen, nach Deutschland. Oder sie kämpfen an einer der zahlreichen Frontlinien.

Kapitel 8

# Kyjiw

## Schuld und Lüge

2022: Wolodymyr Selenskyj spricht in Butscha mit Journalist:innen: »Das sind Kriegsverbrechen, und sie werden von der Welt als Völkermord anerkannt werden. Sie sind hier, sie sehen was passiert.«

»Despotismus erzeugt Krieg, und der Krieg erhält den Despotismus am Leben.«
LEW TOLSTOJ

Es ist Frühling in Kyjiw, die ersten Cafés haben ihre Stühle und Tische herausgestellt, vor einem Eiscremestand am Majdan stehen einige Menschen in der Sonne. Fast trotzig haben sie sich herausgewagt, als gäbe es keinen Krieg, als könnten sie an das gewohnte Leben wieder anknüpfen. Doch da sind die Panzersperren, mitten auf der Kreuzung zum Majdan, die Sandsäcke, die am Eingang zur U-Bahn aufgetürmt liegen, und die Sirenen, die bereits am frühen Morgen das erste Mal heulen.

Es ist der 8. Mai 2022 – an diesem Tag begehen die Ukrainer:innen traditionell das Ende des Zweiten Weltkrieges. Einen Tag später, am 9. Mai, wird die große Siegesfeier in Moskau stattfinden. Der ukrainische Präsident Wolodymyr Selenskyj nutzt den 8. Mai, um den Ton zu setzen, der diesen Tag vor dem Hintergrund des neuen Krieges in Europa bestimmen soll. Mit einem Video wendet er sich aus den Trümmern der Kleinstadt Borodjanka mehr an die Welt als an sein eigenes Volk. Der fünfzehnminütige Film in Schwarzweiß, der später in Ausschnitten weltweit über die TV-Kanäle laufen wird, ist für viele Menschen eine weitere eindrucksvolle Demonstration des Widerstands in der Ukraine.

Aber es geht um viel mehr: Es geht um Recht und Unrecht, es geht darum, wer die Deutungshoheit über die

Geschichte für sich beanspruchen kann. Der ukrainische Präsident verlangt nicht weniger, als dass die Geschichte des Zweiten Weltkrieges vor dem Hintergrund der russischen Invasion in sein Land neu betrachtet, bewertet und geschrieben werden muss:

»In diesem Jahr sagen wir ›Nie wieder‹ anders«, sagt Selenskyj, während er über eine Straße zwischen zerstörten Häusern in Borodjanka läuft. »Wir hören ›Nie wieder‹ anders. Es klingt schmerzhaft, grausam. Ohne Ausrufezeichen, aber mit einem Fragezeichen. Sie sagen ›Nie wieder!‹? Erzählen Sie der Ukraine davon! Am 24. Februar wurde das Wort ›nie‹ ausradiert. Beschossen und bombardiert von Hunderten von Raketen, die um 4 Uhr morgens die ganze Ukraine aufweckten. Wir hörten schreckliche Explosionen. Wir hörten: ›Wieder!‹«

Selenskyj trägt ein schlichtes T-Shirt – seit Beginn des Krieges hat er seine Anzüge, Hemden und Krawatten beiseitegelegt. Sie passen nicht zu einem Präsidenten, dessen Land einen brutalen Angriffskrieg erlebt, der seine Armee in einen verlustreichen Kampf führen muss. Er hat etwas von Kenneth Branagh als Heinrich V., der sein Heer gegen die französische Übermacht in die Schlacht von Azincourt führt. Auf Selenskyjs T-Shirt steht »I'm Ukrainian«, und auch er motiviert sein Volk für eine bittere Schlacht, einen brutalen Krieg.

Eine Inszenierung wie in einem Hollywoodfilm. Aber Selenskyj ist über die Rolle des Schauspielers längst hinausgewachsen, er nutzt sein Talent und sein Gespür für die Wirkung von Bildern jetzt auch für diese Botschaft: »Wir werden also alles überwinden. Und wir wissen das ganz sicher, denn unser Militär und unser ganzes Volk sind

Nachkommen derer, die den Nationalsozialismus besiegt haben! Sie werden also wieder siegen. Und es wird wieder Frieden geben. Endlich wieder!«

Was für ein Kontrast zu dem, was sich einen Tag später am 9. Mai 2022 in Moskau abspielt. In der pompösen Inszenierung der Siegesparade auf dem Roten Platz geht es nicht mehr um Andenken, Versöhnen, Erinnerung. Wladimir Putin instrumentalisiert die Geschichte des Zweiten Weltkrieges seit vielen Jahren für seine Propagandazwecke. Gezielt hat er den »Sieg über die Nazis« zu seinem ideologischen Klebstoff gemacht. Aber noch nie war die Situation so aufgeladen wie in diesem Jahr. Bereits einen Tag vor den Siegesfeiern in Moskau erklärte der russische Präsident: »Wie 1945 wird der Sieg unser sein. Heute kämpfen unsere Soldaten wie ihre Vorfahren Schulter an Schulter für die Befreiung ihrer Heimat vom Nazidreck.«

Wieder bemüht Putin das Narrativ von den ukrainischen Nazis, von dem Volk, das einst vermeintlich mit Hitler kollaboriert hatte und nun wieder rückfällig wird. Es ist der blanke Hass, jegliche Empathie für die Menschen, die Opfer dieses Krieges in der Ukraine fehlt. Zu hören ist allein die grausame Rechtfertigung für die Gräueltaten, die in diesen Tagen von russischen Soldaten in der Ukraine begangen und von der russischen Propaganda zu Heldentaten umgedeutet werden.

Aus Gesprächen mit russischen Freunden weiß ich, dass dieses Narrativ bei vielen Russ:innen auf fruchtbaren Boden fällt. An diesem 9. Mai 2022 erlebt die Welt, wie Wladimir Putin die Geschichte propagandistisch ausschlachtet, sein Regime nutzt sie als Waffe. Bereits 2014 verunglimpfte er genauso wie die prorussischen Separatisten im Osten der Ukraine Anhänger der Bürgerbewegung des Majdan als »Faschisten« und den im Mai 2014 gewählten Präsidenten Petro Poroschenko als Nazi. Die Kausalkette ist banal: Wer Russlands Gegner ist, muss per Definition ein Nazi oder Faschist sein – schließlich waren es die Russen, die Hitler besiegt haben.

Das war nicht immer so. Als ich 1993 gemeinsam mit meinem Mann Jörg nach Russland ging, um dort zunächst als freie Journalistin zu arbeiten, war ich erstaunt, mit welcher Herzlichkeit uns viele Menschen dort begegneten. Die Deutschen galten als Freunde, als Menschen, die den Russen nahestehen. Über Jahre hinweg habe ich als Fernsehkorrespondentin an jedem 9. Mai Geschichten über die Opfer erzählt, aber auch über die Held:innen und den spürbaren Stolz vieler Russ:innen darauf, das nationalsozialistische Deutschland besiegt zu haben.

Ich hatte damals Gelegenheit, mit Veteran:innen des »Großen Vaterländischen Krieges« zu sprechen, wie der Zweite Weltkrieg in Russland genannt wird. Es waren beeindruckende Begegnungen – ganz besonders ist mir das Treffen mit einer Gruppe von Frauen im Gedächtnis geblieben, die als »Nachthexen« weltberühmt geworden waren. Sie waren 1942 von Stalin eingesetzt worden, um eine besonders gefährliche und schwierige Mission zu erfüllen: In uralten offenen Jagdbombern flogen die Kampfpilotinnen nur nachts und besonders nah am Boden, um deutsche Stellungen zu bombardieren. Die meisten der mehr als 100 Frauen waren kaum älter als 20 Jahre und hatten wenig Erfahrung, doch sie wollten beweisen, dass auch Frauen kämpfen können: »Du bist eine Frau, und du sollst stolz darauf sein«, das sei damals ihr Motto gewesen, erzählten mir die Veteraninnen, die 1996 noch lebten – selbstbewusste alte Damen, die sich an jedem 9. Mai trafen, um zu feiern und sich feiern zu lassen. Gern erzählten sie dann bei einem Gläschen Wodka, wie sehr sie von den Deutschen gefürchtet wurden: Den Namen »Nachthexen« hatten ihnen ihre Feinde gegeben.

In Moskau begegnete ich 1996, ein Jahr vor seinem Tod, auch dem Fotografen Jewgeni Chaldej, der am 2. Mai 1945 in Berlin das Hissen der sowjetischen Flagge auf dem Reichstag fotografiert hatte – ein ikonisch gewordenes Bild, das bis heute symbolisch für den Untergang des deutschen Faschismus steht. Damals zeigte er uns das Originalbild, das nicht veröffentlicht worden war, weil an den Handgelenken eines Rotarmisten Uhren zu sehen waren, die dieser gestohlen hatte – der Fotograf musste die Beutestücke retuschieren, sie hätten das Heldenimage zerstört. Chaldej, ein bescheidener Mann, der immer in einfachen Verhältnissen lebte, hatte mir damals einen Abzug des Fotos geschenkt, den er auch signierte. Was ich damals nicht wirklich bemerkenswert fand: Dieser russische Held war Ukrainer.

Obwohl ich als Korrespondentin für das deutsche Fernsehen berichtete, habe ich selten Ablehnung oder Ressentiments verspürt, ganz im Gegenteil: In der Regel haben wir mit unseren russischen Freunden an diesem für sie so bedeutenden Feiertag gemeinsam auf ihren Sieg angestoßen – an lauen Frühlingstagen, auf irgendeiner Datscha.

Ich habe in all den Jahren nicht ein einziges Mal über die Ukraine und ihre Wunden aus dem Zweiten Weltkrieg nachgedacht oder gar berichtet. Dass die Ukrainer:innen diesen Krieg aus einer anderen Perspektive betrachten, wurde mir persönlich erst 2014 klar. Der Bruch zwischen

Moskau und Kyjiw, eingeleitet durch die Bürgerbewegung des Majdan, die den russlandtreuen Präsidenten Wiktor Janukowytsch außer Landes zwang, markierte auch den Beginn einer neuen Erinnerungskultur.

Der Historiker Karl Schlögel schrieb 2014 in seinem Buch »Entscheidung in Kiew«: »Die Ukraine, immerhin das flächenmäßig zweitgrößte Land in Europa mit rund 45 Millionen Einwohner:innen, ist ein seit 1991 unabhängiger Staat, aber auf der mentalen Landkarte der Deutschen existierte sie bis in die jüngste Zeit gar nicht, es sei denn als ehemals russische, dann sowjetische Provinz. Bis in die jüngste Zeit galt das Ukrainische nicht als eigenständige Sprache, sondern eher als eine nicht ganz vollständige Abart, als ein Dialekt des Russischen. Man konnte oder wollte in Deutschland nicht verstehen, dass man russischsprachiger Ukrainer sein kann und dass das Land überhaupt zweisprachig ist wie kaum ein anderes in Europa. Die Deutschen wissen viel über die Verbrechen der Deutschen in der Sowjetunion, aber Schuld empfinden sie lediglich gegenüber ›Russen‹ – so als gäbe es nicht Millionen von ukrainischen Rotarmisten, Millionen ukrainischer Ostarbeiter, ganz zu schweigen von der Shoa auf ukrainischem Territorium.«

Das zu verstehen ist wichtig, um die Beziehungen zwischen Russland und der Ukraine einordnen und auch ihre Ansprüche an Deutschland beurteilen zu können. Immer wieder haben die Ukrainer:innen in den vergangenen Jahren darum gerungen, dass Deutschland mit seiner besonderen historischen Verantwortung den Blick weitet. Am 8. Mai 2020 hatte der ukrainische Botschafter in Berlin, Andrij Melnyk, kritisiert, sein Volk werde beim Gedenken an den Zweiten Weltkrieg nicht genug berücksichtigt. In einem Interview mit dem Deutschlandfunk forderte er, Deutschland müsse sich seiner Verantwortung stellen, sein Land habe acht Millionen Todesopfer zu beklagen, darunter fünf Millionen Zivilisten. Das gesamte Gebiet der Ukraine, das zwischen 1939 und 1944 von der Wehrmacht okkupiert war, sei von den Besatzern zerstört worden: 700 Städte, 28 000 Dörfer, 300 000 Fabriken. Es sind Fakten, die von Historiker:innen belegt worden sind.

Wenn wir aber in Deutschland von Versöhnung und Aufarbeitung der Geschichte sprachen, dann hatten wir immer Russland vor Augen. Den mörderischen Kessel von Stalingrad, die entsetzliche Hungersnot während der Blockade von Leningrad. Wie oft aber sind deutsche Politiker:innen zum gemeinsamen Gedenken an die Opfer in die Ukraine gereist? Und was ist mit Babyn Jar? Wie viele Deutsche kennen den Ort, an dem eine der größten Massenexekutionen des Zweiten Weltkrieges stattfand?

In der Schlucht in der Nähe von Kyjiw erschossen SS-Sonderkommandos im September 1941 mehr als 33 000 jüdische Bürger:innen der Stadt, darunter auch viele Kinder. Es waren so viele, dass die Mörder zwei Tage benötigten, um die Massenexekution durchzuführen. Die sowjetische Regierung hatte nach Ende des Krieges jahrzehntelang dieses Massaker an den ukrainischen Juden verschwiegen. Es passte offenbar nicht ins Geschichtsverständnis. Erst 1976 wurde ein Denkmal errichtet – allerdings mit einer Inschrift, die erneut die jüdischen Opfer verschwieg: »Für die sowjetischen Bürger und gefangenen Soldaten und Offiziere der sowjetischen Armee, die von den deutschen Faschisten in Babyn Jar erschossen wurden.«

Dabei starben im Zweiten Weltkrieg Millionen Ukrainer:innen, jüdische und nichtjüdische, zweieinhalb Millionen Menschen wurden als Zwangsarbeiter:innen verschleppt. Kaum ein Land der ehemaligen Sowjetunion hat mehr unter der deutschen Besatzung gelitten als die Ukraine. Heute ist Babyn Jar für die Ukrainer:innen eine der wichtigsten Stätten des Gedenkens an den Zweiten Weltkrieg. Das weitläufige Gelände ist als Park angelegt. Hier steht eine große Menora, die an die ermordeten Jüdinnen und Juden erinnert, ebenso ein Denkmal für die Kinder, die in Babyn Jar erschossen wurden. Es gibt außerdem eine Gedenkstätte für die ukrainischen Nationalisten, die für die Unabhängigkeit kämpften und Feinde der beiden Regime waren, sowohl der Nationalsozialisten als auch der Stalinisten.

Immerhin: Als Bundestagspräsidentin Bärbel Bas am 9. Mai 2022 der Einladung ihres Amtskollegen Ruslan Stefantschuk nach Kyjiw folgte, stand auf ihrem Besuchsplan auch Babyn Jar. Ein Besuch der Gedenkstätte führt eindrücklich vor Augen, dass das russische Narrativ von den »Nazis«, die angeblich in Kyjiw regieren, Propaganda ist, die leider lange nicht klar genug als solche bezeichnet wurde. Auch deutsche Medien haben während der Zeit der Bürgerproteste auf dem Kyjiwer Majdan 2013/2014 von faschistischen Gruppen berichtet, ganz so, als hätten die Ultranationalisten eine wichtige Rolle in diesen Protesten gespielt.

Richtig ist, dass auch rechtsradikale Gruppierungen und extreme Nationalisten wie der »Rechte Sektor« vertreten waren, aber der Majdan, wie ich ihn in all den Wochen, die ich in Kyjiw verbrachte, erlebt hatte, war eine bunte Bewegung durch alle Gesellschaftsschichten, Religionen und Regionen, vereint in dem Ziel, sich den Weg ihres Landes nach Europa nicht durch Russland versperren zu lassen.

So sehr Russland mit Recht den Sieg über Nazideutschland feiert, so wenig hat das Land seinen eigenen Totalitarismus aufgearbeitet. Es gab nach dem Zusammenbruch der Sowjetunion eine kurze Periode, in der vor allem die Zivilgesellschaft damit begann. Allen voran »Memorial«, eine inzwischen internationale Gesellschaft, die sich um die Opfer des Stalinismus kümmerte und große Anerkennung fand.

Doch die Aufarbeitung der Verbrechen passt nicht in Putins Weltbild. Am 28. Dezember 2021 ließ der Kreml Memorial verbieten, mit der Begründung, die Menschenrechtsorganisation verbreite »ein falsches Bild der Sowjetunion als terroristischer Staat« und rehabilitiere die Nazi-Verbrecher. Gerne wird in der russischen Geschichtsschreibung auch ignoriert, dass Hitlers Nazideutschland und Stalins Sowjetunion am 23. August 1939 einen Pakt schlossen, um die Ukraine ebenso wie Polen, Finnland und die baltischen Staaten untereinander aufzuteilen.

Aber auch die Ukraine hat ihre dunklen Seiten der Geschichte, die es aufzuarbeiten gilt. Eine der umstrittensten Figuren ist Stepan Bandera, ein Ultranationalist, der im Zweiten Weltkrieg für die Unabhängigkeit der Ukraine gekämpft und dafür mit dem Hitler-Regime zusammengearbeitet hatte.

Seine 1929 gegründete Organisation der Ukrainischen Nationalisten (OUN) verübte Terroranschläge, ihr später abgespaltener radikaler Flügel nannte sich »Banderiwizi« – die Bandera-Leute. Gemeinsam mit der deutschen Wehrmacht verübten die Organisation und ihr militärischer Arm, die Ukrainische Aufständische Armee (UPA), Pogrome gegen jüdische Bürger:innen und töteten polnische Zivilist:innen.

Ein Antisemit und Terrorist, der mit den Nationalsozialisten kooperierte, ein Kämpfer für einen unabhängigen ukrainischen Staat – dass Stepan Bandera von Teilen der ukrainischen Bevölkerung als Held betrachtet wird, ist befremdlich. Es wird häufig damit erklärt, dass das stalinistische Regime nach dem gewaltsam verursachten Hungertod von Millionen Ukrainer:innen, dem Holodomor, als schlimmerer Feind angesehen wurde als die Nationalsozialisten.

Dass Stepan Bandera mit den Nationalsozialisten kollaboriert hat, wird in der Ukraine heute nicht verschwiegen. Seine Bedeutung als Kämpfer für einen unabhängigen Staat hat er dadurch nicht verloren, sie wurde in den letzten Jahrzenten sogar größer, vor allem nach seinem Tod. 1959 wurde er vom sowjetischen Geheimdienst KGB in München ermordet. 2015 wurde Stepan Bandera in seiner Heimat der Titel »Held der Ukraine« verliehen.

Für Russland wurde Stepan Bandera zu einer nützlichen Figur, um das Narrativ über die ukrainischen Faschisten zu nähren. Seit 2014 bezeichnet Putin die Regierung in Kyjiw immer wieder abfällig als »Banderowzy«, der Begriff gehört inzwischen zum alltäglichen Sprachgebrauch des Kreml. Und im Osten der Ukraine haben sich dieser Sichtweise alle jene angeschlossen, die die Bürgerbewegung des Majdan ablehnten und sich von der neuen Regierung nicht vertreten fühlten.

Ohne Kenntnis dieser historischen Hintergründe und Fakten ist es schwierig, Putins Krieg gegen die Ukraine zu verstehen und vor allem die russische Desinformationspolitik richtig einzuordnen. Als Journalist:innen können wir Propaganda und Lügen nicht einfach als eine andere Meinung oder Perspektive zitieren – sie müssen immer eingeordnet werden. Wenn Wladimir Putin von einer faschistischen Machtergreifung in Kyjiw spricht, dann müssen wir dies als das benennen, was es ist: Propaganda, die auf einem sehr einseitigen und verzerrenden Geschichtsverständnis beruht und der Ukraine das Recht aberkennt, ein Staat mit einer eigenen Geschichte zu sein.

Dass mit der ARD ein deutscher Fernsehsender auf seinem Onlineportal die hasserfüllten Worte des russischen Präsidenten am 8. Mai 2022 als »Grußbotschaft Putins« bezeichnet, ist aus meiner Sicht geschmacklos, sicher aber irreführend. In dem Artikel zitieren die Autoren den Kreml so:

> »›Wie 1945 wird der Sieg unser sein‹, heißt es in einer auf der Kreml-Website veröffentlichten Grußbotschaft Putins anlässlich des 77. Jahrestages des Weltkriegsendes. ›Heute kämpfen unsere Soldaten wie ihre Vorfahren Schulter an Schulter für die Befreiung ihrer Heimat vom Nazidreck.‹
> ›Leider erhebt der Nationalsozialismus wieder sein Haupt‹, heißt es in einer an die Ukrainer gerichteten Passage. (…) Allen Bewohnern der Ukraine wünsche er eine ›friedvolle und gerechte Zukunft‹.«

Für die Menschen in Kyjiw, mit denen ich an diesem 8. Mai 2022 spreche, steht vor allem die Sorge im Vordergrund, was Wladimir Putin verkünden wird, wenn wie in jedem

Jahr das Militär am 9. Mai zur Parade auf dem Roten Platz aufläuft. Nach dem misslungenen Auftakt des Krieges braucht Putin Erfolgsmeldungen. Es gibt viele Gerüchte im Vorfeld. Der britische Geheimdienst berichtete zuvor öffentlich, dass es Russlands Ziel sei, die belagerte Hafenstadt Mariupol so weit unter Kontrolle zu bringen, dass dort am 9. Mai eine Militärparade abgehalten werden könne. Andere Expert:innen spekulierten, dass Putin eine Generalmobilmachung verkünden könnte. Und dass die Angriffe an diesem Tag noch einmal verstärkt würden.

In Kyjiw hat Bürgermeister Vitali Klitschko die Einwohner:innen der Stadt gewarnt, besonders vorsichtig zu sein. Man rechne damit, dass wieder Raketen auf die Hauptstadt abgefeuert würden. Und so tritt das Gedenken an das Ende des Zweiten Weltkrieges vor 77 Jahren in den Hintergrund. Das Land ist im Krieg, viele denken an die Toten und Verletzten der vergangenen zweieinhalb Monate und an all die, die noch kämpfen.

Wolodymyr Selenskyj empfängt auch am 8. Mai 2022 Gäste aus aller Welt: den kanadischen Premierminister Justin Trudeau, den kroatischen Premierminister Andrej Plenković, die deutsche Bundestagspräsidentin Bärbel Bas – jeder, der Hilfe verspricht, ist willkommen. Protokollarische Hürden gibt es nicht, denn für die Ukraine ist die internationale Krisendiplomatie überlebenswichtig. Ich frage mich, wie der Präsident es schafft, jeden Tag aufs Neue mit so vielen Menschen zu kommunizieren, immer wieder neue Worte zu finden für das, was sein Land aus seiner Sicht so dringend braucht: militärische Unterstützung, vor allem schwere Waffen, eine konkrete Perspektive für den Beitritt in die Europäische Union und Wirtschaftssanktionen gegen Russland, die das Putin-Regime deutlich schwächen. Und all das so schnell wie möglich.

Das erste Mal in der Geschichte folgt die Welt einem Staatsoberhaupt so hautnah in den Krieg. Selenskyj zeigt auch seine privaten Seiten, wir erleben ihn verletzlich, getroffen, voller Schmerz, erschöpft. Der ehemalige Schauspieler nutzt die Waffe, die er beherrscht wie nur wenige: Social Media. Über Facebook, Telegram, YouTube und Twitter kommuniziert er aus dem Inneren seines Amtssitzes mit der Außenwelt. Er hat es geschafft, als oberster Botschafter seines Landes viele Menschen auf seine Seite zu bringen.

Der Amtssitz des Präsidenten in der Bankowastraße in Kyjiw ist mittlerweile der ganzen Welt bekannt. So gut wie jeden Tag meldet sich Wolodymyr Selenskyj mit einem Selfie entweder aus dem Innenhof oder aus seinem Lagezentrum tief im Inneren des Gebäudes. Als ich am 8. April 2022 im Rahmen einer Pressekonferenz zum ersten Mal den Palast besuchte, war ich verblüfft über die scharfen Sicherheitsmaßnahmen, obwohl ich von meinen letzten Drehreisen in Afghanistan so einiges gewohnt war. Von einem Treffpunkt in der Nähe mit der Präsidentin der EU-Kommission, Ursula von der Leyen, führten uns Sicherheitsleute durch ein Labyrinth von Barrikaden und Checkpoints.

Das dichtbesiedelte Wohnviertel, in dem der Palast liegt, ist das wohl bestbewachte im ganzen Land, vielleicht sogar in Europa. Filmen und fotografieren ist verboten, alle Journalist:innen müssen sich verpflichten, keine relevanten Informationen über das Gebäude und die Sicherheitsmaßnahmen zu veröffentlichen. Daran halte ich mich in meinen Schilderungen hier auch, ich berichte nur das, was bereits bekannt ist. Denn alles, was den Russen die Möglichkeit geben würde, Erkenntnisse über die Lage zu gewinnen, könnte das Leben des Präsidenten gefährden.

Auch einen Monat später, am 8. Mai 2022, ist es wieder ein merkwürdiges Gefühl, über den Innenhof zu laufen, vorbei an der Kulisse mit dem Schriftzug YOUKRAINE, dessen Buchstaben aus Spiegeln zusammengesetzt sind. Alles wirkt vertraut aus so vielen Videos, in denen der Präsident sich von diesem Ort aus immer wieder meldet. Diesmal hat der Sprecher des Präsidenten uns eingeladen, in einer kleinen Gruppe von ukrainischen und internationalen Journalist:innen an einer Pressekonferenz mit dem kroatischen Premierminister teilzunehmen. Eine Gelegenheit, Fragen zu stellen, aber auch erneut einen Eindruck zu bekommen, wie es in diesem Zentrum der Macht aussieht. Es hat sich nichts verändert, am Eingang werden auch diesmal wieder unsere Ausrüstung und Taschen in einem Röntgengerät überprüft. Wir müssen alle unsere Handys abgeben, Live-Übertragungen sind aus Sicherheitsgründen verboten. Die Fenster sind überall mit Sandsäcken abgedichtet, wir bewegen uns durch einen stockdunklen Flur, der von mehreren bewaffneten Sicherheitsleuten bewacht wird. Die goldenen Wandverzierungen und die Plüschmöbel wirken wie Relikte aus vergangenen Zeiten – der Präsident kommt im grünen T-Shirt, er wirkt erschöpft, tiefe Ringe liegen unter seinen Augen.

Ich frage ihn, wie wichtig ihm die Perspektive sei, dass sein Land der Europäischen Union beitreten könne. Selenskyjs Blick ist intensiv, er spricht frei, ohne Notizen. Für die EU sei die Ukraine eine Bereicherung, sein Land gehöre schon lange zur europäischen Familie, und wo, wenn nicht hier, träten Menschen mit aller Überzeugung für die Werte Europas ein, erklärt er. Doch so ernst der Präsident die Lage beschreibt, es kommt auch hier immer wieder sein Sinn für Humor zum Vorschein, seine Spontaneität, die ihm als Comedian so viel Erfolg einbrachte.

Kaum ein Journalist hat das Innenleben des Palastes während des Krieges so eindrücklich beschrieben wie Simon Shuster. Auch er hat sich mit dem Medienteam des Präsidenten darüber abgestimmt, was er schildern kann und was aus Sicherheitsgründen geheim bleiben muss. So wurde dem Korrespondenten des *Time Magazine* ermöglicht, was Staatspräsidenten sonst nie zulassen: Shuster hat den Präsidenten zwei Wochen lang begleitet – bis ins Schlaflager im Schutzbunker, wo das Licht des Smartphones auf Selenskyjs Gesicht scheint, während er seiner Familie noch Nachrichten schreibt. Selenskyj beschreibt in seinen Treffen mit Shuster das Gefühl, nie genug getan zu haben. »Ich erlaube mir zu schlafen, aber was dann? Irgendetwas passiert in genau diesem Moment.«

Anders als Putin hat Selenskyj keine Zeit. Jeden Tag werden Menschen getötet, verwundet, gefoltert, vergewaltigt, verschleppt. Es muss ein unglaublicher Druck sein, unter dem der ukrainische Präsident steht. Er macht daraus kein Geheimnis, lässt die Menschen wie kein anderer Staatsführer hinter seine Fassade schauen. In Interviews zeigt sich Selenskyj verletzlich, erzählt davon, wie ihn dieser Krieg verändert hat, redet offen über den Schmerz, der auch ihn immer wieder erfüllt, und darüber, dass er nie zur Ruhe kommt. Während der ersten Wochen des Krieges, als die Hauptstadt noch im dauerhaften Alarmzustand war, als russische Artillerie so nah herangerückt war, dass sie Kyjiws Innenstadt hätte beschießen können, hat der Präsident seinen Amtssitz in der Bankowastraße nur selten verlassen. Er hielt sich mit seinem Stab hauptsächlich im Bunker unter dem weitläufigen Innenhof auf. Zum ersten Mal trat er am 4. April in Butscha außerhalb von Kyjiw auf, um sich ein Bild von der Lage zu machen und mit Journalist:innen zu sprechen.

Ich bin mir sicher, dass Selenskyj mit seiner ungewöhnlichen, authentischen Kommunikation den Lauf der Dinge für sein Land wesentlich bestimmt hat. Was wäre gewesen, wenn er Kyjiw in der Zeit der größten Bedrohung verlassen hätte? Wenn er feige geflohen wäre wie der afghanische Präsident, Ashraf Ghani, der im August 2021 schon auf dem Absprung war, als er noch Kampfparolen an seine Soldaten ausrief, die Kabul gegen die Taliban verteidigen sollten?

Indem Wolodymyr Selenskyj sein Schicksal mit dem seines Landes verband, wurde er schnell zur zentralen Identifikationsfigur – zu einer Art Anti-Putin. Und er war nicht alleine: In einem der ersten Selfie-Videos meldete sich Selenskyj schon am Abend des 25. Februar aus dem Innenhof seines Amtssitzes, umgeben von den wichtigsten politischen Verbündeten, die er nacheinander vorstellte: den Fraktionsvorsitzenden seiner Partei »Diener des Volkes«, den Chef des Präsidentenbüros, den Premierminister und seinen Berater. Alle waren in grüne T-Shirts gekleidet. Die Botschaft: Wir alle sind bereit, für unser Land zu sterben. Damit hatte Selenskyj eine entscheidende erste Schlacht gewonnen: die der Bilder und Botschaften.

Selenskyj und sein Team wurden zu Vorbildern, schufen

eine tiefe Identifikation und den Wunsch, es ihnen gleichzutun. Was den Menschen in der Ukraine nun bevorstand, verlangte viel Mut und die unbedingte Haltung, füreinander einzustehen. Wladimir Putin ließ seine Soldaten nicht nur aus der Ferne Raketen auf Wohnviertel feuern. Es erschien auch als eine reale Gefahr, dass die russischen Streitkräfte die ukrainische Hauptstadt einkesseln und besetzen würden, um eine ähnliche Vernichtungsstrategie zu verfolgen wie zur selben Zeit in Mariupol.

Insofern scheint es für mich wie ein Wunder, Kyjiw in diesen Maitagen nach dem unerwarteten Abzug der russischen Truppen als Stadt zu erleben, von der wieder vorsichtige Hoffnung ausgeht. Schon immer, vor dem Krieg, als man noch mit dem Flugzeug hierher reisen konnte, fand ich den Anflug faszinierend, wenn unter mir der gewaltige Dnipro erschien und die goldenen Kuppeln der Kirchen, die enormen Plattenbauten am Stadtrand. »Jerusalem des Ostens« nennen die orthodoxen Gläubigen die Stadt. Kyjiw ist die Wiege der Kyjiwer Rus, des altostslawischen Reiches, auf das sich Wladimir Putin und russische Nationalisten gerne berufen.

So faszinierend es ist, an den Prachtbauten vorbeizuschlendern, für mich ist Kyjiw vor allem eine Stadt der Zukunft. Eine Zukunft, die auf dem Majdan spielt, dem zentralen Platz im Zentrum, dessen häufige Namenswechsel von den politischen Entwicklungen zeugen. 1919 war er der Sowjet-Platz, aus dem 1935 der Kalinin-Platz wurde, 1977 der Platz der Oktoberrevolution. Seit der Gründung des Ukrainischen Staates 1991 ist es der Unabhängigkeitsplatz, wobei »Majdan« ein Begriff aus dem Persischen für »Platz« ist.

Die moderne Ukraine hat für mich hier ihr Zentrum, wo sich bereits 1990 Menschen versammelten, um für die Unabhängigkeit ihres Landes einzutreten. Heute steht hier das Gedenken an die Bürgerbewegung im Mittelpunkt, an die Ukrainer:innen, die 2013 und 2014 die Basis legten für einen eigenständigen Weg, für die Befreiung von russischer Vorherrschaft und die Öffnung für den Weg nach Europa.

Kapitel 9

# Charkiw

## Finsternis und Trost

2022: Zwischen den Bahngleisen der U-Bahn-Station in Charkiw leben noch immer über 500 Menschen, die hier Schutz vor russischen Angriffen suchen.

»Die Sonne scheint noch.«
Sophie Scholl

Charkiw war schon vieles: Kosakensiedlung, Metropole des zaristischen Russlands, die erste Hauptstadt der Sowjetrepublik Ukraine und seit der ukrainischen Staatsgründung 1991 eine wichtige Grenzstadt zu Russland. Nur 30 Kilometer sind es bis nach Belgorod. Noch bis 2014 haben die Menschen in Charkiw die Russen als Nachbarn betrachtet. Nun haben diese Nachbarn ihre Stadt in Trümmer gelegt.

Es ist Mitte Mai 2022, ich habe mich mit Maria Avdeeva verabredet, dass wir in den nächsten Tagen zusammenarbeiten werden. Die Zweiundvierzigjährige ist in Charkiw geboren, sie hat hier an der berühmten Universität studiert und arbeitet jetzt als Politikwissenschaftlerin und Sicherheitsexpertin. In den ersten Wochen des Krieges ist sie zu einer wichtigen Stimme in einer der am heftigsten umkämpften Städte der Ukraine geworden. Aus ihrer Wohnung in Charkiw, die sie oft nicht verlassen konnte, weil die Angriffe so heftig waren, hat sie auf internationalen Sendern und auch im *ZDF heute journal* immer wieder über ihre Situation berichtet. Sie schilderte, wie sie im Flur ihrer Wohnung Schutz suchte, wenn die russischen Kampfflugzeuge nachts ihre Stadt bombardierten. Oder wie sie sich kurz auf die Straße wagte, um einzukaufen, und auf halbem Weg wieder zurücklaufen musste, weil plötzlich Raketen einschlugen. Sie berichtete davon, wie sie drei Tage ohne Strom blieb, weil die russischen Soldaten gezielt immer wieder Elektrizitätswerke bombardierten.

Ruhig und besonnen, aber auch mit spürbarer Trauer und Verzweiflung dokumentiert Maria das Sterben ihrer Stadt. Kinder, die schwer verletzt oder sogar getötet, Familien, die auseinandergerissen wurden, ältere Menschen, die beim Wasserholen erschossen wurden, die zunehmende Versorgungskrise, weil immer mehr Menschen nicht in ihre Wohnungen zurückkehren konnten und manche Lebensmittel, besonders auch Medikamente, knapp wurden. Eine menschliche Tragödie, die immer wieder deutlich macht, was dieser Krieg Putins ist: ein Völkermord, der so eigentlich in die Geschichtsbücher verbannt schien. Der Mord an einem Volk, dem die Identität, die Sprache, die Heimat genommen werden sollen – jegliche Sicherheit, jeglicher Frieden. Es hat so vieles von dem, was die Nazis bei ihren Überfällen auf die Länder im Osten taten – mit unfassbarer Zerstörungswut. Wie, das frage ich mich immer wieder, wenn ich das Leid erlebe, kann das im Europa des 21. Jahrhunderts noch möglich sein?

Ich komme am 11. Mai 2022 in eine Stadt, in der zum ersten Mal seit fast drei Monaten etwas Ruhe eingekehrt ist. Seit es der ukrainischen Armee gelungen ist, einige Dörfer im Norden und Osten Charkiws zu befreien und die russischen Truppen zurückzudrängen, schlagen keine Raketen mehr in der Innenstadt ein. Immer noch hört man vor allem nachts das dumpfe Dröhnen von Artillerie, doch es sind jetzt die Ukrainer, die in Richtung Russland schießen. So wie Mariupol hatte Wladimir Putin auch Charkiw besonders heftig angreifen lassen. Dennoch war es den Russen nicht gelungen, die zweitgrößte Stadt der Ukraine wie das maritime Mariupol einzukesseln. »Über die südliche und nördliche Route konnte man die Stadt immer verlassen«, erzählt Maria. »Aber es gab ein großes Risiko, auf der Flucht beschossen zu werden.«

Ich merke Maria an, dass die letzten Wochen sie stark mitgenommen haben. Ihr schmales hübsches Gesicht ist eingefallen, es hat seine Frische und Lebendigkeit verloren. Die Energie ist aber geblieben. Die sportliche, schlanke Frau ist morgens in unserem Hotel meist die Erste, die bereitsteht, wenn wir zum Drehen fahren wollen. Wie viele Ukrainer:innen legt auch sie selten ihr Handy zur Seite, ständig checkt sie die neuesten Meldungen, vergewissert sich, dass wir gut informiert sind über alle Entwicklungen im Land. Dass es der ukrainischen Armee gelungen ist, den Feind aus dem nördlichen und östlichen Umland von Charkiw zurückzudrängen, ist eine Erfolgsgeschichte, die an diesem 11. Mai 2022 die Schlagzeilen in den internationalen Medien beherrscht.

Wie konnte das gelingen? Eine Frage, der ich gerne auf den Grund gehen möchte, am liebsten im direkten Gespräch mit den Soldaten, die hier an der Front kämpfen. Gerade hat ein ukrainisches Bataillon ein Selfie-Video veröffentlicht, in dem die Soldaten zeigen, wie sie direkt an der russischen Grenze einen Holzpflock einschlagen, den sie in den Farben der Ukraine bemalt haben. Der Moment des Triumphes – festgehalten in wackeligen, leicht unscharfen Bildern – wird auf allen populären Sozialen Medien, von Facebook bis Twitter, Instagram und Telegram, geteilt und landet sogar in vielen Hauptnachrichtensendungen weltweit.

Niemand zweifelt daran, dass die Bilder echt sind. Aber wirklich verifizieren lässt es sich nicht. Auch die Ukrainer:innen führen ihren Informationskrieg, und sie tun es erfolgreich. Anders als in Russland, wo das Regime die Arbeit von Journalist:innen in den vergangenen Jahren immer weiter eingeschränkt hat, wo Reporter:innen eingeschüchtert und gezielt diskreditiert werden, versucht die ukrainische Regierung, Journalist:innen zu ihren Verbündeten zu machen, und setzt auf deren Schwarmintelligenz. Es ist eine dezentrale Macht, gegen die die Kreml-Propaganda nicht mehr ankommt. Auch das ist eine der Überraschungen dieses Krieges: Authentizität schlägt auf einmal die Masse der Propagandatrolle, sie dringen nicht mehr durch, anders als 2014, als die russische Propagandamaschine es sogar schaffte, deutsche Talkshows zu dominieren.

Mit jedem Tag wird deutlicher, wie wichtig dieser kollektive Widerstand für die Regierung in Kyjiw ist. Geschichten von Held:innen und Märtyrer:innen, Orte des Triumphes, Zeichen des Widerstandes sollen den Menschen Kraft geben.

Es fällt manchmal schwer, sich als Journalistin diesem Gemeinschaftsgefühl zu entziehen. Umso wichtiger ist es, genau hinzuschauen und nicht leichtfertig zu idealisieren: Was zeigen diese Videos möglicherweise nicht? Was wird verschwiegen? Dass die Befreiung der Dörfer im Osten und Norden Charkiws mit sehr hohen Verlusten auf ukrainischer Seite einherging, davon muss man ausgehen. Es sind tote junge Männer, die feierlich beerdigt werden. Gleichzeitig veröffentlicht auch die ukrainische Regierung in den ersten Wochen des Krieges kaum Informationen über Opfer unter den eigenen Militärs. Am 12. März erklärte Präsident Selenskyj, dass 1300 ukrainische Soldaten getötet worden seien, in einem Interview mit CNN sprach er einen Monat später von bis zu 3000 Gefallenen.

Nichts ist geblieben vom Leben der quirligen Metropole, wie ich sie kannte. Rund 1,5 Millionen Menschen aus mehr als hundert Ländern lebten hier. Charkiw ist eine Studentenstadt, die auch international beliebt ist, pluralistisch, tolerant und jung. Es gibt etliche Theater und Museen, viele moderne Künstler:innen leben in Charkiw, einige von ihnen, wie der Schriftsteller Serhij Zhadan, sind international bekannt. Und es gibt hier die größte buddhistische Tempelanlage Europas »TschukLam Charkiw«, den Bambuswald Charkiw, angelegt auf einer Fläche von 10000 Quadratmetern.

Von dieser bunten Welt ist in diesen Tagen nichts mehr zu spüren. Während wir zum Majdan Konstytuziji, dem Platz der Verfassung, im Zentrum gehen, begegnet uns nur ein einzelner junger Mann. Direkt gegenüber der Kirche ist eine Bombe mitten in einem Hinterhof eingeschlagen. Es ist eines dieser wunderschönen alten Ensembles, wie es sie auch in Berlin überall gibt und für die ich die Stadt so liebe. Durch einen langen Toreingang geht es zunächst durch das Vorderhaus, dann in den Hof mit den Seitenflügeln und dem Hinterhaus. Wir balancieren vorsichtig über den Boden, versuchen, nicht in die Splitter zerborstener Fenster, in Metall- und Blechstücke oder in eine der Pfützen zu treten, die überall durch die zerstörten und ausgelaufenen Wasserleitungen entstanden sind.

Über den Trümmern hängt der beißende Geruch von Verbranntem, und Staub liegt in der Luft. Während das Vorderhaus noch erhalten ist, blicken wir am Hinterhaus direkt in die Wohnungen. In einem der höheren Stockwerke wurde bei dem Angriff die Fassade ein Stück weit weggerissen und gibt nun den Blick frei auf das Badezimmer, in dem die Toilette noch steht und das Waschbecken an der Wand hängt, quer darüber ein gelbes Handtuch – ganz so, als hätte gerade noch jemand die Dusche benutzt und es danach achtlos liegen lassen. Die Bomben treffen immer mitten ins Leben. In Küchen und Schlafzimmer, in Büroräume und Hausflure. Die Wucht der Explosion hat einige Stofftiere herausgeschleudert, sie liegen über den Innenhof verstreut. Ein großer blauer Wal wird halb von einem Holzbalken verdeckt, aus seinem aufgeplatzten dicken Bauch quillt die Schaumstofffüllung heraus. Wo das Kind wohl ist, dem dieser Wal gehört hat?

Wie in Butscha, Borodjanka und Irpin stehe ich in den Trümmern eines Wohnhauses, aus dem bis vor wenigen Monaten noch Kinder morgens zur Schule aufbrachen oder ältere Damen ihren Hund zum Gassigehen an der Leine herausführten. Ein Haus, in dem gelebt wurde, darauf deuten die vielen Dinge hin, die unter Steinen und Dreck und herabgestürzten Pfeilern begraben liegen. Charkiw ist keine Kleinstadt in den Kiefernhainen vor Kyjiw. Es ist die zweitgrößte Stadt der Ukraine. Eine Metropole, in der russische Sprache und Kultur immer einen großen Stellenwert hatten. Noch 2001 gaben 65 Prozent der Bewohner:innen bei einer Volkszählung an, russischsprachig zu sein.

Auch Marias Muttersprache ist Russisch, als sie geboren wurde, war die Ukraine ein Teil der Sowjetunion. Heute, so erzählt sie mir, spreche sie überwiegend Ukrainisch. »Der Krieg im Donbas und die russische Besatzung der Krym haben schon 2014 dazu geführt, dass die Bürger von Charkiw Russland mit anderen Augen sehen. Die Invasion im

Februar hat zu einer vollständigen Ablehnung von allem geführt, das mit Russland in Verbindung steht. Deshalb sprechen auch in Charkiw immer mehr Leute Ukrainisch.«

Ich erinnere mich noch gut an die Ereignisse im Frühjahr 2014, als von Russland geführte Separatisten versuchten, Städte und Dörfer unter ihre Kontrolle zu bringen. In Charkiw versammelten sich damals ebenfalls prorussische Aktivist:innen zu Demonstrationen gegen die Regierung in Kyjiw, Schlägerbanden zogen durch die Stadt, verprügelten Anhänger der Kyjiwer Majdan-Bewegung. Es gab sogar ein Attentat auf den Bürgermeister von Charkiw, Hennadij Kernes. Doch die russische Flagge wehte nur kurz über der Gebietsverwaltung, es gelang nicht, wie in Donezk und Luhansk, eine »Charkiwer Volksrepublik« zu etablieren. Der Versuch scheiterte am Widerstand der Bürger:innen. Charkiw blieb ukrainisch. Und die Menschen sind stolz darauf – ganz gleich, ob sie russische oder ukrainische Wurzeln haben.

Umso mehr muss die Aussage Wladimir Putins, die russischsprachige Bevölkerung im Osten vor einem Genozid bewahren zu wollen, wie blanker Zynismus auf die Menschen wirken. Seit 2014 wiederholt der russische Präsident diese Behauptung, sie ist das argumentative Fundament des Krieges gegen die Ukraine, »eine dreiste Lüge«, wie Maria sagt. »Es hat nie eine Diskriminierung von Russisch sprechenden Menschen gegeben.« Und sie spricht aus, was viele denken: »Den Genozid haben russische Truppen in Butscha, Borodjanka und Hostomel begangen. Inzwischen erklärt der Kreml offen, dass die Existenz der Ukraine als Nationalstaat eine Bedrohung für Russland sei. Sie wollen alles auslöschen, was ukrainisch ist, so wie sie Mariupol auslöschen.« Im Gebiet um Charkiw wurden in den ersten drei Monaten des Krieges 707 Menschen getötet, darunter 36 Kinder. Gezielt führen Putins Soldaten ihren Zerstörungskrieg gegen Zivilist:innen.

Wir gehen weiter durch die Trümmer des Hauses. Ein Eingang des Nebengebäudes steht noch, die Treppe ist zwar übersät mit Schmutz und herabgefallenem Mörtel, doch sie ist stabil. Im ersten Stock hängt eine Haustür nur noch in den Angeln, der Raum dahinter scheint der Büroraum einer Firma gewesen zu sein. Die Computer liegen auf dem staubigen Boden, sie werden wahrscheinlich nie mehr zu gebrauchen sein. »Ein russisches Kampfflugzeug hat hier eine Bombe abgeworfen«, erzählt mir Maria. »Aber zum Glück war niemand in diesem Büro, es war mitten in der Nacht.« Nahezu ununterbrochen seien sie von russischer Luftwaffe, aber auch mit Artillerie angegriffen worden, von russischem Territorium und von den russisch besetzten Gebieten im Osten aus. Die Bomben und Raketen trafen auch 98 Kindergärten und 109 Schulen, 3482 Gebäude sind nach Angaben des Bürgermeisters vom 15. Mai 2022 zerstört worden.

Die Angst ist immer noch da. Und wie traumatisiert die Menschen in Charkiw sind, wird mir klar, als wir am Morgen aus dem Stadtzentrum heraus zur U-Bahnstation »Helden der Arbeit« fahren – ein Name, der seit den späten zwanziger Jahren des vergangenen Jahrhunderts in der Sowjetunion weit verbreitet ist. Bereits zu Beginn des Krieges wurde die Endstation der Saltiwska-Linie zum Schutzraum für Hunderte von Menschen aus der gleichnamigen Hochhaussiedlung. Die Appartmentblocks sind in den siebziger Jahren am nördlichen Stadtrand entstanden, es ist die größte Wohnsiedlung der Ukraine. Mehr als 400 000 Menschen leben hier. Viele von ihnen haben in den vergangenen Wochen in Schächten und Kellern gelebt. Wenn sie Essen erwärmen wollten, mussten sie draußen ein Feuer machen, es gab weder Strom noch fließend Wasser.

Am Eingang zur U-Bahn-Station stehen an diesem sonnigen Vormittag im März 2022 einige ältere Männer zusammen, die offenbar gekommen sind, um eine Zigarette zu rauchen. Auf Nachfrage verweisen sie uns an den zuständigen Sicherheitsmann, der uns eine Erlaubnis erteilen muss, wenn wir mit unserer Kamera auf den Bahnsteigen drehen wollen. Als wir die steile Treppe in die Unterwelt hinabsteigen, begegnen uns die ersten Menschen, Mitarbeiter:innen einer Hilfsorganisation, die gerade Wasserkanister gebracht haben. Der diensthabende Wachmann der Station, der in einem Aufenthaltsraum in dem langgezogenen Gang sitzt, der zu den Bahnsteigen führt, macht uns sofort die Tür auf und fragt nach unseren Akkreditierungen. Rundherum stehen Einkaufswagen, Kinderwagen, überall haben sie Kartons gestapelt, mit Kleidung, Toilettenpapier, Lebensmittelkonserven. Plötzlich fährt mich fast ein Radfahrer um, der in ziemlichem Tempo den Gang herunterfährt – es ist fast so, als sei das hier eine kleine Stadt, in der jeder seinem Tagesablauf nachgeht, der sich längst eingespielt hat.

Wie viele Menschen noch in dieser Station leben, möchte ich wissen. Es seien immer noch ungefähr 550, aber vor kurzem seien es über 800 gewesen, sagt der Wachmann. Aber jetzt, da es ruhiger geworden sei, würden viele wieder nach Hause gehen, nehme er an. Genau wisse er es aber nicht, die Leute müssten sich hier ja nicht an- und abmelden. »Wir schließen die U-Bahn-Station um 20 Uhr, wenn die Sperrstunde beginnt, und morgens um 6 Uhr öffnen wir sie wieder.« Er weist uns noch kurz darauf hin, dass wir die Menschen fragen müssen, bevor wir hier filmen – dann geht er zurück in sein Zimmer.

Als wir zu den Bahnsteigen gehen, wird mir klar, wie still es ist. In einer Metrostation herrschen normalerweise Hektik und Krach, die Menschen sind meist in Eile. Hier ist es anders: Alle sind leise, die, die uns begegnen, gehen fast schlafwandlerisch langsam. Ich blicke in blasse, müde Gesichter. Auf dem Gleis rechts des Bahnsteigs steht eine blau-gelbe Metro, in deren Fenstern Kinderzeichnungen kleben: ein Herz in den Farben der Ukraine, eine Friedenstaube, über der in krakeliger Schrift steht: »Kinder wollen Frieden«.

Dutzende kleine Schlaflager reihen sich auf dem Bahnsteig zwischen zwei Gleisen aneinander. Hier Privatsphäre zu finden, ist unmöglich. Und so markieren die Matratzen und Decken auf dem Boden den Umfang der eigenen Bleibe. Wieder einmal habe ich das Gefühl, alles hier sei das skurrile Setting für eine Netflix-Serie über eine Stadt im Ausnahmezustand. Die Realität ist allerdings bedrückender, als Bilder einer Streaming-Serie jemals sein können. Filme stinken nicht, mit Menschen gefüllte U-Bahn-Stationen schon. Der Geruch nach Schweiß, Urin und verdorbenen Lebensmitteln mischt sich mit dem typischen Metrogeruch nach schlechter, abgestandener Luft. Und dennoch ist es zugig und kalt, die meisten tragen dicke Jacken oder haben sich in Decken gewickelt.

Ich würde gerne mit einer Familie sprechen, die mit

Kindern hier lebt, es muss unglaublich belastend sein, was sie hier durchmachen. Doch die meisten schlafen noch, dabei ist es mittlerweile fast 11 Uhr morgens. Mir wird klar: Menschen, die hier sind, beeilen sich nicht mehr.

Ich fühle mich unwohl, in diese zerbrechliche Privatsphäre einfach mit der Kamera hereinzuplatzen. Auf einer Decke sitzt ein alter, grauhaariger Mann und rasiert sich vor einem kleinen Handspiegel, daneben schneidet eine Frau Äpfel für ihre beiden kleinen Kinder und füttert dann ihre Katze, die sie mit einer Leine angebunden hat. Ich setze mich zu ihr auf den Boden, streichele die Katze, die sich sofort räkelt. Ich spreche sie auf das Tier an, frage, warum die Katze an der Leine sei, ob sie weglaufen würde? »Nein«, antwortet mir die Frau, »aber in diesen unübersichtlichen Gängen und Schächten könnte sie sich verlaufen. Außerdem gibt es jede Menge Hunde hier.« Sie weist mit dem Kopf auf das Bettenlager auf der anderen Seite des Bahnsteigs. Es rührt mich, wie verbunden sich viele Ukrainer:innen mit ihren Haustieren fühlen. Selbst in dieser Situation voller Not und Entbehrungen haben Dutzende ihre Hunde und Katzen dabei, ein Mädchen hat sogar einen kleinen Hasen in einer Kiste neben sich stehen. Die Freiwilligen, die die Menschen im Schacht mit Lebensmitteln versorgen, schenken ihnen manchmal auch Tierfutter, ansonsten müssen die Tiere sich mit Essensresten begnügen.

Auf dem Bahnsteig ist jeder Meter besetzt, und wir erfahren, dass es am Ausgang der Metrostation noch einen weiteren Zug gibt, in dem Menschen leben. Um dorthin zu gelangen, müssen wir auf die Gleise hinuntersteigen und rund 50 Meter durch den dunklen Tunnel laufen. Wir machen uns auf, und tatsächlich steht da noch ein Zug, er liegt völlig im Dunkeln. Im dritten Waggon ist das hintere Fenster vollgestellt mit Dutzenden von Stofftieren: Hasen, Bären und Hunden, und so ziemlich jeder populären Figur aus der Märchenwelt, von Winnie the Pooh bis Mickymaus, Kitty und Tscheburaschka, dem wohl berühmtesten sowjetischen Plüschtier, das Generationen von Ukrainer:innen und Russ:innen durch ihre Kindheit begleitet hat. Ich muss daran denken, wie wichtig diese kleinen Charaktere für Kinder sind, wie sie den Blick auf die Welt auch ein wenig prägen. Die, die jetzt erbittert gegeneinander kämpfen, haben in ihrer Kindheit wahrscheinlich dieselben Held:innen geliebt, den gleichen Geschichten gelauscht.

Im hinteren Teil des Waggons sitzen Jana Tischtschenko und ihr Mann. Auf der Sitzbank ihnen gegenüber hat sich gerade ihr Sohn aufgesetzt und die Decke beiseitegeschoben, die ihn fast komplett verdeckte. Der zwölfjährige Nikita ist auffallend blass und scheint krank zu sein, aufstehen möchte er nicht. »Sind das deine Stofftiere?«, frage ich ihn. Es stellt sich heraus, dass sie seiner fünfjährigen Schwester Anja gehören. Die schläft noch halb auf einer Matratze auf dem Boden und will auf keinen Fall unter ihrer Decke hervorkommen.

Es ist Mitte Mai, und die vierköpfige Familie lebt nun genau 84 Tage hier. Am zweiten Kriegstag sind sie in die U-Bahn-Schächte geflohen, seitdem schlafen sie auf dem Boden des Waggons oder auf den Sitzbänken. »Wir haben uns hierher in den Waggon im dunklen Tunnel zurückgezogen, weil wir etwas Platz brauchten«, erzählt mir Jana. Doch Privatsphäre gibt es auch hier nicht. Während wir reden, läuft immer mal wieder jemand durch den Waggon, um sich die Beine zu vertreten oder zur öffentlichen

Toilette in der Station zu gehen. Die Familie schenkt dem schon lange keine Beachtung mehr. Auch sie bekommen alles, was sie täglich brauchen, von Freiwilligen: Wasser, Hygieneartikel, Lebensmittel. Sie haben alles auf den Fensterbänken aufgereiht, wo es nachts etwas kühler wird. Kochen könne sie hier nicht, sagt Jana, es gebe nicht einmal eine Dusche, nur die öffentlichen Toiletten neben dem Bahnsteig. Nikita hustet schwer, seit Tagen schon. Und Anja, die nach einer Weile ihren braunen Haarschopf aus der Decke schauen lässt, wirkt auch nicht gesund. Sie klammert sich an ihre Mutter, die sich zu ihr auf die Matratze gesetzt hat, und verlangt Schokolade. Nikita hat bereits einige Schokoriegel verputzt und wischt sich am Ärmel seines T-Shirts den Mund sauber. »Das ist das, was uns die freiwilligen Helfer gebracht haben, manchmal bekommen wir auch Obst«, sagt Jana, als müsse sie sich dafür entschuldigen, dass ihre Kinder nur Zucker essen. Ihr Mann dagegen sitzt teilnahmslos daneben und starrt auf sein Handy. Meistens funktioniere das Netz ganz gut, sagt er, das Handy sei ihre einzige Verbindung nach draußen.

Vor dem Krieg hatte er ein kleines Bauunternehmen mit zwei Mitarbeitern. Seit sie im Metroschacht leben, steht der Betrieb still. Und ihr Haus, das ganz in der Nähe liegt, steht leer. Doch während andere bereits in ihre Häuser zurückkehren, wirken Jana und ihr Mann wie paralysiert. Sie trauen sich nicht zurück. »Wie ist es für dich, hier zu leben?«, frage ich die fünfjährige Anja, die gerade eine Chipstüte aufreißt und nebenbei einen Schokoriegel zwischen ihre Lippen schiebt. Sie schaut mich an, als verstehe sie die Frage nicht. »Normalno«, antwortet sie. Normal!

Für mich ist diese Antwort die unnormalste, die sie mir

geben konnte. Dass es ein kleines fünfjähriges Mädchen als normal empfinden könnte, in diesem Waggon zu hausen, ohne Tageslicht, ohne Schule, ohne Perspektive, macht mich für einen Moment tieftraurig und auch ein wenig hoffnungslos. 84 Tage sind für ein Kind eine lange Zeit, eine kleine Ewigkeit. Und auch ihre Eltern wirken abgestumpft. Sie ziehen es vor, in dieser Unterwelt zu sein, statt zurück in ihr Zuhause zu gehen. Es ist die Angst davor, dass es nicht mehr so wird wie früher, als dürfe man sich nicht dieser Illusion hingeben, dass es doch wieder so werden könnte. Sie haben etwas erlebt, gesehen und gefühlt, was sie nie mehr fühlen wollen. Wohl deshalb ziehen sie die Unterwelt für diesen Moment dem Leben vor, das bis zum 24. Februar normal war. Hier werden sie versorgt, hier fühlen sie sich sicher. Anders kann ich mir ihre Lethargie nicht erklären.

Ich mache einige Videoaufnahmen und Fotos. Mein Handy ist mein Notizbuch, immer, bei jeder meiner Reisen, mache ich Aufnahmen. Von Menschen, die mich besonders beeindruckt haben, von Orten und Ereignissen, die mir in diesem Moment wichtig erscheinen. So kann ich mich später besser erinnern, mir noch einmal vor Augen führen, was ich erlebt habe. Auch in Charkiw sind die Tage voller intensiver Eindrücke, ich fürchte, die vielen Erinnerungen könnten sich gegenseitig verdrängen.

Es hat sich auch als gut erwiesen, die Fotos und Videos mit etwas zeitlichem Abstand noch einmal anzusehen und einzuordnen. So gut schriftliche Aufzeichnungen sind, Namen, Zahlen, Fakten – für mich sind die visuellen Notizen das Wichtigste. Dass die Foto-App automatisch auch den Ort und das Datum jedes Videos und jedes Fotos speichert, gibt mir zusätzlich Orientierung.

Während ich über die Begegnung im Waggon in einem *Auslandsjournal*-Beitrag berichten möchte, beschließe ich mit meinen Kolleg:innen, die Live-Schalte in die *heute*-Sendung um 19 Uhr mitten aus den Trümmern des Hinterhofes zu machen, den wir am Morgen mit Maria gesehen haben. Es ist mir wichtig, nicht nur über die Ereignisse in diesem Krieg zu erzählen, ich möchte den Zuschauer:innen ein Gefühl dafür vermitteln, wie groß das Ausmaß der Zerstörung ist.

Es sind vor allem die Bilder zu den Nachrichten, die die Welt bewegen. Dass es ukrainischen Soldaten gelungen ist, Dörfer im Norden und Osten von Charkiw zurückzuerobern, bestimmt die Schlagzeilen. Und die Erkenntnis reift, dass dieser Krieg erst einmal nicht am Verhandlungstisch beendet werden wird. Trotz des Rückzugs aus Kyjiw gibt es keinerlei Anzeichen, dass Russland eine Friedenslösung sucht. Und mit jedem Erfolg sind die Ukrainer weniger bereit, auf Teile ihres Gebietes zu verzichten. In einer Videoschalte mit französischen Studierenden in Paris erklärt der ukrainische Präsident Selenskyj, Ziel sei es, das Land zurückzuerobern, das Territorium wiederherzustellen. »Wenn wir alles zurückgewonnen haben, was uns gehört, werden wir dies beenden.«

Die Bilder von Butscha, Irpin und nun auch Charkiw verändern die politische Debatte in Europa und den Vereinigten Staaten. Immer klarer wird, dass es keine Alternative zu Waffenlieferungen gibt, wenn man die Ukraine vor einer grausamen Kapitulation bewahren will – einer Kapitulation, die vermutlich millionenfache Deportation, Mord, Vergewaltigung und Unterdrückung bedeuten würde. Was für ein Armutszeugnis wäre es für den Westen, sich nach dem überhasteten, planlosen Abzug aus Afghanistan nun erneut zurückzuziehen, einen Völkermord zuzulassen – vor laufenden Kameras, vor den Augen der Weltöffentlichkeit. Im Herzen Europas.

Am nächsten Tag geht es zu einer Stellung der ukrainischen Armee, der 127. Brigade der Territorialverteidigung. Wlad, der Presseoffizier, begleitet uns. Allerdings ist die Situation an der vordersten Front so gefährlich, dass wir dort nicht drehen können. Zwar steht die Artillerie der russischen Armee zu weit von Charkiw entfernt, als dass sie noch die Stadt erreichen könnte, dennoch ist Vorsicht geboten. Die Einheit, die wir besuchen, hat mitten in einem Hochhausviertel im Norden der Stadt ihren Stützpunkt. Es ist gespenstisch still, als wir zwischen den Plattenbauten hindurchgehen, von denen keiner heil geblieben ist. Ein Haus scheint gebrannt zu haben, die Fassade ist schwarz von Ruß, bei einem anderen haben die einschlagenden Geschosse die oberen Etagen zerstört. Aus den zerborstenen Fenstern im Erdgeschoss flattern halb herabgerissene Vorhänge im Wind, auch die Schule, die mitten im Viertel liegt, wurde schwer beschädigt.

Überall liegen auch hier Gegenstände auf dem Boden, zwischen Splittern und Steinen, herausgeschleudert von den Explosionen. An einer Fassade hängt ein blaues Schild mit weißen Buchstaben: Lesja Serdjuka Wulyzja 48/2, eine Erinnerung daran, dass das hier einmal eine ganz normale Adresse war. Das Schild ist jetzt nutzlos, wer kommt hier noch zu Besuch oder bringt die Post? Ein Trümmerhaufen braucht keinen Namen. »Die Einwohner wurden evakuiert, die meisten haben ihre Wohnungen rechtzeitig verlassen«, erzählt Wlad. Und wohin sind sie gegangen? Der Soldat zuckt mit den Achseln. »Zu Verwandten, viele sicher auch ins Ausland, nach Europa.«

Auch wenn die russische Armee zurückgedrängt wurde, die Einwohner:innen können nicht zurückkehren. Die Wasserleitungen sind zerstört, es gibt weder Strom noch Gas. Wer soll das alles wieder aufbauen, und wie lange wird es dauern, bis die Häuser wieder bewohnbar sind? Gerne würde ich einen Blick in eine der Wohnungen werfen, doch das erlauben die Soldaten nicht, es könnten noch Sprengfallen oder Minen dort liegen, das sei viel zu gefährlich. Auch das ist ein Grund, warum das Viertel noch eine Weile unbewohnbar sein wird.

Dann taucht plötzlich, wie aus dem Nichts, ein älterer Herr auf, in der einen Hand hält er eine Plastiktüte, die andere stützt er auf einen Stock. Als ich ihn anspreche, winkt er müde ab, als sehe er keinen Sinn darin, mit mir zu reden. Schließlich bricht es doch aus ihm heraus: »Es gibt nur einen Weg, wir brauchen endlich Frieden!« Dann geht er weiter. So kriegsmüde haben sich bisher wenige Menschen mir gegenüber geäußert – vielleicht auch, weil es nicht in die allgemeine Stimmung passt.

Hinter mehreren Betonblöcken, die sie um den Eingang zu einem der Hochhäuser aufgestellt haben, stehen einige Soldaten zusammen und rauchen. Wir müssen alle die Köpfe einziehen, als sie uns hinunter in den Keller des Hauses führen, wo sie ihr Lager aufgeschlagen haben.

Ich habe in diesen acht Jahren Krieg schon so viele Stellungen der ukrainischen Armee entlang der Frontlinie gesehen und war immer erstaunt, wie einfach und improvisiert ihre Unterkünfte sind. In diesem Fall haben sie ein paar Stockbetten aufgestellt, einfache Pritschen, auf denen die meisten wahrscheinlich nur mit angezogenen Beinen schlafen können, so kurz sind sie. Es sind eher provisorische Schlafstellen, die jeder sich zurechtgemacht hat, mit eigenen Decken und Kissen. Einer hat an der oberen Pritsche ein Betttuch befestigt, um ein bisschen Privatsphäre zu schaffen. In einer Ecke haben sie auf einer Werkbank Lebensmittel aufgebaut: Milch in Plastikverpackungen neben Gläsern voller eingemachter Gurken und Tomaten, zwei Paletten mit Eiern, Sonnenblumenöl. Auch dieses Essen haben ihnen Freiwillige gebracht. Neben dem Tisch am Boden stehen mehrere Umzugskisten mit Wasserflaschen, Toilettenpapier und einer Gasflasche. Auf einem kleinen Campingkocher machen sie sich ihr Essen warm.

Sie seien stolz darauf, hier für ihr Land zu kämpfen, erklärt mir Serhij, der in einem Restaurant als Koch arbeitete, bevor der Krieg begann. Jetzt ist er schon seit fast drei Monaten an der Front, seine Familie sieht er selten. Nur seine Tochter, die gerade 19 Jahre alt geworden ist, ist auch in der Territorialverteidigung. Manchmal seien sie sogar bei Einsätzen zusammen unterwegs, sagt er stolz. Ob er denn keine Angst um sein Kind habe, frage ich den Familienvater. Serhij schüttelt verständnislos den Kopf. Nein, es gehe jetzt um die Existenz der Ukraine, da könne man doch nicht zu Hause sitzen und zuschauen. Auch sein Sohn plane, sich zur Armee zu melden, erzählt er noch.

Wie Serhij hat auch Ihor keine militärische Ausbildung, er handelte mit Handys, ein erfolgreiches Geschäft. Doch am 24. Februar 2022 habe er sich sofort bei der Territorialverteidigung gemeldet und sei akzeptiert worden. In Deutschland sei man erstaunt, dass die Ukrainer so erbittert Widerstand gegen das übermächtige russische Militär leisten, erzähle ich. Haben sie überhaupt eine Chance, Charkiw dauerhaft gegen die russische Armee und ihre Artillerie zu verteidigen? »Wir sind wie eine Familie. Es gibt keinen Rückwärtsgang«, sagt Ihor. »Wir schauen nicht zurück, wir schauen nach vorne, wir wissen, unsere Aufgabe ist, unsere Familie zu schützen.« Dass dies in Deutschland nicht gesehen werde, ärgere sie. »Ihr müsst verstehen, dass wir moderne Waffen brauchen und dass wir keine Zeit haben für eure Debatten, vor allem in Deutschland«, sagt Serhij. Dann wird er wieder versöhnlich und bittet mich zu verstehen, in welcher Lage sie seien. Er habe mich nicht persönlich angreifen wollen.

Ich versuche dennoch, ihm die deutsche Position zu erklären. Auch wenn ich die Entscheidungen in Berlin sehr oft selbst nicht nachvollziehen kann, möchte ich doch für Verständnis werben, klarmachen, wie weitreichend die deutsche Politik sich gerade verändert und wie groß die Unterstützung der Bevölkerung für die Ukrainer:innen ist. Was bleibt, ist das Unverständnis dafür, dass Deutschland angesichts dieses Unrechts und dieser Gewalt gegen ihr Land nicht klarer Position bezieht. Die Menschen sind enttäuscht von Deutschland, das lassen sie mich immer wieder spüren, wenn sie erfahren, woher ich komme.

Ich möchte wissen, wie es ihnen gelungen ist, die russische Armee nach wochenlangen Kämpfen aus den Dörfern im Norden und Osten von Charkiw zurückzudrängen. Ihor hat dazu eine klare Meinung: »Ich denke, in erster Linie ist das mit Hilfe des Westens gelungen. Waffen. Wir hatten keine Waffen, jetzt endlich kommen die Lieferungen.« Wie alle Soldaten und auch die Kämpfer der Territorialverteidigung, mit denen ich in diesen Wochen spreche, sind sie entschlossen, diesen Krieg weiter zu führen, auch unter Einsatz ihres Lebens. Was denken sie über die Russen? Die Grenze ist nur 30 Kilometer entfernt, waren sie nicht früher einmal Nachbarn? »Das sind keine Menschen«, sagt Ihor. »Sie haben keine Strategie, und die, die da kämpfen, sind nur Kanonenfutter. Sie kommen und töten Menschen, die nichts getan haben.« Doch als die Kamera aus ist und wir uns noch eine Weile darüber unterhalten, ob der Kampf um Charkiw entschieden sei, sind sich alle einig, dass ihr militärischer Erfolg nur ein Etappensieg ist. Russlands Armee, da sind sie sicher, wird zurückkommen. Und den Kampf um die zweitgrößte Stadt der Ukraine erneut führen.

Davon sind auch Olha Browtschenko und Artem überzeugt. Wir treffen die beiden im 4.5.0 – einem Restaurant, das eine Gruppe von Freund:innen zu einem der größten humanitären Hilfszentren Charkiws gemacht hat. Olha, eine blonde Frau mit feinen Gesichtszügen, hatte sich am ersten Kriegstag sofort mit Freund:innen zusammengesetzt und überlegt, wie sie dazu beitragen könnten, Soldaten und Bürger:innen zu versorgen. Mit Essen, Medikamenten und Kleidung zunächst, doch inzwischen erreichen Hilferufe aller Art die Gruppe, die 24 Stunden rund um die Uhr im Einsatz ist. Warum 4.5.0, möchte ich wissen. Es sei der militärische Code für »Alles ist gut«, »Alles ist ruhig«, erklärt Olha lächelnd. Und beschreibt damit auch das, was ihre Arbeit ausmacht. Sie wolle helfen, Probleme zu lösen, und dafür sorgen, dass eben alles gut ist. Angesichts des brutalen Angriffskrieges, den sie erleben, ein scheinbar utopisches Ziel.

Olha zeigt mir die Räume des Restaurants, die jetzt zu

einer Art Notrufzentrale umfunktioniert sind, hier können sich Menschen melden, die Hilfe brauchen. Es scheinen ziemlich viele zu sein, um den großen Tisch sitzen drei Frauen und zwei Männer mit Handys, die im Minutentakt klingeln. Und obwohl sie oft gleichzeitig sprechen, ist es nicht laut im Raum. Es herrscht eine angenehme Atmosphäre, alles scheint gut organisiert zu sein. Eine schmale Frau in einem grünen Camouflage-T-Shirt und mit langen grauen Haaren, die sie zu einem Zopf zusammengebunden hat, sagt freundlich: »Ja, schauen Sie, wenn nicht heute, dann ganz sicher morgen, hundertprozentig.«

Während sie das Telefon ablegt, macht sie schnell noch ein paar Notizen, dann schiebt sie ihre Lesebrille zurück und erklärt: »Das waren drei alte Damen, die sind aus Piwnitschna Saltiwka geflüchtet, sie haben nichts dabei, sie brauchen Kleidung, ein paar Medikamente und Lebensmittel. Ich habe ihnen versprochen, dass sie das spätestens morgen bekommen, weil ich nicht weiß, ob heute noch einer unserer Transporter dorthin fährt.« Jewa Kryzka ist eigentlich Floristik-Designerin, sie zeigt mir einige Fotos von ihren Kreationen auf ihrem Instagram-Account »Monapiona«. Eine, auf die sie besonders stolz ist, findet sich auf dem Bild eines Hochzeitspaares, das mitten in einem zerbombten Hinterhof steht. Die Braut hält ein wunderschönes Blumenbouquet in der Hand. Sie habe es angefertigt, während in der Nacht die Raketen in ihr Haus einschlugen, erzählt Jewa. Ein bisschen verrückt – aber das Foto zeigt so eindringlich das Bemühen um Schönheit und Liebe, mitten in einer Umgebung voller Trümmer, dass es anrührt. Florales Design macht Jewa momentan nur selten, ihr Geschäft lässt sie ruhen. »Ich werde jetzt hier gebraucht«, sagt sie, während sie Zettel mit Adressen an gepackte Plastiktüten hängt, die später noch ausgefahren werden.

Ich bin beeindruckt, wie gut alles organisiert ist, wie ruhig und zielstrebig mehrere Dutzend Menschen Hand in Hand arbeiten, ohne dass jemand das Kommando zu haben scheint. 170 Mitarbeiter:innen hat die Organisation, darunter 67 Köch:innen und 30 Fahrer:innen. Jede:r scheint zu wissen, was zu tun ist. Rund um die Uhr sind die Mitarbeiter:innen von 4.5.0 im Einsatz, das Herzstück ihrer Arbeit ist die Küche. Dort stehen mehrere Köche dichtgedrängt nebeneinander, füllen Gemüse, Reis und Würstchen in Styroporschalen, mehr als 300 Essen sollen wir gleich mit Artem ausfahren.

Gemeinsam mit Olha und Natalja, die eine grüne Baseballkappe über ihre langen schwarzen Haare gezogen hat, belädt Artem den weißen Transporter. Dann ziehen sie sich alle schusssichere Westen an, dort, wo sie hinfahren, kann es gefährlich werden. »Vor zwei Tagen erst haben die Russen das Kulturhaus von Derhatschi, das unsere zentrale Verteilstelle war, mit Raketen beschossen, wir können es jetzt nicht mehr nutzen und müssen unsere Essen direkt in die einzelnen Wohngebiete fahren«, erzählt mir Artem. Auf dem Weg raus aus Charkiw hält er noch kurz an einem Checkpoint der Armee, um den Soldaten Essen zu übergeben.

Als wir in Derhatschi ankommen, sehen wir schon von weitem das zerstörte Kulturzentrum. Ich möchte es mir näher anschauen. Wieder einmal hat die russische Armee ein Zentrum für humanitäre Hilfe zerstört. Anscheinend sind erst kürzlich mehrere Raketen eingeschlagen, denn aus einem hinteren Teil des Gebäudes steigt beißender Rauch auf, der vordere Teil ist schon komplett zerstört, Teile der Fassade sind schwarz von Ruß.

Für Artem besteht kein Zweifel, dass die russische Armee das Zentrum gezielt angegriffen hat. »Sie wollen der Zivilbevölkerung so viel Angst wie möglich machen, damit freiwillige Helfer ihre Arbeit einstellen. Aber wir haben keine Angst, wir fahren weiter zu den Dörfern und Siedlungen. Es sind fast nur noch alte Menschen zurückgeblieben.«

In einer kleinen Plattenbausiedlung wird das Team von 4.5.0 schon erwartet. Eine lange Schlange hat sich gebildet, überwiegend Frauen sind gekommen, mit zerknitterten Plastiktüten aller Art in der Hand, in denen sie wohl das Essen tragen wollen, das hier ausgeteilt wird. Mir fällt immer wieder auf, wie arm die Ukraine auch ist – ganz unabhängig vom Krieg. Die alten Frauen tragen ausgebeulte Schuhe oder Stiefel, ihre Jacken und Mäntel sehen aus, als stammten sie noch aus sowjetischen Zeiten. Jedes einzelne der Gesichter fasziniert mich, denn sie alle tragen den ungeschminkten Blick eines Lebens, das geprägt war von viel Mühen und wenig Freude – und doch lächeln einige von ihnen mich freundlich an.

Ich frage nach ihrer Situation, und plötzlich reden alle durcheinander, jede möchte von sich erzählen, davon wie es ihr ergangen ist. Wochenlang hätten sie sich nicht aus ihren Häusern getraut, aus Angst vor russischen Raketen. Jetzt sei es etwas ruhiger, aber sicher fühle sie sich nicht, erzählt mir eine Frau, die die Kapuze ihrer abgetragenen Daunenjacke über den Kopf gezogen hat, ganz so, als könne sie sich damit schützen. »Wir haben kein Gas mehr, seit sie hier alles zerstört haben, wir können nichts kochen, das hier ist für mich die einzige Möglichkeit, eine warme Mahlzeit zu bekommen.« Ohne die Hilfslieferungen müssten sie hungern, sagen die alten Damen. Sie übertreiben ein bisschen, denn keine von ihnen macht auf mich den Eindruck, Hunger zu leiden, dennoch verstehe ich sehr gut ihre Sehnsucht nach einem warmen Essen. Essen kann in dieser Zeit etwas sehr Tröstliches haben.

Kapitel 10

# Dnipro

## Gewissheit und Größe

2022: Oleh (links im Bild) und »Skeeper« haben sich freiwillig für die Territorialverteidigung gemeldet. An vorderster Front kämpfen sie gegen das russische Militär.

»Das Leben wird den Tod überwinden und die Welt die Dunkelheit.«

WOLODYMYR SELENSKYJ, 8. MÄRZ 2022

Es ist ein schwüler, heißer Junitag, unter dem wolkenlosen blauen Himmel erstrecken sich endlos scheinende gelbe Kornfelder, die Farben des Sommers in der Ukraine, die auch die Nationalflagge symbolisiert. Am Rande der Straße fressen zwei weiße Ziegen Gras, das üppig wächst. Alles wirkt so friedlich, dass man für einen kurzen Augenblick vergessen könnte, dass wir direkt an der Frontlinie sind. Doch dann ist es wieder zu hören, das laute, dumpfe Grollen der Artillerie – weit entfernt, doch ein untrügliches Zeichen, dass jederzeit neue Granaten einschlagen können, dass es Sicherheit nicht gibt. Es ist der 25. Juni 2022, wir sind aus Dnipro heraus an die südwestliche Grenze der Region Donezk gefahren.

Nach vier Monaten ist der Krieg an einem dramatischen Wendepunkt: Die ukrainische Armee muss sich nach wochenlangen schweren und verlustreichen Kämpfen nun auch aus der Stadt Lysytschansk in der Region Luhansk zurückziehen, den militärisch überlegenen Russen konnten die schlecht ausgerüsteten Ukrainer nichts mehr entgegensetzen. Die Verluste auf beiden Seiten sind hoch, doch für die Ukraine sind sie besonders bitter, setzt das Land doch vor allem auf die hohe Kampfmoral seiner Soldaten. Von 100 bis 200 toten Soldaten im Donbas spricht auch die Regierung in Kyjiw inzwischen. Und wie wir hören, sollen die

Verluste in den vergangenen zwei Wochen noch einmal gestiegen sein.

Mit der Einnahme der letzten großen Bastion in der Region Luhansk hat Wladimir Putin eines seiner Ziele erreicht: die ostukrainische Region unter russische Kontrolle zu bringen. Nun wird sein nächster Weg nach Bachmut, Slowjansk und Kramatorsk führen, um auch die Region Donezk einzunehmen. Wie lange werden sich die ukrainischen Soldaten hier verteidigen und verhindern können, was der Kreml plant?

Wir haben uns am Ortseingang eines kleinen Dorfes im Südwesten von Donezk mit dem Kommandanten der ukrainischen Territorialverteidigung verabredet. »Skeeper«, so sein Kampfname, ist ein lustiger, ziemlich selbstbewusster Typ, in grünem Militäroutfit und Baseballkappe. Er ist mir sofort sympathisch, denn er antwortet geradeheraus. »Techniker«, so der Kampfname seines Kameraden, ist etwas zurückhaltender. Sie kommen beide aus Dnipro, wo Skeeper, der 42 Jahre alt ist, als Anwalt gearbeitet hat, und Techniker, der drei Jahre älter ist, als Ingenieur. Sie sind gut ausgebildete, beruflich erfolgreiche Männer, die ihre Jobs und ihre Familien verlassen haben, um sich freiwillig für die Territorialverteidigung zu melden.

»Am Anfang war ich an einem Checkpoint eingesetzt ganz in der Nähe von Dnipro, da rechneten wir noch damit, dass die Russen in unsere Stadt einmarschieren«, erzählt Skeeper. Inzwischen ist er Kommandant einer Einheit, die direkt an der Frontlinie steht.

Bevor wir losfahren, gibt es noch eine kurze Einweisung. »Wir geben das Kommando«, erklärt Skeeper. »Wenn es einen Angriff gibt, dann halten wir sofort an, raus aus den

Autos, flach auf den Boden, abwarten, bis ich Entwarnung gebe. Und wenn wir gleich losfahren, stellt bitte alle eure Handys aus, die Signale könnten den Russen unsere Position anzeigen, dann wären wir ein leichtes Ziel.« Außerdem bittet er uns, in unserem aktuellen Bericht nach Möglichkeit den Ort nicht namentlich zu nennen, von dem aus wir aufbrechen.

Es ist nicht das erste Mal, dass ich an der Frontlinie im Osten der Ukraine bin. Seit Beginn des Krieges im Jahr 2014 habe ich immer wieder über die Armee berichtet und vor allem über die Kampfbataillone, die damals gegründet wurden, weil die ukrainischen Streitkräfte nicht in der Lage waren, den Angriffen der russischen Militärs und ostukrainischen Separatisten genug entgegenzusetzen. Natürlich gab es viele Situationen, in denen ich spürte, es wird jetzt gefährlich, aber in den vielen Jahren, die ich schon als Reporterin arbeite, habe ich gelernt, mit der Angst umzugehen. Die Möglichkeiten, sich auf Gefahrensituationen vorzubereiten, sind viel besser geworden. Alle Reporter:innen, Kameraleute, Cutter:innen und auch die Producer:innen, die für das ZDF in einem Kriegsgebiet arbeiten, müssen einen Lehrgang bei der Bundeswehr oder einem privaten Anbieter von Sicherheitstrainings absolviert haben. Inzwischen gehört eine solche Grundausbildung zum internationalen Standard.

Wir ziehen unsere schusssicheren Westen an, Sean, unser Begleiter von der Sicherheitsfirma, prüft noch mal, ob alle gut sitzen, dann steigen wir in unser Auto und folgen den beiden Soldaten in ihrem grünen Jeep über die Landstraße, die übersät ist von Schlaglöchern und Rissen. Es ist eine arme Region, schon lange wurde hier nichts mehr in die Infrastruktur investiert, in manchen Dörfern, durch die wir fahren, sehen wir Häuser, die von Raketen in Trümmer gelegt wurden, neben anderen, deren Fassaden und Gärten von der Vernachlässigung und dem Verfall vieler Jahre zeugen. Es ist Kriegsgebiet, die Straßen sind überall versperrt durch Betonblockaden, Sandsäcke und Panzersperren, an denen bewaffnete Männer stehen. In den Autos, die uns entgegenkommen, sitzen meist Soldaten, und auch in einigen verlassenen Höfen kann ich erkennen, dass die Armee dort Stellung bezogen hat.

Ich stelle mir vor, wie belastend es für die Menschen hier sein muss, mit der täglichen Bedrohung zu leben, zu wissen, dass jederzeit neue Granaten einschlagen können. Als die Angriffe am heftigsten waren, wurden die Bewohner:innen der umliegenden Dörfer evakuiert, erzählt mir Skeeper, doch inzwischen kehren sie zurück. »Viele hier sind Bauern, sie wollen und können ihr Land und ihre Tiere nicht einfach alleine lassen.«

Jetzt scheinen die Russen ihre Angriffe wieder zu verstärken. »In der vergangenen Nacht haben sie Phosphorbomben auf eines der Dörfer abgeworfen«, so Skeeper. Ich muss schlucken. Phosphorbomben erzeugen extrem hohe Temperaturen, die sogar Metall in kürzester Zeit zum Schmelzen bringen. Auf der Haut von Menschen rufen sie schwere, kaum heilbare Verbrennungen hervor und können zu tödlichen Vergiftungen führen, weshalb manche Militärexpert:innen sie sogar als chemische Waffen einstufen. Immer wieder setzt der Kreml diese Bomben gegen die Zivilbevölkerung ein. Es ist nur eines von vielen Kriegsverbrechen, die dem russischen Staat zur Last gelegt werden. Skeeper bemerkt meine Bestürzung. »Sie wollen uns vernichten, egal mit welchen Mitteln, unser Volk soll ausgelöscht werden, darauf zielt alles ab. Aber wir werden nicht aufgeben, wir werden unser Land verteidigen.«

Ich muss daran denken, wie häufig ich in letzter Zeit in Deutschland gefragt wurde, ob die Ukrainer:innen wirklich so entschlossen ihr Leben für die Freiheit riskieren wollen. Natürlich sind nicht alle Menschen in der Ukraine Helden, auch wenn es die Regierung in Kyjiw manchmal so aussehen lässt. Die meisten, denen ich begegne, vor allem hier auf dem Land, abseits der großen Städte, möchten einfach nur in Frieden leben, wünschen sich etwas Wohlstand und Perspektiven für ihre Kinder. Es gibt auch Männer, die nicht kämpfen wollen, die das Land lieber verlassen würden, um sich irgendwo im Westen Europas eine Zukunft aufzubauen. Dennoch habe ich den Eindruck, dass mit jedem Tag, den dieser Krieg dauert, die Entschlossenheit in weiten Teilen der Bevölkerung wächst, bei Männern und auch bei Frauen, obwohl es vor allem die Männer sind, die an der Front stehen – unterstützt von ihren Müttern, Ehefrauen, Schwestern, die das Land ebenfalls nicht verlassen wollen.

Während wir uns in Frontnähe in Donezk aufhalten, tagen im bayrischen Elmau die Vertreter:innen der G7 gemeinsam mit Abgesandten aus Indien, Südafrika, Indonesien, Argentinien und Senegal, die als »befreundete Staaten« eingeladen sind. Putins Krieg ist eines der wichtigsten Themen, aber es geht inzwischen um weit mehr als die Zukunft der Ukraine. Die weltweite Nahrungsmittelkrise, die Russland durch die Blockade ukrainischer Häfen und den Diebstahl von Getreide verursacht, Europas Energiekrise, die Angst vor wachsenden Flüchtlingsströmen – es geht um die globalen Auswirkungen des Krieges. Wohl deshalb drängt Emmanuel Macron auf einen baldigen Friedensschluss zwischen der Ukraine und Russland. Das provoziert ein Kontra Großbritanniens und vor allem der USA.

Ich habe den Eindruck, dass das Land zum Spielball globaler Interessen wird: Krieg und Frieden entscheiden über Leben oder Tod in Afrika und im arabischen Raum; die steigenden Energiepreise und die Inflation werden zu einem entscheidenden Verhandlungsfaktor; und die Angst vor einer chinesischen Invasion in Taiwan hat möglicherweise zur Folge, dass die USA in der Ukraine ein Exempel statuieren wollen. Auch in den Nachrichtensendungen ist der Krieg kein Topthema mehr. Nach vier Monaten spüre ich, wie auch mich die Ereignisse erschöpfen, das ständige Gefühl, nicht genug zu tun, um über das zu informieren, was hier passiert.

Nach einer halben Stunde, die wir Skeeper und Techniker in ihrem grünen Jeep folgen, geben sie uns plötzlich ein Zeichen, dass wir angekommen sind. Wir biegen in einen Landwirtschaftsweg am Rande der Kornfelder ein, ich hoffe, unser VW-Bus bleibt hier nicht stecken. Die Soldaten haben uns bereits erwartet und stehen bereit, um uns ihren Stützpunkt zu zeigen und meine Fragen zu beantworten. Sie sind eine kleine, bunt zusammengewürfelte Truppe von Freiwilligen aus allen Berufen und Gesellschaftsschichten. Ruslan, mit Mitte 30 der Jüngste, erklärt, dass er Eis herstellte und verkaufte, bevor der Krieg begann. Oleh, mit 58 Jahren der Älteste, ist bereits Rentner und war früher Mechaniker. Als wir später ein wenig abseits stehen, erzählt er mir, dass er als junger Mann für kurze Zeit als Soldat in Deutschland war. »Damals waren wir noch in einer Armee,

Russen und Ukrainer, heute führen sie gegen uns Krieg.« Es klingt traurig und bitter, Oleh ist nicht von Hass getrieben, sondern von dem festen Willen, sein Land nicht aufzugeben. Es ist ein hoher Preis, den sie dafür zahlen: 15 seiner Kameraden sind bereits getötet worden, und mehr als 70 wurden verletzt. »Hast du keine Angst?«, möchte ich wissen. »Natürlich habe ich Angst, ziemlich viel sogar. Aber die haben viel mehr Angst«, sagt er und weist mit dem Kopf in die Richtung, in der die Russen ihre Stellungen haben. »Wir sind hier zu Hause.«

Mir wird klar, wie sehr die Ukrainer:innen trotz ihrer Entschlossenheit auf verlorenem Posten kämpfen, vor allem diese kleinen Einheiten der Territorialverteidigung. In ihrer Stellung zwischen den offenen Feldern haben sie Schützengräben ausgehoben, ein kleines Labyrinth, an drei Stellen haben sie tiefer gehende Schächte angelegt. »Wenn sie uns beschießen, dann springen wir hier rein. Hier schlafen wir auch im Wechsel«, erklärt Oleh.

Er führt mich weiter, an den Rand des Feldes, wo es einen Aussichtspunkt gibt. Fünf Kilometer entfernt, so schätzt er, stehen die Russen. »Habt ihr Fernrohre?«, möchte ich wissen. Nein, ob die Gegner angreifen, das können sie nur hören. Außer ihren Kalaschnikows haben sie keine Ausrüstung. Die russische Artillerie kann sie also aus sicherer Entfernung angreifen, und ihnen bleibt nur, schnell Schutz zu suchen.

»In Deutschland können die Menschen nur schwer verstehen, dass ihr bereit seid, für euer Land zu sterben«, sage ich und füge dann hinzu: »Vielleicht, weil sie seit Jahrzehnten in Frieden leben.« »Eben«, sagt Ruslan, der Eishändler, »sie leben in Frieden, sie bauen ihre Wirtschaft immer weiter aus. Wir sind in einer anderen Phase, wir müssen den Feind besiegen und dann die Demokratie aufbauen.« Es klingt nicht bitter, sondern so, als sei es der Plan für die Zukunft, den es jetzt zu verfolgen gilt.

Im nahegelegenen Dorf Schewtschenko, durch das wir später zurückfahren, zeigen uns die Soldaten einen Kindergarten, in dessen Spielplatz eine Bombe einen großen Krater gerissen hat. Zwei bemalte kleine Holzbänke liegen zerbrochen da, die Rutsche ist verbogen und aus ihrer Verankerung gerissen. Nur die Rosenbeete am Rand sind unversehrt geblieben. Zwei Soldaten schaufeln mit großen Spaten die Trümmer beiseite. Und vor dem zweistöckigen Gebäude, das für einen Kindergarten imposant groß wirkt, kehren einige junge Frauen und zwei weitere Soldaten mit Strohbesen und Schippen die Scherben zerborstener Scheiben und Mörtel zusammen. Die Detonation hat offenbar die Fenster zerstört und auch einen Teil des Gebäudes.

Es ist ein anrührendes Bild, wie die kleine Gruppe sich bemüht, alles wieder in Ordnung zu bringen. Eine ältere energische Frau mit einem burschikosen Kurzhaarschnitt kommt auf mich zu, es stellt sich heraus, dass Oleksandra Pawliwna die Direktorin des Kindergartens ist. Die Jeans und die helle Bluse, die sie trägt, lassen sie sportlich aussehen, und trotz der Arbeit im Dreck hat sie sorgfältig in Orange lackierte Fingernägel.

Ich erkläre, dass ich Journalistin des deutschen Fernsehens bin und gerne zeigen würde, welche Zerstörungen die russischen Angriffe hier angerichtet haben. »Die Menschen kommen wieder zurück, aber ich weiß nicht, wie lange es dauern wird, bis wir hier alles wieder aufgebaut haben«, erzählt sie mir, und sie kann nur mit Mühe die Tränen zurückhalten, die ihr in die Augen treten. Teile des Gebäudes sind schwarz von Ruß, die Fenster sind alle zerstört. Gemeinsam steigen wir die Treppe hoch, die in den ersten Stock führt.

Ich muss wieder einmal über unzählige Glassplitter steigen, das Bild der Verwüstung bestürzt mich. Aus kaputten Leitungen tritt Wasser aus, Spielzeuge liegen verstreut auf dem Fußboden. Es ist ein Kindergarten, wie ich sie auch aus Russland kenne, hier wird mir wieder klar, wie eng die kulturellen Verbindungen sind, auch 30 Jahre nach Auflösung der Sowjetunion. Die Wände sind liebevoll bemalt, mit Figuren aus Märchen, bunten Verzierungen mit Blumen und Pflanzen – doch hier ist davon wenig geblieben. Zuletzt hatten sie 35 Kinder in drei Altersgruppen, erzählt die Direktorin. »Im ersten Stock war die Gruppe für die Älteren, aber da können wir nicht rauf, der Boden könnte einstürzen.«

»Haben die russischen Soldaten hier gewohnt?«, frage ich. Anders kann ich mir das Chaos nicht erklären. »Nein, unsere. Die haben hier geschlafen.« Ich kann es erst gar nicht fassen. »Sie meinen Soldaten der ukrainischen Armee?« Die alte Dame nickt und zeigt mir eine Wand im Flur, an der sie sorgfältig die Porträts jedes einzelnen Kindes aufgehängt haben. Die persönlichen Schränke, in denen die älteren Kinder ihre Sachen verstauen konnten, sind mit merkwürdigen Namen bekritzelt. »Kot«, lese ich, das heißt Kater. »Luk«, für Lauch, »Grot« für Grotte sind weitere. »Sind das die Namen, die Sie den Kindern geben?«, frage ich die Direktorin. »Nein, das sind die Kampfnamen der Soldaten.« Ich dränge nicht weiter, denn Oleksandra Pawliwna scheint die Tatsache, dass die ukrainische Armee ihren Kindergarten zum Übernachten für die Soldaten genutzt hat, nicht verwerflich zu finden, genauso wenig wie die Spuren, die sie hinterlassen haben.

Immer wieder stelle ich fest, der Krieg ist keine Situation, in der Menschen bereit sind, Dinge kritisch zu hinterfragen. Alles wird einem Ziel untergeordnet: den Feind besiegen. Auch in der Ukraine ist das so. Verglichen mit den Verbrechen der russischen Armee erscheint das, was ich hier sehe, als ein kleines Vergehen, dennoch, finde ich, müssen wir auch darüber berichten. Zuletzt hatte Amnesty International die ukrainische Regierung dafür kritisiert, Schulen und Kindergärten für ihre Zwecke zu nutzen und damit die Zivilbevölkerung unnötigen Risiken auszusetzen.

Ich merke, wie der Krieg und die Berichterstattung darüber an mir zehren. Besonders die letzten Tage in diesem Juni habe ich als große Strapaze empfunden. Um an die Frontlinie zu gelangen, mussten wir jedes Mal acht Stunden Auto fahren, vor Ort muss dann auch wegen der Gefahr alles schnell gehen, wir arbeiten unter großem Druck. Und zurück im Hotel gilt es dann, die Beiträge für die Abendsendungen zu machen. Manchmal beginnt ein Arbeitstag um 5 Uhr morgens und endet um 22 Uhr abends.

Und so bin ich zunächst wenig begeistert, als wir am 26. Juni 2022 von der ukrainischen Armee das Angebot bekommen, am nächsten Tag die gerade von Deutschland gelieferten Panzerhaubitzen 2000 an der Frontlinie in der Nähe von Bachmut zu zeigen. Fast vier Stunden werden wir auf schlechten Straßen unterwegs sein, durch Gegenden, die von der russischen Armee ständig beschossen werden.

Bislang hat es der Generalstab in Kyjiw immer abgelehnt, Journalist:innen zu Artilleriestellungen mitzunehmen, weil solche Besuche das Risiko erhöhen, dass ihre wichtigsten Waffen entdeckt werden. Es ist also ein einmaliges Angebot, mir die Haubitzen in der Ukraine, über die in Deutschland so viel debattiert wurde, anzusehen – ich kann es nicht ablehnen, und die Nachrichtensendungen möchten noch am selben Abend Berichte von mir haben.

Montag, der 27. Juni 2022, beginnt um 4.30 Uhr. Duschen, Sachen zusammenpacken, um 5.15 Uhr fahren wir los, denn wir sind um 9 Uhr schon mit einem Soldaten der Artilleriebrigade verabredet. Es ist ein ziemlich heißer Tag, die Klimaanlage in unserem Auto funktioniert nicht mehr richtig, noch bevor wir ankommen, bin ich ziemlich verschwitzt. Nach drei Stunden Fahrt erreichen wir Bachmut, eine der wichtigen Städte, die noch von der ukrainischen Armee kontrolliert werden. Wenn verhindert werden soll, dass die russische Armee auch die Region Donezk vollständig einnimmt, müssen sie Bachmut verteidigen.

Mitten durch die Region Donezk verläuft eine künstliche Grenze: Die Dörfer, durch die wir fahren, sind noch unter Kontrolle der ukrainischen Armee, der andere Teil der Region, mit der Stadt Donezk, gehört zur selbsternannten »Volksrepublik Donezk«. Als vor acht Jahren Separatisten, die von Russland unterstützt und aufgerüstet wurden, die Macht übernahmen, flüchteten viele Menschen in den Westen des Landes. Im August 2014 habe ich erlebt, wie Donezk in den Händen der Separatisten zu einer Geisterstadt wurde.

*Donezk, August 2014*

*Nach wochenlangem Krieg liegt das öffentliche Leben in Donezk lahm. Die Bürger verlassen die Stadt in der Ostukraine aus Angst vor weiteren Angriffen und Kämpfen, aber auch wegen der zunehmenden wirtschaftlichen Misere in der selbsternannten Volksrepublik.*

*Donezk gleicht einer Geisterstadt. Wir fahren durch menschenleere Straßen, fast alle Geschäfte sind geschlossen, auch die Restaurants, nicht einmal eine Tankstelle finden wir, die geöffnet ist. Der Bahnhof der einst quirligen Metropole steht still, inzwischen fahren keine Züge mehr. Die Einwohner, die geblieben sind oder bleiben mussten, versuchen, sich irgendwie durchzuschlagen. Am Busbahnhof verkaufen Frauen Kartoffeln, Zigaretten und eingemachte Gurken, ein Bild, das mich an die Jahre kurz nach dem Zusammenbruch der Sowjetunion erinnert.*

*Überall in der Stadt sind die Plakatwände zerstört. Nicht für Kino, sondern für Krieg wird jetzt geworben. »Verteidige deine Republik« steht auf einem Plakat, auf einem anderen wird ein Maschinengewehr gezeigt, darunter der Slogan: »Es wartet auf einen Helden.« Auch ein Panzer wird so angepriesen. Die Armee der selbsternannten Volksrepublik Donezk steckt dahinter – sie scheinen einen seltsamen Sinn für Humor zu haben. Männer in Camouflage, die erstaunlich selbstverständlich mit schweren Maschinengewehren über der Schulter herumlaufen, begegnen uns überall in der Stadt – die neuen Herren der Straße. Sie wollen auf keinen Fall gefilmt werden, und interviewen dürfen wir sie auch nicht. Ich verstehe nicht ganz, wovor sie Angst haben – eines Tages doch zur Rechenschaft gezogen zu werden?*

*Hinter dem Regierungsgebäude, vor dem Haus des Geheimdienstes, haben sie Sandsäcke aufgestapelt, Barrikaden, an denen keiner vorbeikommt. Donezk im Würgegriff des Krieges. Ich erinnere mich, wie wir im März 2014 das erste Mal in die Ostukraine gereist sind, zu der Zeit hatte Donezk noch einen Flughafen mit internationaler Anbindung. Heute liegt alles in Trümmern, seit Wochen kämpfen ukrainische Regierungstruppen und prorussische Separatisten um die Kontrolle, liefern sich schwere Gefechte. Der Flughafen Sergej Prokofjew ist strategisch wichtig, vor allem für den Nachschub ans Militär.*

*Militärisch scheinen die politischen Führer der selbsternannten Volksrepublik Donezk in diesen Tagen überlegen – das erklärt uns Boris Litwinow. Der Sechzigjährige ist seit Juli Parlamentssprecher, in seinem Büro im neunten Stock des Regierungsgebäudes empfängt er uns gut gelaunt und sehr freundlich zum Interview. Bereits im April 2014 hatte ich ihn mehrmals getroffen, damals war er für die Durchführung des Referendums zuständig, bei dem die Bürger über die Gründung der Volksrepublik abstimmen sollten.*

*»Wir kontrollieren dieses ganze Gebiet«, erklärt er und fährt mit dem Finger quer von Donezk bis in den Süden nach Mariupol über die Karte der Ukraine. Mariupol, so erklärt er ganz offen, habe seine Armee umstellt, nur ein winziger Teil im Westen sei noch nicht unter seiner Kontrolle. Ohne Kampf die Macht übernehmen – das ist sein Ziel. Litwinow will keinen Krieg in der Ukraine, sagt er. Er will nur die Unabhängigkeit von Kyjiw und eine wirtschaftlich eigenständige Volksrepublik – und dafür braucht er die Hafenstadt. »Was in Dnipro und Kyjiw passiert, das müssen die Bürger dort entscheiden«, sagt er, und ich überlege, ob diese Ent-*

*scheidung dann genauso laufen wird wie in Donezk, wo sich im März nach Umfragen nur 30 Prozent, also eine Minderheit, für eine eigenständige Volksrepublik ausgesprochen hatten – und dann diese Republik wenig später gegründet wurde.*

Am Morgen des 27. Juni 2022 treffen wir uns um 9 Uhr am Straßenrand mit einem Soldaten der Artillerie-Einheit, der mit uns an die Stelle fahren soll, wo eine der sieben Panzerhaubitzen steht, die Deutschland der Ukraine geliefert hat. Alles müsse unter äußerster Geheimhaltung bleiben, sagt er uns eindringlich, damit die russischen Streitkräfte die gerade gelieferten Waffen auf keinen Fall entdecken könnten. Außer unserem ZDF-Team nehmen sie nur noch einen weiteren deutschen Journalisten mit, Paul Ronzheimer von der Bild-Zeitung.

Die letzten Meter müssen wir zu Fuß gehen, die Soldaten ermahnen uns noch einmal, unsere Handys auszustellen und auf keinen Fall den Weg zu filmen, den wir zurücklegen – all das könnte es ihren Feinden ermöglichen, die Position ihrer Stellung zu orten. Hintereinander gehen wir an einem Feld entlang, ich bin froh, dass ich solide Schuhe angezogen habe. Die Sonne brennt vom Himmel, und wir kommen alle ziemlich ins Schwitzen. Ich muss daran denken, dass wir später noch einmal dreieinhalb Stunden nach Dnipro zurückfahren müssen, um dann direkt Beiträge für die Nachrichtensendungen *heute* und *heute journal* zu machen. Vor 22 Uhr werde ich also nicht ins Bett kommen. Zum Glück kann ich gut im Auto schlafen.

Die letzten Meter müssen wir uns durch dichtes Gestrüpp schlagen, bis die Soldaten auf einmal anhalten. Ich muss genau hinsehen, um die Panzerhaubitze zu entdecken, so gut haben sie sie unter Gestrüpp versteckt. Ruslan, einer der Soldaten, die in Deutschland ausgebildet wurden, ist bereit, mit uns zu sprechen, allerdings nur mit einem Tuch vor seinem Gesicht, er möchte nicht erkannt werden. Vor fünf Tagen erst ist der Sechsundzwanzigjährige zurückgekommen. »Wir haben in 36 Tagen alles gelernt, nicht nur die Technik, auch den taktischen Einsatz der Haubitzen an der Front. Das war ein großer Druck, deutsche Soldaten haben für diese Ausbildung sechs Monate.«

Ruslan ist für einen Soldaten erstaunlich offen, aber auf einige unserer Fragen darf er nicht antworten. Nur so viel erfahren wir: Die Haubitze war bereits erfolgreich im Einsatz. Wie oft und wo, das muss geheim bleiben. »Kommen diese Waffenlieferungen nicht zu spät?«, frage ich. Kurz zögert Ruslan. »Ich möchte jetzt nichts Falsches sagen, das Probleme verursachen könnte«, sagt er, doch dann fährt er nach einer kurzen Pause fort: »Ja, es kommt alles zu spät, viel zu spät. Wir hätten besser vorbereitet sein müssen, auch schon vor dem 24. Februar. Wir wussten, dass die Russen uns angreifen werden, sie werden uns nie in Ruhe lassen. Wir hätten uns darauf viel besser vorbereiten müssen.«

Der Ärger über den Westen, aber auch über die eigene Regierung ist spürbar, und ich kann gut nachvollziehen, dass der junge Soldat so empfindet. Seit 2014 führt Russland diesen Krieg gegen die Ukraine, damals war Ruslan gerade 18 Jahre alt. Und statt ins Leben zu starten, ist nun wieder eine Generation dabei, dem Tod ins Auge zu sehen.

Ich muss daran denken, wie wir am Vortag bei unserer

Fahrt an die Front von einer Gruppe Kinder gestoppt wurden, die einen Checkpoint, den die Territorialverteidigung offenbar aufgegeben hatte, übernommen hatten.

In einem Camouflagehemd mit passender Weste und Baseballkappe, ein Plastikgewehr unter dem Arm, winkte einer von ihnen uns heran. Unser Fahrer Oleksij spielte das Spiel lächelnd mit, er hielt an und ließ das Fenster herunter. Drei Kinder steckten daraufhin neugierig ihre Köpfe herein und antworteten auf die Frage, was sie hier machen: »Wir kontrollieren jeden, der hier durch will.«

Wie sich herausstellte, sind der elfjährige Andrij und der zehnjährige Bohdan jeden Tag hier, und der Dritte im Bunde, so zeigte sich, ist ein Mädchen, Diana, die gerade 14 geworden war. »Medik«, Ärztin, stand auf der grünen Baseballkappe, die sie sich über ihre strubbeligen kurzen Haare gezogen hat. Die Rollen sind also schon klar verteilt, dachte ich. Nachdem wir kurz bei ihren Eltern und Großeltern telefonisch nachgefragt hatten, ob wir mit ihnen ein Interview machen dürften, erzählten die drei bereitwillig, zunächst von dem kleinen struppigen Hund, den sie dabeihatten und der faul neben den Sandsäcken, mit denen der Checkpoint gesichert war, in der Sonne lag. »Das ist Patron, unser Minenhund«, erklärte Andrij. Den Namen hatten sie von dem berühmten Minenhund übernommen, den Präsident Selenskyj vor einigen Wochen im Präsidentenpalast mit einem Orden ausgezeichnet hatte. »Wir verteidigen hier unser Land«, sagte Andrij und rückte seine grüne Plastik-Kalaschnikow, die über seine Schulter heruntergerutscht war, wieder zurecht. »Wir sind die 17. Brigade. Die Brigade existiert auch in unserer Schule.« Anders als Bohdan und Diana, die immer mal wieder im Gras an der

Diana, Bohdan und Andrij (mit seinem Plastikgewehr) an dem verlassenen Checkpoint, den sie bewachen. Hinter den Sandsäcken liegt ihr Hund Patron.

Seite herumlungerten und lachten, schien der Elfjährige das Spiel besonders ernst zu nehmen.

Ich musste schmunzeln. Aber dann sagte ich: »Mal ehrlich, ihr wisst schon, dass ihr mit euren Plastikgewehren hier nichts ausrichten könnt? Wie reagieren denn die Erwachsenen auf euch, die hier durchfahren?« Andrij schaute mich erstaunt an. »Die folgen unseren Befehlen.« Und wie zum Beweis winkten sie gleich ein weiteres Auto heran, das über die staubige Landstraße herangefahren kam und sofort anhielt. Diana kontrollierte den Pass, den der Fahrer durch die Scheibe hinausreichte, während Andrij mit dem Plastikgewehr dahinter stand und alles überwachte. Als sie ihm gute Fahrt gewünscht hatten, ging ich noch einmal zum Fahrer, einem älteren Herrn mit dichtem Schnauzbart und einer großen Brille, der an seinem blauen kleinen Auto eine ukrainische Flagge angebracht hatte. Ich fragte ihn, ob er es nicht merkwürdig finde, dass Kinder an einem Checkpoint stehen. »Nein, überhaupt nicht, das machen die richtig, das ist gut«, antwortete er lächelnd und fuhr weiter.

Triumphierend lächelte mich Andrij an, ganz so, als wollte er sagen: Na, siehst du! Wir verabschiedeten uns und ließen ihnen noch ein paar Schokoriegel da. Es war bereits spät, und sie versprachen uns, ebenfalls nach Hause zu gehen. »Müsst ihr morgen nicht zur Schule?«, fragte ich sie. Nein, es seien Sommerferien, antworteten die drei. Sommerferien in einem Land im Krieg.

Während ich im Zug von Kyjiw nach Lwiw sitze und diese Zeilen schreibe, fühle ich Trauer in mir aufsteigen. Werden Diana, Bohdan und Andrij noch eine Chance haben, eine echte Kindheit zu erleben, oder werden sie in diesem Krieg erwachsen werden? Wie lange werden die

Ukrainer:innen die Angriffe auf ihre Städte und Dörfer noch ertragen müssen, wie viele Menschen werden Putins Soldaten noch töten und verletzten? Gibt es eine Perspektive für einen Friedensschluss? Und was wird dann der Preis sein? Es sind Fragen, die mich auch weiter beschäftigen werden, selbst dann, wenn ich wieder sicher in Berlin angekommen sein werde.

Kapitel 11

# Kyjiw

## Meine persönliche Begegnung mit Wolodymyr Selenskyj

Treffen mit Wolodymyr Selenskyj in seinem Büro in Kyjiw.

»Unser größter Ruhm ist nicht, niemals zu fallen, sondern jedes Mal wieder aufzustehen.«
NELSON MANDELA

Die Nachricht vom 10. Oktober 2022 war knapp formuliert und ließ keinen Spielraum: »Das Interview findet morgen statt, die genaue Uhrzeit gebe ich noch durch.« Bereits im Frühjahr hatte mir Sergej Nikiforow, Selenskyjs Pressesprecher, zugesagt, dass ich den Präsidenten zu einem Gespräch treffen könnte. Doch immer wieder hatte er mich vertröstet. Nun hatte sich unsere Geduld und Hartnäckigkeit ausgezahlt.

Für unser Team war klar: Wir wollten nicht nur ein Gespräch führen, sondern auch zeigen, unter welchen Umständen der ukrainische Präsident arbeitet und lebt. Viele Orte innerhalb des Palastes sind inzwischen international bekannt. Seit dem Tag, an dem Russland seinen landesweiten Angriff auf die Ukraine begann, meldet sich Wolodymyr Selenskyj täglich per Selfie-Video aus seinem Bürozimmer oder dem Innenhof des Palastes. Er sendet Botschaften in die ganze Welt, vor allem aber auch an seine Landsleute. Per Videokonferenzleitung hält er Reden vor ausländischen Parlamenten und schaltet sich in die Sitzungen der NATO zu, genauso wie in den UN-Sicherheitsrat und das Weltwirtschaftsforum im schweizerischen Davos.

Doch so vertraut die Orte wirken, vieles muss geheim bleiben, und ein Besuch im Palast geht mit der Verpflichtung einher, keine Details zu zeigen, die die Sicherheit des

Präsidenten und seines Teams gefährden könnten. Auch müssen Besucher ihre Smartphones abgeben. So soll vermieden werden, dass russische Militärs Selenskyjs Aufenthaltsort bestimmen. Der ukrainische Präsident ist Putins Zielperson Nummer eins.

Die Gebäude in der Bankowa Straße liegen in einem dicht bewohnten Viertel im Herzen Kyjiws und sind von zahlreichen Checkpoints umgeben. Betonbarrikaden und Panzersperren blockieren die Straßen, Autos können hier nicht durchfahren, und die Soldaten kontrollieren jeden, der passieren möchte, genau.

Nachdem wir uns an einer Straßenkreuzung ganz in der Nähe des Palastes getroffen haben, lotst uns unser Begleiter, ein Mitarbeiter aus dem Medienteam, durch die Kontrollen. Ich muss daran denken, wie unmittelbar und groß die Gefahr hier zu Beginn des Krieges war: Am 24. Februar rückten russische Truppen auf die Hauptstadt vor, mit dem Ziel, sie einzukesseln. Spezialagenten sollen mehrfach versucht haben, in den Palast vorzudringen, um Wolodymyr Selenskyj zu entführen oder gar zu töten. Doch Putins Plan, den ukrainischen Präsidenten in nur wenigen Tagen zu entmachten, scheiterte. Die USA hatten ihn wiederholt davor gewarnt, in Kyjiw zu bleiben, und Selenskyjs Familie angeboten, sie außer Landes zu bringen. Dass er und seine engsten Vertrauten blieben, hat den Lauf der Geschichte entscheidend bestimmt.

Auch heute noch liegen die Gänge des Palastes weitgehend im Dunklen, die Fenster sind mit Sandsäcken gesichert, überall sind bewaffnete Sicherheitsleute positioniert – all das bildet einen merkwürdigen Kontrast zu dem prunkvollen Mobiliar und den stuckverzierten Decken und

Wänden. Selenskyj hat sich ein wenig verspätet an diesem Morgen, kurzfristig hatte er sich mit seinem Team besprechen müssen. Jetzt kommt er mit energischen Schritten die Treppe hoch in die Empfangshalle. Wie immer trägt er Turnschuhe, eine grüne Militärhose und ein T-Shirt.

Doch in der Halle mit den meterhohen Decken ist es so kalt, dass Selenskyj sich erst einmal eine ebenfalls grüne Fleecejacke bringen lässt. »Auch wir müssen Strom sparen«, erklärt er mit einem Schmunzeln.

Den Humor hat sich der einstige Comedian und Schauspieler bewahrt, das sei wichtig, um die positive Einstellung zum Leben nicht zu verlieren. Doch der unbeschwerte Gesichtsausdruck und die Heiterkeit sind verschwunden, tiefe Falten haben sich in sein Gesicht gegraben, und selbst wenn er lächelt, dringen eine intensive Traurigkeit und Schmerz durch seine Augen. Er sei härter und ungeduldiger geworden, sagen seine Vertrauten.

Wolodymyr Selenskyj ist ungewöhnlich direkt und spontan und manchmal geradezu herzlich. Er schüttelt jedem in meinem Team die Hand zur Begrüßung. Nachdem wir uns kurz auf Russisch unterhalten haben, frage ich ihn, in welcher Sprache er unser Interview führen möchte. Immer öfter lehnen Ukrainer:innen es inzwischen ab, Russisch zu sprechen, vor allem Politiker:innen. Ob es okay sei, dass ich meine Fragen auf Russisch stelle, möchte ich wissen. Ich verstehe zwar Ukrainisch, aber um präzise genug für ein Fernsehinterview zu formulieren, dazu reichen meine Kenntnisse nicht. »Dann übersetzen Sie, was ich sage?«, fragt Selenskyj, während wir uns auf die gegenüberliegenden Stühle, zwischen denen ein kleiner Tisch aufgestellt wurde, setzen. Als ich bejahe, sagt er: »Dann können wir doch auch gleich Russisch miteinander sprechen« und wendet sich dabei kurz an seinen Sprecher, der erst etwas irritiert wirkt, dann aber zustimmend nickt. Ich weiß, dass Regierungssprecher solche spontanen Vereinbarungen nicht mögen, aber Sergej Nikiforow scheint zu wissen, dass er jetzt nichts mehr ausrichten kann. Später werden wir das Interview auch in der russischen Originalversion veröffentlichen – über eine Million Menschen werden es auf Youtube anschauen, mehr als die Fassung, die wir ins Deutsche übersetzen lassen. Dass er dabei auch das Risiko eingeht, von denen kritisiert zu werden, für die Russisch inzwischen als Sprache des Feindes gilt, scheint Wolodymyr Selenskyj, dessen Muttersprache Russisch ist, nicht zu interessieren.

Es ist ein Auftreten, das ganz und gar ungewöhnlich ist für einen Präsidenten, und Selenskyj pflegt dieses Image. Als Schauspieler weiß er um die Wirkung von Bildern, er hat verstanden, dass von Äußerlichkeiten eine wichtige Botschaft ausgeht. Und so hat er mit Beginn des Krieges Anzug, Hemd und Krawatte abgelegt, ganz so, als sei diese Kleidung nicht mehr passend. Selbst bei Staatsbesuchen trägt er stets ein kurzärmliges grünes T-Shirt mit Armeehose. Die Rolle des Präsidenten im Krieg scheint er auch äußerlich verkörpern zu wollen. Vom Comedian und Schauspieler aus der Provinz hat er sich zu einem Führer der freien Welt entwickelt, von dem manche sagen, er sei der Winston Churchill des 21. Jahrhunderts. Sein Stil hat die internationale Diplomatie verändert und genießt inzwischen Kultstatus. Im Londoner Auktionshaus Christie's kam eine seiner grünen Fleecejacken für mehr als 100 000 Euro unter den Hammer. Wie viel davon ist Strategie, wie viel entscheidet er spontan, möchte ich wissen. »Ich bin ein sehr aufgeschlossener und aufrichtiger Mensch, ich war immer schon überzeugt, dass die Wahrheit die Leute schneller erreicht. Aber vor dem russischen Angriff habe ich versucht, mich den Regeln der Diplomatie anzupassen und mich entsprechend zu verhalten. Ich konnte einiges nicht offen ansprechen. Mit Beginn des Krieges habe ich angefangen, mit den Führern der Welt so zu sprechen, wie ich es für angemessen hielt. Ich hatte keine Zeit, mich zu verbeugen oder abzuwarten, ich hatte keine Zeit für öffentliche Diplomatie.«

Selenskyj hat eine lebendige und intensive Mimik und Gestik. Er sitzt zwar aufrecht und ruhig auf seinem Stuhl, doch seine Hände sind immer in Bewegung. Er holt weit aus, wenn er erklären möchte; wenn er zuhört, lässt er sie zurück in den Schoß fallen, faltet sie zusammen, ganz so, als müsse er sich zentrieren. Selenskyj ist ein aufmerksamer Zuhörer, nie fällt er mir ins Wort, und häufig vergehen einige Sekunden, bis er antwortet. Seine Gesichtszüge sind angespannt, manchmal sogar schmerzhaft verzerrt, wenn er über die menschlichen Tragödien dieses Krieges spricht, er kann aber in kurzer Zeit zu einem hoffnungsvollen Lächeln wechseln, manchmal sogar zu einem schalkhaften Grinsen.

»Ich trete für einen offenen Dialog ein, der Resultate bringt. Ich habe nicht die Möglichkeit, zu sagen: ›Lassen wir uns darüber sprechen, und du antwortest mir in einem Jahr, was Du davon hältst.‹ Stehen wir auf einer Seite oder nicht? Dafür gibt es in einem Krieg keine Zeit. In jeder Minute kann ein Raketenangriff kommen, jede Stunde kommen mehr getötete Menschen dazu. Je schneller ich Resultate erziele, umso mehr Menschenleben kann ich retten.«

Seitdem auch er und seine Familie am frühen Morgen des 24. Februar 2022 von russischen Luftangriffen überrascht wurden, führt Selenskyj ein Leben im Ausnahmezustand. Tag für Tag, Stunde für Stunde müssen Entscheidungen mit gravierenden Konsequenzen getroffen werden, oft unter großem Zeitdruck. Es ist ein kleiner Zirkel von engen Vertrauten, mit denen der Präsident sich bespricht. Es sind nur Männer. Zu ihnen gehört sein Büroleiter Andrij Jermak, sein außenpolitischer Berater Mychajlo Podoljak, auch Parlamentspräsident Ruslan Stefantschuk, Außenminister Dmytro Kuleba und immer wieder auch Verteidigungsminister Oleksij Resnikow.

»Das ist ein Schnell-Einsatz-Team. Wir beschäftigen uns mit allen Fragen, von der Wirtschaft über Energie bis zur Diplomatie.« Viele seiner Vertrauten sind Journalisten, Produzenten, so wie Mychajlo Podoljak, manche waren wie Selenskyj vorher in der Unterhaltungsindustrie. Keiner von ihnen war vorbereitetet auf das, was kam.

Ob er sich nicht manchmal überfordert fühle, der Herausforderung und der Belastung nicht gewachsen, möchte ich wissen. Selenskyj überlegt kurz, ganz so, als habe er meine Frage nicht verstanden. Er richtet den Blick nach oben, dann schaut er mich geradeheraus an. »Der Krieg hat mir klargemacht, was Führung bedeutet. Diese Verantwortung kann leider – oder zum Glück – niemand nachvollziehen, der die Herausforderung, die ein Krieg mit sich bringt, noch nicht erlebt hat. Wenn du als Präsident gewählt wurdest, man dich unterstützt hat, dann solltest du durchhalten. Weil es eine Frage des Überlebens der Ukraine ist. Wir sprechen davon, ob unser Volk und seine nachfolgenden Generationen am Leben bleiben, mit seiner Kunst, seiner Wissenschaft, seiner Sprache. Ich fühle starke Unterstützung, wir haben eine mutige Gesellschaft, mutige Militärs.

Doch natürlich gibt es Momente, in denen ich mich überfordert fühle: wenn die Welt auf schnelle Reaktionen wartet – und nur auf Siege, denn keiner mag Verlierer.« Der Druck ist groß, und er wächst jeden Tag. Und doch hat die ukrainische Armee militärische Erfolge, die ihr niemand zugetraut hatte. Doch anders als Wladimir Putin sieht Selenskyj auch den Preis für den Erfolg. »Ist es wirklich ein Sieg für ein Land, wenn Menschen sterben? Sind es nicht zu viele Opfer? Da bin ich mir manchmal nicht sicher. Doch die Ukraine darf nicht verlieren.«

Es sind einfache, aber klare Worte, die Wolodymyr Selenskyj findet, um zu beschreiben, was manche Menschen in Europa, vor allem in Deutschland, aus seiner Sicht oft nicht nachvollziehen können. Er spricht nicht die geschliffene Sprache eines Politprofis, und vielleicht ist es gerade das, was ihn so glaubwürdig erscheinen lässt. Immer wieder hält er inne, ganz so, als müsse er noch einmal in sich hineinhorchen. »Ich bin froh, Präsident in dieser Zeit zu sein und nicht in einer Zeit, in der im Land alles in Ordnung ist.« Ich muss daran denken, wie Selenskyj zu Anfang des Krieges in einem Interview mit dem *Time*-Journalisten Simon Shuster formuliert hatte: »Ich glaube, ich habe die Menschen nicht enttäuscht, sie vertrauen mir mehr als damals, als sie mich gewählt haben.«

Auf einem kleinen Tisch zwischen uns haben die Mitarbeiter des Presseteams jeweils ein Glas Wasser für uns beide hingestellt und einen blauen Notizblock mit einem Stift dazu. Wird sich der Präsident Notizen machen? Soll ich mir etwas notieren, überlege ich. Doch das Gespräch mit ihm hat eine solche Intensität, dass ich selbst vergesse, an meinem Wasser zu nippen. Selenskyjs Selbstbewusstsein wirkt nicht unangenehm, sondern sympathisch auf mich. Er weicht keiner meiner Fragen aus, scheint sogar Spaß an überraschenden Fragen zu haben. »Wer steht Ihnen von all den Weltpolitiker:innen am nächsten?«, möchte ich wissen. »Rein menschlich?« »Ja, als Mensch, wen rufen Sie an, wenn es Ihnen schlecht geht, Sie Rat brauchen?«

»Ich hatte eine sehr innige Beziehung zu Boris Johnson, zu Andrej Duda, zu den Präsidenten von Litauen und Lettland. Den Gitanas konnte ich immer anrufen, Emmanuel Macron sagte mir, ich könne ihn jederzeit über Whatsapp anrufen. Mit denen, die ich genannt habe, spreche ich nicht nach Protokoll, sondern direkt. Während eines Krieges muss man oft schnell entscheiden, zusammenkommen, um etwas zu besprechen.«

Selenskyj imitiert kurz einen Dialog, den er geführt hat. Er versteht es, die Situation lebendig erscheinen zu lassen: »Hör mal zu, die bereiten einen neuen Terroranschlag vor, unser Geheimdienst hat Infos bekommen.« Und dann sagt er lächelnd: »Ich würde dies iPhone-Diplomatie nennen. Das gab es vorher bei uns nicht und auch sonst nicht. Diese iPhone-Diplomatie hat uns in den ersten Tagen des Krieges sehr geholfen, und sie blieb erhalten.« Auch Bundeskanzler Olaf Scholz zählt der ukrainische Präsident inzwischen zu denen, die er sofort kontaktiert. Als Russland die ukrainische Hauptstadt im Oktober 2022 überraschend mit Drohnen angriff, seien Macron, Duda und Scholz die ersten gewesen, die er angerufen habe.

Von Anfang an hat Selenskyj verstanden, dass dieser Krieg nicht allein an den Frontlinien des Landes entschieden wird, sondern auch in Parlamenten und Regierungen westlicher Staaten, in der EU, der NATO, der UN. Seine

Mission besteht darin, der westlichen Welt klarzumachen, dass es auch um ihr eigenes Überleben geht. Von seinem Büro schaltet er sich über Videokonferenzleitung in die ganze Welt. Er spricht bei den Grammy Awards genauso wie im UN-Sicherheitsrat, meldet sich während des Weltwirtschaftsforum im schweizerischen Davos oder spricht zu französischen Studenten. Er findet für alle eine persönliche Ansprache, in seinem Werben um Unterstützung für sein Land bemüht er immer wieder auch historische Bezüge. Im US-Kongress erinnert er an Pearl Harbour und 9/11, im deutschen Bundestag spricht er vom Holocaust. Im Kern geht es immer um die gleiche Botschaft: Die Forderung, die Ukraine mit Waffenlieferungen und finanziellen Hilfen zu unterstützen und Russland mit harten Sanktionen zu strafen und zu isolieren.

Immer wieder muss Selenskyj dabei auch Rückschläge hinnehmen. Die NATO erteilt seiner Forderung nach einer Flugverbotszone bereits in den ersten Tagen des Krieges eine Absage, im UN-Sicherheitsrat verhindert Russland mit seinem Vetorecht jede Möglichkeit einer Verurteilung der Angriffe auf die Ukraine. Und es sind besonders die europäischen Staaten, die anfangs viel zu lange über die Lieferung von Panzern, Militärfahrzeugen und Artillerie debattieren. Selenskyj kritisierte Deutschland immer wieder ganz besonders – für das enge Verhältnis, das Politik und Wirtschaft über lange Jahre zu Putin pflegten, und für die Tatsache, dass Deutschland sich allen Warnungen zum Trotz von russischem Gas und Öl abhängig gemacht hat. »Der Präsident«, das hatte mir einer seiner Vertrauten einmal gesagt, »hat ein schwieriges Verhältnis zu Ihrem Land, seit Langem schon«.

Als ich Selenskyj im April 2022 in Butscha persönlich begegnete, forderte er bitter, Angela Merkel solle doch einmal in die Stadt kommen, um die Resultate ihrer Politik zu sehen. Das deutsch-ukrainische Verhältnis erlebte seinen Tiefpunkt, als Selenskyj wenig später Bundespräsident Frank-Walter Steinmeier, der sich im April 2022 bereits auf dem Weg nach Kyjiw befand, ausrichten ließ, er sei in der ukrainischen Hauptstadt nicht willkommen. Erst im Juni reiste Bundeskanzler Olaf Scholz als einer der letzten europäischen Regierungschefs in die Ukraine, um sich selbst ein Bild von der Situation zu machen.

»Hat sich Ihr Verhältnis zu Deutschland seitdem geändert?« »Ich denke, meine Einstellung zu Deutschland war immer positiv. Ich habe gesehen, wie die deutsche Gesellschaft größtenteils einig war, die Ukraine in ihrem Kampf um ihre Rechte und ihre Freiheit zu unterstützen. Meine Einstellung zu Deutschland hat sich also nicht geändert.« Selenskyj lächelt kurz, dann fährt er fort: »Die Einstellung des Kanzlers hat sich mir und uns gegenüber verändert und damit auch meine Haltung ihm gegenüber. Seitdem er Kanzler geworden ist, hat er sich gründlicher in das Thema eingearbeitet. Er hat gesehen, welche Konsequenzen der Krieg hat. Und er hat verstanden, dass man dem russischen Präsidenten nicht glauben kann.«

Selenskyj erinnert an die Gespräche, die Olaf Scholz und der französische Präsident Emmanuel Macron immer wieder mit Wladimir Putin führten, noch kurz vor Beginn des Angriffskrieges. »Der Kanzler und Emmanuel Macron hatten ihre eigenen Gespräche, und dann lief alles ganz anders. Ich weiß davon, und ich denke, das hat das Vertrauen erschüttert. Sie haben erlebt, dass der russische Präsident das eine sagt, dann aber ganz anders handelt.« Er sei froh, dass sich diese Erkenntnis nun durchgesetzt habe. Und ein wenig bitter fügt er hinzu: »In der Hoffnung, gehört zu werden, hat die Ukraine lange an die deutschen Fenster und Türen geklopft.« Immer wieder habe man versucht klarzumachen, dass man es bei Putin mit einem Menschen zu tun habe, der nicht verlässlich handele, mit dem man nicht einfach verhandeln könne. »Das sind Terroristen, die nicht wissen, was sie tun.«

Er sei dankbar dafür, dass sich diese Erkenntnis nun auch in Deutschland durchgesetzt habe. »Es ist aber gerecht, zu sagen, dass die Unterstützung, die wir jetzt erhalten, nicht nur uns, sondern allen hilft. Die Ukraine trägt heute die größten Opfer, weil der Krieg auf unserem Territorium geführt wird. Aber wo wird der Krieg morgen sein? Die Deutschen waren immer Pragmatiker, und deshalb kann ich auch pragmatisch sagen: Den Krieg hier zu beenden wäre mit Sicherheit von Vorteil für Europa und ganz unmittelbar auch für Deutschland.«

Selenskyj kann das, was er erreicht hat, als Erfolg verbuchen, trotz aller Rückschläge. Der Krieg in der Ukraine hat nicht nur die deutsche Politik fundamental verändert, er hat auch Auswirkungen auf die globale Sicherheitsstruktur. Ein Land mit rund 40 Millionen Menschen, das bis vor wenigen Jahren auf der politischen Landkarte kaum eine Rolle spielte, hat die westliche Welt zusammenrücken lassen. Nie haben die USA und Europa seit dem Ende des Zweiten Weltkrieges mehr militärische Unterstützung für ein Land bereitgestellt als für die Ukraine.

Doch die Befürchtung, dass die Welt das Interesse verlieren könnte, dass die Stimmung irgendwann wieder kippen könnte, besorgt den ukrainischen Präsidenten fast ebenso sehr wie Russlands Bomben. »Europa lebt noch immer mit der Angst: Was halten die Russen davon? Wie wird Putin reagieren? Und was kommt, wenn es Putin nicht mehr gibt?« Das hält er für eine schwache, falsche Haltung. »Es ist wichtig, dass wir die Initiative ergreifen. In den ersten Tagen des Krieges hatten die Russen die Initiative, doch dann haben wir sie ergriffen. Ungeachtet der Tatsache, dass sie unsere Territorien besetzt haben, dass ihre militärischen Mittel und die Anzahl der russischen Soldaten ungleich größer waren als unsere. Und wir geben nicht nach.« Weil Russland auf dem Schlachtfeld keine Erfolge habe, griffen sie nun gezielt die Infrastruktur seines Landes und die Zivilbevölkerung an. »Die wollen uns Angst einjagen und uns brechen. Auch in der Diplomatie. Sie betreiben atomare Erpressung, sie nutzen die Bedrohung, dass ganz Europa frieren wird. Es kann nicht sein, dass ein Land der ganzen Welt diktiert, wie die Menschen zu leben haben.«

Ob er nicht die Gefahr sehe, dass Russland seine Atomwaffen einsetze, das sei eine große Sorge, die auch die Deutschen haben, frage ich. »Sie werden diese Waffen nur dann nicht nutzen, wenn sie eindeutig die Stärke Europas spüren und verstehen, dass die Europäer nicht zu erpressen sind, durch nichts. Solange sie Besatzer sind, müssen sie isoliert bleiben. Man darf gegenüber der russischen Führung keine Schwäche zeigen.«

Der Krieg habe sein Land stärker gemacht, es geeinigt. »Auch Europa kann die Krise, die durch Russlands Handeln entstanden ist, nur dann bewältigen, wenn es sich einig ist, dass es unser gemeinsamer Krieg ist. Gewinnen können wir nur zusammen. Wenn die Ukraine scheitert, dann verlieren nicht nur wir, dann verliert ganz Europa.«

Wenn er das sagt, dann glaubt man ihm, so überzeugend trägt er es vor. Seine Art lässt keine Zweifel zu. »Haben Sie noch Kraft«, möchte ich wissen, »und woher nehmen Sie die?« »Sehr viel sogar! Das ist unser Haus, und es ist alles, was wir haben. Wir verteidigen das Leben und die Freiheit, die uns gegeben ist, und unsere Erde, die uns sehr nah ist. Das ist alles, was wir haben. Das alles sind starke Argumente, für das eigene Land zu kämpfen, denke ich. Aber die wichtigste Energiequelle in diesem Krieg ist die Wahrheit und die Tatsache, dass das Recht auf unserer Seite ist. Wir kämpfen nicht auf russischem Territorium. Sie sind in unser Land gekommen, sie haben uns die Ruhe genommen, unsere Menschen, unser Territorium. Das sieht die ganze Welt. Es gibt einige, die die Augen und Ohren davor verschließen, denen es Angst macht, die Wahrheit zu sehen. Aber die Wahrheit ist wie Wasser, sie sickert irgendwann durch.«

Deshalb sei es entscheidend, gegen die Lügen und die Desinformationspolitik des Kreml anzukämpfen – auch im Hinblick auf die russische Öffentlichkeit müssten Europa und die westliche Welt einfache und klare Signale senden. »Man sollte sehr direkt sagen: ›Liebe Bürger der Russischen Föderation, an Ihrer Spitze steht ein Mensch, der mit Nuklearwaffen droht. Wir können mit ihm nicht sprechen, und Sie alle werden aus diesem Grund leiden. Wir isolieren Sie, weil wir mit Terroristen nichts zu tun haben wollen.‹« Es gebe nur einen Ausweg, sagt Selenskyj. »Sobald sie bereit sind, einen Dialog zu führen, ohne Maschinengewehre, ohne Drohungen, wenn sie unser Territorium verlassen und aufhören zu töten, dann können wir mit ihnen verhandeln.« Und dann fragt er, als mache es ihn selbst fassungslos: »Was ist das überhaupt für ein Land, wenn jeder nach 100 Gramm Wodka schreiend droht: ›Morgen setzen wir Nuklearwaffen ein‹?«

Der Schmerz ist Selenskyj in diesem Moment anzusehen – vielleicht ist es auch der Gedanke daran, dass niemand zurzeit die Entwicklungen in Russland wirklich klar einschätzen kann, die ihn sorgt. »Sie haben gesagt, dass Sie nicht bereit wären, mit Putin zu reden«, sage ich. »Mit wem werden Sie reden? Wie kann Frieden erreicht werden?«

»Das ist mit dem möglich, der Frieden will. Wir sind bereit zu sprechen. Mit der Russischen Föderation auch. Ich war bereit, mit Putin zu sprechen, seit dem Tag, als ich zum Präsidenten gewählt wurde. Ich habe ihn immer wieder kontaktiert. Mir wurden ständig irgendwelche Forderungen gestellt, ich hatte gar nicht die Möglichkeit mit ihm zu sprechen. Bereits zwei Jahre vor der Invasion habe ich mich mit der Frage an alle gewandt, an Deutschland, an Frankreich, an die USA. Wie wollen wir Frieden erreichen, wenn Russland mit uns nicht sprechen will?«

Für Selenskyj ist die Haltung Putins klar. »Sie wollten zeigen, dass sie mit uns nicht reden wollen. Sie haben sich gesagt, wir besetzen jetzt einfach alles und das war's, sie sind zu uns gekommen, um uns zu erobern. Als das nicht klappte, hat Putin gesagt: ›Ich bin bereit zu sprechen.‹ Und jetzt wird es durch verschiedene Kanäle weitergeleitet. Aber mit wem sollen wir da sprechen? Er hat Leute umgebracht, sie haben Kinder vergewaltigt und dann behauptet, dass wir Ukrainer uns das alles ausgedacht haben. Gleichzeitig bombardiert er Hunderte Male das Zentrum von Kyjiw. Er schaltet uns mit seinen Raketen das Licht aus, die Heizung. Er zeigt der russischen Gesellschaft: ›Sehen Sie her, dass wir keinen Erfolg auf dem Schlachtfeld haben, das ist eine große Lüge. Sehen Sie mal, was ich mache!‹«

Und dann fügt er fast verächtlich hinzu: »Aber er kann nichts, denn sein Soldat ist schwächer als der ukrainische. Wenn sein Soldat mit unserem nicht fertig werden kann, dann tötet er unseren Zivilisten. Aber er versteht nicht – und da kehre ich zu seiner Unzulänglichkeit zurück –, dass er uns vereinigt. Jeder Raketenangriff führt dazu, dass die Chancen auf Verhandlungen sinken. Für unser Land ist Putin heutzutage das verallgemeinerte Bild von einem Terroristen, mit dem keiner sprechen will.«

Ich möchte wissen, wie er unter diesen Voraussetzungen den Krieg beenden will. »Der russische Präsident kann den Krieg heute beenden und versuchen, sein Leben zu retten, indem er sich auf sein Territorium zurückzieht. Es bedeutet, historisch gesehen, eine Pause einzulegen. Denn solange sie auf unserem Territorium sind, bekommen sie keine Pause. Und es wird Partisanenkämpfe geben, das ist eine Tatsache. Überall, auch auf der Krym, sind die Menschen unzufrieden. Er mobilisiert ukrainische Bürger. Aber es ist unmöglich, die Gesellschaft umzubauen. Das ist ein fremdes Land. Er ist in ein fremdes Haus gekommen und hat dort seine Spuren hinterlassen, getötet, vergewaltigt. Er jagt Menschen Angst ein, damit sie fliehen, damit sie auf die Straße gehen und von mir fordern, dass ich Putin besänftige, damit unsere Truppen kapitulieren, damit wir einen Kapitulationsvertrag unterzeichnen.« Selenskyj rückt auf seinem Stuhl ein Stückchen vor, richtet sich auf, ganz so, als wolle er noch einmal unmissverständlich klarmachen, dass zurzeit nur Putin diesen Krieg beenden kann: »Er hat es in der Hand. Er soll unser Land verlassen und nicht mehr befehlen, unsere Leute umzubringen.«

Irgendwann wird es Verhandlungen geben müssen. Doch für den ukrainischen Präsidenten ist klar: Sein Land kann nur eine Zukunft haben, wenn es Sicherheitsgarantien gibt. Zu oft haben Vereinbarungen zwischen Russland und der Ukraine dem Land Schaden zugefügt. Wird diesmal alles anders werden? Wie sieht Selenskyj die Welt nach diesem Krieg?

»Es gibt zwei Varianten. Die eine besteht aus starken Ländern, die mit politischen Drohungen und Risiken die ganze Welt unterdrücken. Das wird eintreten, wenn man zulässt, dass Russland uns besiegt. Wenn uns die Welt im Stich lässt und uns nicht helfen wird. Dann werden wir es sehr schwer haben. Wir werden zwar weiterkämpfen. Aber alle würden verstehen, dass es möglich ist, so zu handeln wie Russland.« Und andere Länder würden für sich beanspruchen, ebenfalls so zu handeln. »Die Welt riskiert dann, dass Grenzen wirklich neu gezogen werden. Entschuldigen Sie, wenn ich Bezug auf die deutsche Geschichte nehme. Man hat das Hitler erlaubt, man hat ihm ein Stückchen gegeben, und weiter ging es. Das wird jetzt wieder so sein, und das wird zu einem Weltkrieg führen. Die großen Länder werden diese Welt unter sich aufteilen.«

Der Gegenpol zu dieser traurigen Vision ist im Denken des ukrainischen Präsidenten eine siegreiche Ukraine, die ein Beispiel dafür setzen könne, dass für alle Länder gleiche Rechte gelten, und nicht das Recht des Stärkeren. »Jeder Mensch auf dem Planeten weiß dann, dass man unabhängig davon, in welchem Land man lebt und über welche Waffen man verfügt, unabhängig davon, ob man Kernwaffen hat oder nicht, gleiche Rechte hat und genauso sicher lebt wie jeder andere Mensch auf der Welt.« Bezogen auf die Ukraine sei dann klar: »Egal wie groß Russland ist, die Welt unterstützt dich, wenn Menschenrechte verletzt werden!«

Selenskyjs Sprecher Sergej Nikiforow weist uns darauf hin, dass wir nun bereits fast eine Stunde sprechen. Der Präsident habe noch weitere Termine, mahnt er zur Eile. »Darf ich noch eine Frage stellen?«, bitte ich. »Sie können auch noch zwei stellen«, erklärt Selenskyj ganz entspannt und lächelt. »Ich bin ja auch zu spät gekommen.« Das fasse ich natürlich als Einladung für eine persönliche Frage auf. »Sie treten immer im gleichen grünen T-Shirt auf. Wie viele haben Sie davon eigentlich?« »Ich habe viele davon«, sagt Selenskyj. Wie viele genau? Die Antwort auf meine Frage ist so charakteristisch für Selenskyj – drückt sie doch etwas Jungenhaftes, Spontanes und auch Komisches aus: »Etwa 20 Stück. Und wissen Sie warum? Das erzähle ich Ihnen: Ich hatte am Anfang des Krieges zwei T-Shirts und eine Fleece-Jacke, die habe ich in London für einen guten Zweck versteigern lassen. Das war alles. Doch dann haben immer mehr Militärleute angefangen, mir T-Shirts zu übergeben, eine Einheit nach der anderen hat mir eines geschenkt. Irgendwann haben unsere ukrainischen Designer gesagt, sie als lokale Hersteller fänden es gut, wenn ich ihre T-Shirts tragen würde. Ich habe ja gesagt, und dann haben sie mir immer mehr gegeben, ich wollte sie schon stoppen, aber sie bestanden darauf. An Kleidung mangelt es mir also nicht«, sagt er und grinst.

Während wir von unseren Stühlen aufstehen und meine Kollegen bereits beginnen, die Kameras abzubauen, scheint der Präsident so gar nicht in Eile zu sein, so als wolle er sich nicht wieder treiben lassen. Ganz entspannt erzählt er vom Leben in den Räumen des Palastes, der für ihn und sein Team mit Beginn des Krieges ein Zuhause geworden sei. Aus Sicherheitsgründen hätten sie in den ersten Wochen im Luftschutzkeller tief unter der Erde übernachtet, inzwischen hätten sich fast alle in ihren Arbeitszimmern eingerichtet. Ich muss an die Sammlung von Schuhen denken, die sein Berater Podoljak neben seinem Schreibtisch aufgereiht hat, ebenso wie die Jacken, Hosen und Hemden zum Wechseln, die an den Wänden hängen. Ob ich mir sein Büro einmal anschauen dürfte, frage ich den Präsidenten. »Ja sicher«, antwortet er und weist mir den Weg aus dem Empfangssaal heraus in den Flur. Mit schnellen Schritten läuft er im Halbdunkel die Treppe hoch, auch hier sind die Fenster mit Sandsäcken gesichert. Ich habe Mühe, Schritt zu halten, und stehe plötzlich vor einem X-Ray-Kontrollgerät, an dem zwei Soldaten Wache halten, die mich irritiert anschauen. Selenskyj winkt mich heran, am Ende des Ganges liegt sein Arbeitszimmer. Er scheint Spaß an der kleinen Führung zu haben und schenkt weder seinem Sprecher noch seinen Sicherheitsleuten, die zur Eile mahnen, Beachtung. Ganz im Gegenteil: In aller Ruhe stellt er mir seine Sekretärin vor, die im Vorzimmer hinter einem Schreibtisch sitzt. Eigentlich sollen wir hier mit unseren Kameras nicht rein, aber ich bitte, dass zumindest einer von meinen Kollegen ein paar Aufnahmen machen darf.

»Hier sitzen wir zu Besprechungen zusammen«, sagt der Präsident und weist auf einen langen Holztisch an dessen Ende ein gigantischer grüner Ledersessel steht, daneben ein großer Bildschirm. »Von hier aus kann ich meine Videokonferenzen machen.« Ich erkenne den Hintergrund, den man immer wieder sieht, wenn Selenskyj sich irgendwo auf der Welt zuschaltet. Mich interessiert besonders der Schreibtisch, ein wuchtiges Möbelstück aus Holz, der mit Stapeln von Papieren und Büchern übersät ist. Sofort fallen mir die eingerahmten Fotografien auf, die seine gleichaltrige Frau Olena und ihn zusammen mit ihren beiden Kindern zeigen.

»Das ist mein Sohn, er ist neun Jahre alt, meine Tochter ist 17.« Es sei ein Bild, das ihn daran erinnere, wie sein Leben einmal war. Unbeschwert lächeln sie alle, Olena an der einen Seite, die beiden Kinder zwischen ihren Eltern. Seine Frau sei nicht nur eine Kameradin, sondern auch eine wichtige Mitstreiterin an seiner Seite geworden, erzählt Selenskyj, und es schwingt ein gewisser Stolz in seiner Stimme mit. Wie er habe auch die First Lady es geschafft, der Ukraine eine Stimme zu geben. So sehr sie sich beide wünschen, dass ihre Kinder in Frieden aufwachsen, sie hätten nicht einen Moment daran gedacht, zu flüchten. Von Anfang an sei ihnen klar gewesen, dass die Ukraine ihren Präsidenten in diesem Krieg brauche. Es sei nun mal die Rolle, die ihm übertragen worden sei. Und er scheint entschlossen, sie auch weiterhin zu spielen.

# Epilog

Es ist alles zerstört, nicht einmal vor dem Wald haben sie haltgemacht. Verkohlte Baumstämme liegen abgeknickt am Wegrand, ihre rußschwarzen Äste, die keine Blätter mehr tragen, strecken sich seltsam grotesk über den Boden, in den die Explosionen große Krater gerissen haben. Öliges, dunkles Wasser sammelt sich darin.

Das Gebiet sei noch vermint, hatte man uns gewarnt, deswegen verlassen wir die asphaltierte Straße nicht. Sie führt durch Dörfer, von denen nur Ruinen geblieben sind. Wir fahren vorbei an Häusern, die bis auf die Grundmauern zerstört sind, bei anderen stehen noch Fassaden, in denen riesige Löcher klaffen, wo einmal Fenster waren. Oft sind von den Dächern nur die Balken geblieben, halb eingestürzt. Immer wieder liegen ein ausgebranntes Auto oder ein Panzer am Straßenrand, eine Brücke, die einmal über einen Fluss führte, ist in der Mitte zusammengebrochen, Eisenträger ragen krumm in die Luft. Das Ausmaß der Zerstörung in den Dörfern nordöstlich von Charkiw ist nur schwer zu fassen. Die Russen haben auch Krankenhäuser und Schulen verwüstet, Spielplätze in Trümmer gelegt, bevor sie von den Ukrainern vertrieben wurden.

In Butscha habe ich im April 2022 zum ersten Mal erlebt, was Wladimir Putins Soldaten und Söldner den Menschen antun. Damals ahnte ich noch nicht, dass dieses Massaker, dessen Bilder in aller Welt für Entsetzen sorgten, erst der Anfang sein sollte, dass die Gräueltaten des Krieges noch steigerbar sein würden. Ich erinnere mich an eine Begegnung mit einem alten Mann in einem Dorf im Norden von Charkiw, aus dem die Russen wieder abgezogen waren. Er nahm mich damals mit in sein kleines Haus und zeigte mir das Kinderzimmer seiner siebenjährigen Enkeltochter. Die Russen hatten eines Morgens befohlen, dass alle Einwohner sich am zentralen Dorfplatz sammeln sollten, man wolle sie in Sicherheit bringen. Er habe sich geweigert, doch seine Tochter sei in Panik losgelaufen, mit ihrem Kind an der Hand. Seitdem habe er sie nicht mehr wiedergesehen, nichts mehr von ihnen gehört.

Es war das erste Mal, dass ich von entführten Kindern hörte. Inzwischen wissen wir, dass russische Soldaten und Söldner im ersten Jahr des Krieges mehr als 16 000 ukrainische Kinder verschleppt haben. Sie wurden zum Teil an russische Familien zur Adoption vermittelt, um russische Bürger aus ihnen zu machen. Präsident Putin und seine Beauftragte für Kinderrechte Marija Lwowa-Belowa sprechen sogar öffentlich im Staatsfernsehen darüber.

Für mich ist das eines der grausamsten und zynischsten Verbrechen des russischen Regimes, und so bewertet es auch der Internationale Strafgerichtshof, der im März 2023 Haftbefehl gegen Putin und Belowa erlassen hat. Es ist ein Urteil, das große symbolische Wirkung und auch schon jetzt direkte Konsequenzen hat. Denn würde Putin in einen der Staaten einreisen, die Mitglied des Gerichtshofs sind, droht ihm die Verhaftung – auch für den russischen Präsidenten gibt es in diesem Fall keine Immunität mehr.

Im Rückblick wird klar, dass vieles ganz anders verlaufen ist als ursprünglich angenommen. Der Angriff auf die Ukraine hat Wladimir Putin nicht gestärkt, sondern geschwächt. Was ein Blitzkrieg mit schneller Kapitulation innerhalb weniger Tage werden sollte, hat sich zu einer Schlacht auf Augenhöhe entwickelt, weil die Ukrainer die zahlenmäßige Überlegenheit der Russen durch ihre Moral und die westliche Unterstützung mit Waffen ausgleichen. Der Krieg hat sich inzwischen zu einer globalen Konfrontation zwischen der westlichen Welt und ihren Gegnern entwickelt, die auch und vor allem die Weltmacht China für sich zu nutzen weiß. Die atomare Katastrophe, vor der die Angst in den ersten Kriegsmonaten so groß war, ist glücklicherweise nicht eingetreten. Seit März 2022, als russische Panzerkolonnen auf den morastigen Straßen vor Kyjiw vor den Augen der Weltöffentlichkeit stecken blieben, hat Russland immer weiter die Kontrolle über seinen Angriff verloren. Die Ukraine, so scheint es, hat große Chancen, ihr Land erfolgreich zu verteidigen. Doch die Zeit drängt, nicht nur aufgrund des Drucks vieler westlicher Verbündeter.

Auch in der Ukraine hat sich die Perspektive der Menschen geändert. Aus der Begeisterung über die ersten Erfolge wird zunehmend ein Überlebenskampf. Ich habe versucht, die Menschen, deren Geschichte dieses Buch erzählt, wieder zu treffen, denn ich möchte schildern, wie es ihnen ergangen ist. Nicht in allen Fällen war das möglich, doch fast immer willigten meine Gesprächspartner sofort ein. Weronika, die junge Frau, die mit ihrer neunzigjährigen Großmutter und ihren Eltern aus Mariupol flüchtete, ist in Deutschland angekommen, so wie sie es geplant hatten. Sie fanden hier Schutz und leben nun in Bad Kreuznach. Auch Hanna Polonska, deren Geschichte so viele Menschen in Deutschland verfolgt haben – sie war zuletzt Ende 2022 gemeinsam mit mir zu Besuch in der ZDF-Sendung von Markus Lanz –, ist inzwischen in Berlin, wo wir uns immer wieder einmal treffen. Sie hat Glück gehabt und in der Berliner Charité wunderbare Ärzte gefunden, die sie operiert und über lange Zeit behandelt haben. Ihre Aussichten, eines Tages wieder laufen zu können, sind gestiegen, doch es ist ein mühsamer Kampf, den sie täglich aufs Neue aufnimmt, um wieder zurück ins Leben zu gelangen. Und das ist nur die körperliche Herausforderung; viel schlimmer, vielleicht unmöglich, wird es, ihre tiefen seelischen Wunden zu heilen. Nach Butscha, an den Ort, wo die Russen ihr fast alles nahmen, was ihr lieb war, möchte sie nie wieder zurückkehren. Doch irgendwann, sagt sie mir bei einem gemeinsamen Abendessen in Berlin, werde sie an einem Ort wieder sesshaft werden. Und der wird sicher in der Ukraine sein, in dem Land, das sie am meisten liebt.

Die meisten Menschen, denen ich in den ersten Kriegsmonaten begegnet bin, sind geblieben. So wie Familie Tischtschenko. »Kommen Sie gerne, die Kinder freuen sich«, sagt Jana und gibt uns ihre Adresse durch. Zehn Monate lang hatte sie mit ihrem Mann und ihren beiden Kindern, der fünfjährigen Anja und dem elfjährigen Nikita, in den Schächten der Metrostation in einem Außenbezirk von Charkiw Schutz gefunden, zusammen mit 850 anderen Menschen. In einem dunklen Tunnel hatten sie sich in einem Metrowaggon eingerichtet. Nun treffen wir sie in ihrem alten Haus in Saltiwka. Jana erwartet uns bereits am Tor, das in einen kleinen Vorgarten führt. Durch die Haustür gelangen wir direkt ins Wohnzimmer, in dem sie ein großes Bett aufgestellt haben. Es gibt nur zwei Zimmer, eine winzige Küche und ein Bad. Es ist ein bescheidenes

Heim, in dem alles darauf hindeutet, dass seine Bewohner nicht viel Geld haben. Sie sind nicht freiwillig hierher zurückgekehrt, erfahre ich wenig später. »Sie haben die Metro räumen lassen, wir mussten innerhalb von zwei Stunden alles zusammenpacken und gehen«, erzählt Jana, und in ihrer Stimme schwingt Unverständnis mit, auch ein wenig Verzweiflung. »Wir hatten das nicht geplant. Wir wollten noch den Frühling dort verbringen, weil wir wussten, dass es gefährlich werden würde. Waren Sie gestern hier in Charkiw? Haben Sie es gehört?« Ich nicke. Auch wir mussten in diesen Tagen mehrfach den Luftschutzkeller unseres Hotels aufsuchen. Direkt im Zentrum von Charkiw hatten die Russen wiederholt ein Heizkraftwerk bombardiert. »Wir haben das auch gehört. Hier war es nicht so laut, weil der Fernseher lief, aber die Explosionswellen haben einige Fenster beschädigt.«

Die Angriffe auf Charkiw haben in den Februartagen 2023 zugenommen. Die letzten Nächte konnten sie nicht schlafen, weil es immer wieder Luftalarm gab. Anja und ihr Bruder Nikita sitzen auf dem großen Bett und blicken auf ihre Handys. Der inzwischen Zwölfjährige chattet gerade mit einem Freund, der mit seiner Mutter in den Westen der Ukraine geflohen ist, seine Schwester sitzt teilnahmslos daneben. Wir haben Kuchen mitgebracht, das ist eine willkommene Abwechslung, und während ihre Mutter in der Küche Wasser für den Tee kocht, frage ich: »Seid ihr froh, wieder hier zu sein?« Die Fünfjährige, die wesentlich gesprächiger ist als ihr Bruder, schüttelt den Kopf. »Möchtest du zurück in die U-Bahnstation?« »Dort war ihre Freundin«, antwortet ihre Mutter für sie. Und Anja fügt hinzu: »Dort hörte man die Knallerei nicht. Hier habe ich einmal meine schwarzen Kopfhörer aufgehabt und die Lautstärke aufgedreht, und trotzdem hörte ich die Knallerei.«

Dass eine Familie eine Existenz in einem feuchten, dunklen Metroschacht dem Leben in ihrem eigenen Haus vorzieht, kommt mir unwirklich vor. Doch ich begreife, wie sehr die Angst und Trostlosigkeit ihren Alltag bestimmen. Seit Beginn des Krieges sind die Schulen in Charkiw geschlossen, es gibt nur noch Online-Unterricht. Doch daran können sie oft nicht teilnehmen, weil sie keinen Generator haben. »Der Strom fällt meistens am Vormittag aus, genau dann, wenn Unterricht ist«, erzählt Jana. »In der Metro hatten wir Strom.«

Immerhin habe er hier mehr Freiheit, er könne manchmal auf die Straße gehen, sagt Nikita. Aber zum Spielen findet sich draußen selten jemand: Fast alle ihre Freunde und Freundinnen sind mit ihren Müttern weggegangen, in den Westen der Ukraine, aber auch ins europäische Ausland. Der Spielplatz, auf den wir wenig später gemeinsam gehen, liegt wie ausgestorben da. Direkt daneben steht ein Haus, das zusammengestürzt ist. »Das lässt sich nicht mehr aufbauen«, sagt Janas Mann und hebt ein Stofftier auf, das im Schutt liegen geblieben ist. Für ihn, der vor dem Krieg ein eigenes kleines Bauunternehmen hatte, wird es viel zu tun geben. Schon jetzt arbeitet er häufiger beim Wiederaufbau von zerstörten Gebäuden mit. Doch an die Zukunft denken sie nicht. Wie die meisten Ukrainer nimmt der Alltag des Krieges sie völlig in Beschlag.

Der ukrainische Schriftsteller Serhij Zhadan, der ebenfalls in Charkiw lebt, hat es so beschrieben: »Der Krieg verändert das Gefühl für Zeit und Raum. (...) Wer sich im Raum des Krieges befindet, macht keine Zukunftspläne, denkt nicht weiter darüber nach, wie die Welt von morgen aussehen wird. Nur das, was jetzt und hier mit dir passiert, hat Bedeutung und Gewicht, nur Dinge und Menschen, mit denen du spätestens morgen zu tun hast – wenn du überlebst und aufwachst –, haben Sinn. Die wichtigste Aufgabe ist es, unversehrt zu bleiben und sich den nächsten halben Tag durchzukämpfen.«

Dieser tägliche Kampf zermürbt die Menschen. Es kostet so viel Kraft, angesichts der Verluste und Bedrohungen weiterzumachen. Es erstaunt mich immer wieder, wie gut die Ukrainer sich organisieren, ohne dass es eine ordnende Hand gibt, wie weite Teile der Zivilgesellschaft sich für ihre Nachbarschaft, ihre Soldaten, ihre Alten einsetzen. Darin sind sie uns voraus. Es ist die schöne Seite eines grausamen Krieges und etwas, das wir in unseren Wohlstandsgesellschaften ein Stück weit verlernt haben. Die Ukrainer kapitulieren nicht, sie packen an. Sie verlassen sich nicht darauf, dass der Staat die Dinge regelt, sie erwarten es oft nicht einmal. »Wer soll es sonst tun?«, ist häufig die Antwort auf meine Frage, warum jemand sein Leben riskiert. Es gibt nach wie vor unzählige Gruppen von Freiwilligen, die in umkämpfte Gebiete fahren, um Lebensmittel und Medikamente zu verteilen, Menschen in Gefahr zu evakuieren, in den Schützengräben ihre Dörfer zu verteidigen. Diese Solidarität hat die ersten Monate des Krieges unbeschadet überstanden, sie ist ukrainische Kultur. Das war schon vor dem 24. Februar 2022 so. Aus der Not geboren. Und die Not ist in den vergangen 15 Monaten nur noch viel größer geworden. Und mit ihr die Solidarität.

Es gibt wenige Zahlen über die Opfer auf ukrainischer Seite, doch auf dem Zentralfriedhof von Charkiw reicht der Platz nicht mehr für die Toten. Sie haben einen weiteren Friedhof geschaffen, auf dem fast jeden Tag neue Gräber für die Gefallenen ausgehoben werden. »Wie ist es denen ergangen, denen wir an den Frontlinien begegnet sind?«, frage ich Skeeper, den Kommandanten der Territorialverteidigung. Er hatte uns im Sommer an die schwer umkämpfte Front im Südwesten von Donezk mitgenommen und ist inzwischen nach Dnipro zurückgekehrt. Er wurde bei einem russischen Angriff verwundet, wochenlang lag er im Krankenhaus. Wir haben uns vor einem Café im Zentrum der Stadt verabredet, und auf den ersten Blick hätte ich ihn fast nicht wiedererkannt. Der Zweiundvierzigjährige ist schmal geworden, fast zerbrechlich in seinen Bewegungen. Seinen lustigen, selbstbewussten Gesichtsausdruck hat er verloren. Zwar freut er sich, uns zu sehen, doch seine Züge bleiben ernst und traurig. Seinen Kampfnamen Skeeper hat er behalten, auch wenn er nie wieder kämpfen können wird. Er arbeitet jetzt wieder als Anwalt.

Während wir bei Tee und Kuchen zusammensitzen, zeigt er mir auf seinem Handy das Foto, das ich von ihm und seinem Kameraden Oleh gemacht habe. »Er ist tot.« Er war mit 58 Jahren einer der Ältesten in der Gruppe und bereits Rentner. Wie alle in der Einheit hatte er sich in den ersten Kriegstagen freiwillig gemeldet, um sein Land zu verteidigen. Ich erinnere mich noch gut an unser Gespräch. Oleh war Mechaniker und träumte davon, nach dem Krieg nach Deutschland zu reisen. Ich hatte ihm zum Abschied meine Handynummer gegeben, damit er sich meldet, wenn es so weit ist. »Von den 30 Männern unserer Einheit sind nur noch zehn an der Front«, erzählt Skeeper. »18 wurden wie ich so schwer verwundet, dass sie nicht mehr zurückkehren können, zwei wurden getötet.« Er bereue nicht, dass er sich freiwillig gemeldet habe, um für sein Land zu kämpfen. Auch sein ältester Sohn will sich demnächst der Territorialverteidigung anschließen.

Ende Februar 2023 kehre ich nach Deutschland zurück. Sechs Wochen war ich am Stück dort. Selbst ich, die ich weiß, dass ich immer wieder in mein friedliches Leben mit meinem Mann Jörg und meinem Hund in Berlin zurückkehren kann, fühle mehr und mehr die unendliche Schwere dieses Krieges. Es fällt mir immer schwerer, Abstand zu gewinnen. Immer öfter findet dieser Krieg auch nachts in meinen Träumen statt. Ich wache dann auf und weiß, es ist Frieden – und empfinde das als unglaubliches Glück.

In diesen Tagen im März 2023 feiert »Im Westen nichts Neues« in Europa und auch in den USA große Erfolge. Zu unseren Schulzeiten war der Roman von Erich Maria Remarque Pflichtlektüre aus einer unfassbar weit entfernten Zeit – und wir glaubten, dass so etwas auf den Feldern Europas nicht mehr möglich wäre. Ein Stellungskrieg in Schützengräben, bei dem Menschen ihr Leben lassen müssen für wenige Meter Landgewinn. Jetzt sehe ich diesen Roman und Film anders. Seltsam und unfassbar real – wohlwissend, dass Menschen, die ich kenne, jetzt in diesem Moment vielleicht durch diese Hölle gehen müssen.

Niemand weiß, wie lange dieser Krieg noch andauert und wie er ausgeht. Doch es ist klar, dass mehr als alle anderen sich die Ukrainer selbst Frieden wünschen. Ihre Vorstellung von Frieden ist aber eine andere als die derjenigen, die jetzt auf eine schnelle Verhandlungslösung drängen. Friedensverhandlungen unter diesen Vorzeichen wirken realitätsfern in einer Welt, in der der Angreifer mit dem

Hinweis auf einen vermeintlichen Genozid, den es nie gab, einen tatsächlichen Genozid entfacht hat. Es wäre katastrophal, wenn man den Ukrainern das Recht, ihr Land zu verteidigen, abspräche oder sie damit allein ließe. Denn dann würde auch das Fundament bröckeln, auf dem die Europäische Union gebaut ist: das Recht auf ein Leben in Frieden und Freiheit. Bei diesen Werten darf es keine Kompromisse geben.

# Dank

Die Idee für dieses Buch entstand kurzfristig, nur wenige Wochen nach Beginn des Krieges, und entsprang dem Wunsch, die Ereignisse in der Ukraine genauer darzustellen, als es in der tagesaktuellen Berichterstattung möglich ist. Ohne die Unterstützung und das Vertrauen von zahlreichen Menschen hätte ich dieses Buch nicht schreiben können.

Mein besonderer Dank gilt Anastasiya Bruhns, meiner ukrainischen Freundin und Kollegin, mit der ich bereits 2014 in der Ukraine zusammengearbeitet habe und die inzwischen in Deutschland lebt. Über den gesamten Entstehungsprozess hat mir Anastasiya zur Seite gestanden, vor allem wenn es um die Hintergründe zu Ereignissen ging und wir Zahlen und Daten überprüfen mussten.

Vor Ort, unterwegs in der Ukraine, habe ich über viele Wochen mit Aleksandra Indyuchova zusammengearbeitet, die viele der Begegnungen, über die ich in diesem Buch erzähle, organisiert und begleitet hat.

Es war ein Glücksfall, dass meine Agentin Franziska Günther von der Berliner Literatur- und Medienagentur Graf & Graf als studierte Slawistin mit der Thematik vertraut ist, und mir auch aufgrund ihrer langjährigen Erfahrung in der Sachbuchliteratur eine große Unterstützung und Coach war.

Auch meiner Freundin Ina Ruck, mit der mich viele Jahre gemeinsamer Arbeit in Russland verbinden und die sicherlich zu den kenntnisreichsten Journalistinnen zählt, wenn es um den größten Flächenstaat der Welt geht, möchte ich danken – für die Lektüre des Manuskripts und die vielen Anregungen, die sie mir mit auf den Weg gegeben hat.

Ganz besonders gilt mein Dank dem Fischer Verlag, der sich sehr kurzfristig für dieses Projekt entschieden und mir das große Vertrauen entgegengebracht hat, dass ich dieses Buch in der Kürze der Zeit schreiben kann.

Und noch eine ganz persönliche Bemerkung zum Schluss: In all den Wochen und Monaten, die ich in der Ukraine verbracht habe und die ich an diesem Buch gearbeitet habe, hat mir mein Mann Jörg den Rückhalt und den Ansporn vermittelt, weiterzumachen, auch in Momenten, in denen es schwierig wurde. Ohne ihn in meinem Leben wäre es nicht möglich, das zu bewältigen, was ich als meine Aufgabe sehe. Einen so wunderbaren Menschen an meiner Seite zu haben in allen Lebenslagen, dafür bin ich besonders dankbar.

Berlin, 15. Juli 2022

# Zum Weiterlesen


Andruchowytsch, Juri, Perversion, Berlin: Suhrkamp Verlag 2013

Andruchowytsch, Sofia, Der Papierjunge, Salzburg: Residenz Verlag 2016

Applebaum, Anne, Roter Hunger. Stalins Krieg gegen die Ukraine, München: Siedler Verlag 2019

Aseyev, Stanislav, Heller Weg: Geschichte eines Konzentrationslagers im Donbass 2017–2019, Stuttgart: Ibidem Verlag 2021

Atai, Golineh, Die Wahrheit ist der Feind. Warum Russland so anders ist, Reinbek bei Hamburg: Rowohlt Verlag 2019

Beck, Marieluise (Hg.), Ukraine verstehen. Auf den Spuren von Terror und Gewalt, Stuttgart: Ibidem Verlag 2021

Belorusets, Yevgenia, Glückliche Fälle, Berlin: Matthes & Seitz 2019

Davies, Franziska / Makhotina, Katja, Offene Wunden Osteuropas. Reisen zu den Erinnerungsorten des Zweiten Weltkriegs, Darmstadt: WBG Theiss 2022

Davydiuk, Mykola, Wie funktioniert Putins Propaganda? Anmerkungen zum Informationskrieg des Kremls, Stuttgart: Ibidem Verlag 2021

Gloger, Katja, Putins Welt. Das neue Russland, die Ukraine und der Westen, München: Piper Verlag 2017

Hoffmann, Christiane, Alles, was wir nicht erinnern. Zu Fuß auf dem Fluchtweg meines Vaters, München: C. H. Beck Verlag 2022

Igort, Berichte aus der Ukraine. (Erinnerungen an die Zeit der UdSSR), Berlin: Reprodukt 2011

Kappeler, Andreas, Kleine Geschichte der Ukraine, 5. Auflage, München: C. H. Beck Verlag 2019

Kis, Oksana, Survival as Victory. Ukrainian Women in the Gulag, Cambridge, Massachusetts: Harvard University 2021

Kostenko, Lina, Ich bin all das, was lieb und wert mir ist, Klagenfurt / Celovec: Wieser Verlag 2021

Kurkow, Andrej, Graue Bienen, Zürich: Diogenes Verlag 2021

Lielischkies, Udo, Im Schatten des Kreml. Unterwegs in Putins Russland, aktualisierte Taschbuchausgabe, München: Droemer 2022

Maljartschuk, Tanja, Blauwal der Erinnerung, Köln: Kiepenheuer & Witsch 2019

Matios, Maria, Mitternachtsblüte, Innsbruck: Haymon Verlag 2015

Mykhed, Oleksandr, »Dein Blut wird die Kohle tränken«. Über die Ostukraine, Stuttgart: Ibidem Verlag 2021

Plokhy, Serhii, Das Tor Europas. Die Geschichte der Ukraine, Hamburg: Hoffmann und Campe, ab 3. September 2022 (The Gates of Europe. A History of Ukraine, London: Penguin Books 2016)

Sabuschko, Oksana, Museum der vergessenen Geheimnisse, Frankfurt am Main: Fischer Taschenbuch 2014

Schlögel, Karl, Entscheidung in Kiew. Ukrainische Lektionen, Frankfurt am Main: Fischer Taschenbuch Verlag 2017

Snyder, Timothy, Bloodlands. Europa zwischen Hitler und Stalin 1933–1945, 6., erweiterte Auflage, München: C.H. Beck Verlag 2022

Wodin, Natascha, Sie kam aus Mariupol, Reinbek bei Hamburg: Rowohlt Taschenbuch Verlag 2017

Wynnyckyj, Mychailo, Ukraine's Maidan, Russia's War. A Chronicle and Analysis of the Revolution of Dignity, Stuttgart: Ibidem Verlag 2019

Wynnytschuk, Jurij, Im Schatten der Mohnblüte, Innsbruck: Haymon Verlag 2014

Zhadan, Serhij. Die Erfindung des Jazz im Donbass, Berlin: Suhrkamp Verlag 2012